자기조직화하는 스마트시티 4.0
Self-organizing Smart city 4.0

초판 1쇄 발행 | 2018년 10월 10일
3쇄 발행 | 2019년 1월 14일
저 자 | 이민화, 윤예지
총 판 | 오지영
펴낸곳 | (사)창조경제연구회(KCERN)
주 소 | 서울특별시 강남구 논현로 28길 25, 205호
전 화 | 02-577-8301
이메일 | kcern@kcern.org
홈페이지 | www.kcern.org

ISBN   979-11-86480-69-4

Self-organizing Smart city 4.0

자기조직화하는
스마트시티 4.0

이민화 | 윤예지

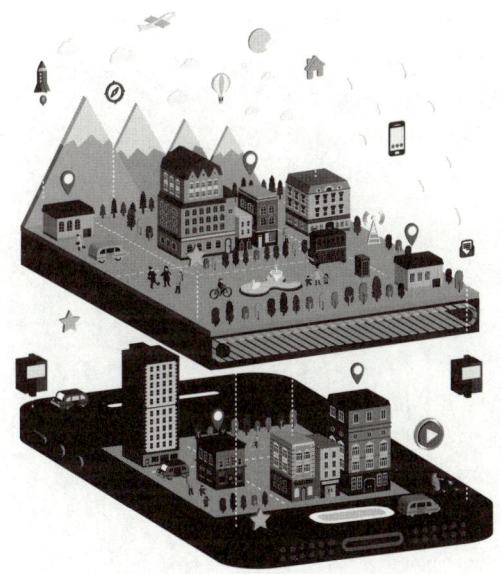

스 마 트 폰   속 의   스 마 트 시 티

차례

프롤로그 : 도시는 미래 산업의 주역이다 • 6

1장 진화하는 스마트시티 • 11
새롭게 부상하는 스마트시티 • 12
커지는 스마트시티 산업 • 19
스마트시티의 정의들 • 25
스마트시티 진화 모델 • 30

2장 스마트시티 현황 • 41
스마트시티로 앞서가는 국가들 • 42
스마트시티 관련 전문 기관 • 57
스마트시티 사업을 추진하는 기업들 • 58
한국의 스마트시티 정책 • 69
글로벌 스마트시티 정책의 3대 문제점 • 84

3장 4차 산업혁명이 바꾸는 도시 • 87
산업혁명과 도시 성공 조건의 진화 • 88
연결되면서 거대해지는 도시 • 92
스마트시티를 완성시키는 플랫폼 • 98
스마트시티의 비용-편익 모델 • 104
도시의 편익을 키우려면 • 109
도시, 스마트시티 4.0으로 진화 • 113
스마트시티 4.0 4대 전략 • 117

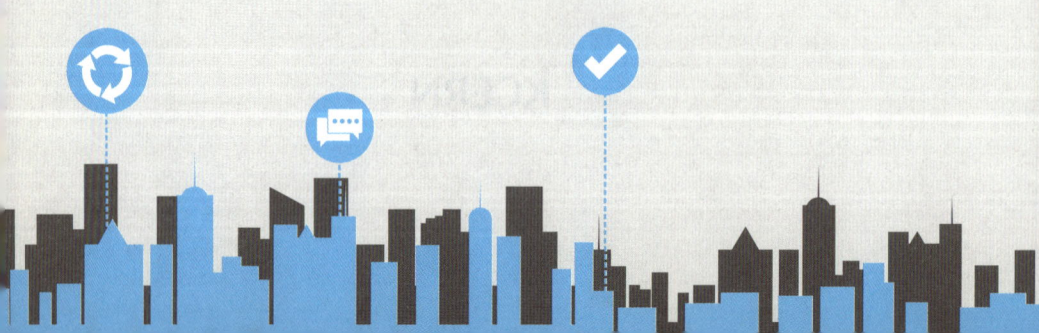

4장 도시, 자기조직화로 생명을 얻다 • 125

뇌를 닮은 도시 • 126
스마트시티는 복잡적응계 • 129
자기조직화하는 스마트시티 4.0 • 135
블록체인 기반 시민참여 • 140
지속가능한 일자리는 혁신 생태계로부터 • 144
스마트폰 속의 스마트시티 • 155
개방 플랫폼으로 사회적 가치 창출 • 159
느슨한 연방 구조의 조직 거버넌스 • 162

5장 스마트시티 4.0 기술-사회 모델 • 169

도시는 기술과 사회의 상호작용 • 170
스마트시티를 위한 7 Pillar 사회모델 • 173
스마트시티를 위한 기술모델 • 178
스마트시티의 기술-사회 모델 • 183
스마트 트랜스폼으로 구축되는 스마트시티 • 191

6장 도시가 스마트해지는 방법 • 215

스마트시티 플래그십 프로젝트 • 216
스마트 빌딩 • 218 | 스마트 공장 • 221 | 스마트 모빌리티 • 224
스마트 금융 • 226 | 스마트 워크 • 228 | 스마트 창업 • 233
스마트 안전 • 236 | 스마트 교육 • 238 | 스마트 행정 • 241
스마트 환경·에너지 • 244 | 스마트 의료 • 246
스마트 거버넌스 • 249 | 스마트 상가 • 252

참고문헌 • 256

프롤로그

도시는 미래 산업의 주역이다

　4차 산업혁명은 하늘이 우리에게 준 마지막 기회다. 산업화와 민주화를 동시에 이룩한 위대한 대한민국은 지금 양대 기득권의 대립에 함몰되어 있다. 4차 산업혁명과 초고령화 국가의 임계점은 모두 2025년으로 보고 있다. 초고령화 이전에 4차 산업혁명을 돌파하면 국가의 미래는 열리나, 그렇지 못할 경우에는 후손에게 죄송함을 금할 수 없을 것이다.

　현실과 가상이 융합하는 4차 산업혁명의 시금석을 스마트시티로 보고 있다. 스마트시티에서 국민의 70%의 삶과 국가 GDP의 70%가 현재 진행형으로 이루어진다. 스마트시티에서는 생산, 소비, 이동이 이루어지고, 제도, 교육, 환경, 안전망이 이를 뒷받침하고 있다. 스마트시티는 인간과 시공간의 상호작용이 최적화되는 4차 산업혁명의 중심부다. 스마트시티의 성공이 바로 4차 산업혁명의 성공으로 볼 수 있다는 점에서 저자들은 스마트시티 프로젝트를 살펴보게 되었다.

　지금까지 스마트시티는 걸음마 단계였다. 스마트 가로등, 스마트 휴지통에서 스마트 주차장에 이르기까지 부분적인 자동화는 추구했으나, 시민들에게 와 닿는 혁신은 미미했다. 이어서 시민 참여와 행복 중심의 스마트시티가 추진되었으나, 이를 뒷받침할 재원의 지속적 조달의 명분이 약한 시범 과제에 그치고 있다. 4차 산업혁명으로 전 세계 스마트시티 전략은 대전환의 시기를 맞이하고 있다. 스마트시티 전략 역시 도시의 생산 경쟁력보다는 소비의 문제해결에, 도시 집중 방안보다는 분산 도시 분산 정책에, 대도시의 혁신보다는 신규 도시의 건설에, 도시 전체보다는 도시의 부분에 집중하고 있었다. 기존 스마트시티가 소비의 중심으로서 도시 문제 해결에 주력해 왔다면 새로운 스마트시티는 도시의 생산성 향상이 주된 전략이 되어야 할 것이다.

도시의 생산성은 규모와 연결성과 기업가정신의 곱이다. 이제 도시는 플랫폼의 법칙에 입각하여 창조적 생산성의 극대화 관점에서 재조명 되어야 한다. 플랫폼은 규모와 연결성이 만드는 효율에 기업가정신이 새로운 혁신을 결합하는 데서 궁극적 가치가 발생한다. 이것이 스마트시티 4.0의 3대 요소를 규모, 연결성, 기업가정신으로 제시하는 이유이다. 민간과 공공의 데이터가 거대한 클라우드의 데이터 호수에 모여야 한다. 단 개인의 비밀과 국가안보에 관련된 데이터 분리 작업이 공공데이터 정책에 최우선이 되어야 한다. 도시의 경우 90% 이상의 대부분의 데이터가 개방되어야 한다. 데이터가 연결되는 도시는 거대화 될 수 있다. 스마트시티는 거대화될수록 가치가 증가되는 반면, 비용은 급속도로 감소하고 있다. 작은 신도시 건설이 아니라 거대한 현실과 가상을 연결하여 기존 도시를 더욱 거대하게 만들어야 한다는 것이 저자들의 결론이었다.

스마트시티 4.0의 가장 중요한 키워드는 자기조직화(Self-organizing)이다. 부분이 전체를 반영하는 홀론(Holon) 구조는 스스로 생명을 얻고 스스로 최적화하는 역량을 갖추게 된다. 우리가 매일 사용하는 내비게이터는 도시전체를 반영하고 있다. 나의 위치 정보는 전체의 정보의 일부가 되지만 전체의 정보는 내 스마트폰 내비게이터에 투영된다. 내비게이터를 통하여 각 개인들은 이동의 최적화를 구현한다. 내비게이터와 같은 개념으로 각종 거래의 최적화, 업무에 최적화, 놀이의 최적화, 관광의 최적화, 가정의 에너지 최적화, 만남의 최적화 등이 가능해진다.

부분의 정보는 클라우드의 호수에 모여 플랫폼이 된다. 그리고 클라우드의 정보는 시민들의 스마트폰에서 재현된다. 부분이 전체를 반영함으로써 내비게이션은 교통 최적화를 달성하게 된다. 이제 스마트시티 정책의 핵심은 사람을 중심으로 스마트폰과 도시전체를 홀론적(Holon)으로 융합하는 데 있다. 이로써 도시 전체의 창발적(Emergence) 가치가 발현된다. 도시가 생명을 얻는 것이다.

그렇다면 이러한 스마트시티는 '스마트폰 속의 스마트시티'로 명명하고자 한다. 스마트폰 속으로 도시가 들어간다. 내비게이터를 사용하듯이 스마트폰 지도에서 주변의 미세먼지 농도, 범죄 발생 빈도, 차량 이동량 등 각종 도시의 생활 정보를 볼 수 있게 된다. 도시 전체가 내 손에 있게 된다. 이를 필자들은 '보여주는 도시'라고 명명하고자 한다. 보여주는 도시에서는 시민 참여가 쉬워진다. 도시에서 일어난 도로 파손, 낙서, 쓰레기와 같은 문제들을 스마트폰으로 찍어 올리면 스마트한 행정 처리가 이루어 진다. 행정 서비스는 스마트 챗봇으로 제공되고, 이를 통해 행정의 효율성은 증대될 것이다. 스마트시티의 시작은 위치정보 기반의 보여주는 도시로 시작하도록 하자.

보여주는 도시에서 정보를 획득한 시민들은 문제점을 파악하고 의견 개진을 하고 토론에 임하게 된다. 현실과 가상이 연동된 스마트 참여는 지금보다 한 차원 높은 리빙랩을 가능하게 할 것이다. 지금까지의 리빙랩이 기대에 못 미친 이유는 정보의 부족과 참여의 비용 때문이었기 때문이다. 시청과 시의회의 각종 정보가 개방되면 시민들은 적극적으로 의견 개진을 할 수 있을 것이다. 이에 더해 블록체인을 활용한다면 의견 개진을 넘어 의사결정도 가능하다. 현실과 가상에서 이러한 활동들이 퍼지면서 도시는 스스로 조직화되게 된다.

이제 스마트시티는 일자리 창출의 중심으로 부상하게 된다. 혁신의 원천은 연결을 통한 창조성에 있다. 기업과 기업이 연결되고 기업과 시민들이 연결되는 도시는 혁신이 촉발된다. 더 나아가 전국과 글로벌 연결로 확장하는 도시가 미래의 성장하는 도시가 된다. 연결은 오프라인의 현실로서는 한계가 있다. 온라인의 가상세계에서 연결되어야 한다. 모든 기업들은 이제 현실과 가상의 두 세계에서 동기화되어야 한다. 기업들의 디지털 트윈(Digital Twin)화다. 현실의 기업에는 시공간의 격차가 존재하고 연결비용에 비하여 창조성의 효과는 미지수였다. 그러나 가상화가 되면서 네트워크 효과로 비용은 급격히 줄고 효과는 기하급수적으로 증대된다. 도시가 창조적 일자리의 원천이 되는 것이다.

스마트시티는 시민의 행복과 일자리 창출이라는 두 마리 토끼를 잡아야 한다. 이 과정에서 전체인 도시와 부분인 시민들은 홀론적 융합으로 생명을 얻어 간다. 스마트시티와 스마트시티즌의 융합이다. 이제 문제는 도시의 거버넌스다. 교통, 교육, 산업, 건강과 같은 다양한 스마트시티의 요소들을 개별적으로 진행하면 가두리 양식과 같은 벽이 생긴다. 반면, 하나로 통합하면 의사결정이 무거워지고 경직화될 것이다. 자율성을 가진 개별 부문들이 상호 소통을 통하여 느슨한 연방을 이루는 구조가 미래 스마트시티의 거버넌스 구조가 될 것으로 필자들은 생각한다. 결국 이러한 구조가 바로 자기조직화(Self-organizing)이다.

도시는 더욱 거대해져야 한다. 기존의 스마트시티를 넘어, 현실도시와 가

프롤로그

상도시의 융합이 거대 스마트시티를 만들 것이다. 그리고 스마트시티는 전체 도시와 부분인 시민이 홀론으로 융합하는 최적의 구조인 자기조직화를 이루는 것이 바로 스마트시티 4.0이다.

대한민국에 주어진 마지막 기회를 스마트시티로 돌파하고자 하는 희망으로 이 책을 쓴다. 이 책은 KCERN의 김애선 책임연구원, 주강진 책임연구원, 김예지 연구원의 참여와 노력으로 완성된 '4차 산업혁명과 스마트시티' 포럼 보고서를 기반으로 탄생했다. 또한 대한민국 스마트시티를 추진하는 많은 관계자분들의 아이디어가 본 서의 밑거름이 되었다. 마지막으로 KCERN에서 출간하는 도서를 총괄하는 오지영 연구원에게 감사하는 마음을 전한다.

2018년 가을 중턱에서
이민화, 윤예지

1장

진화하는 스마트시티

신은 국가를 만들었고, 인류는 도시를 만들었다.
God made the country, and man made the town.
윌리엄 카우퍼(William Cowper), 영국 시인,
The Task(1785) 중에서

새롭게 부상하는 스마트시티

다윈의 패러독스는 바다 생물의 1/4이 바다 전체 공간의
0.1%도 안 되는 산호초에 서식하고 있다는 것이다.
이는 인간에게도 그대로 적용된다.
세계 인구의 55% 이상이 전 세계 육지의
1% 공간에 거주하고 있다. 인간은 도시로 집중되고 있다.

증가하는 도시 인구, 급증하는 도시 문제

UN의 '세계 도시화 전망 World Urbanization Prospects'에 의하면, 2018년 기준으로 전 세계 55%의 인구가 도시에 거주하고 있으며, 2050년까지 68%로 증가할 것이라고 한다.[1] 이미 도시에 거주하는 인구수는 2018년 기준 42억 명에 달한다. 세계 인구의 증가와 도시 인구 유입의 증가로 인하여 2050년까지 약 25억 명의 인구가 추가로 증가할 것이며, 특히 아시아와 아프리카 지역이 90%를 차지할 것으로 예측되었다. 한국은 82%의 인구가 도시에 거주하고 있으며, 2050년까지 86.4%로 증가할 것으로 전망한다. 도

---

1) UN은 도시 성장은 지속가능한 개발의 3요소인 경제, 사회, 환경과 밀접한 관련이 있으며, 인구 트렌드의 이해를 바탕으로 잘 관리된 도시가 부정적 요소를 최소화하고 인구 밀집의 이익을 극대화 할 수 있다고 조언한다.

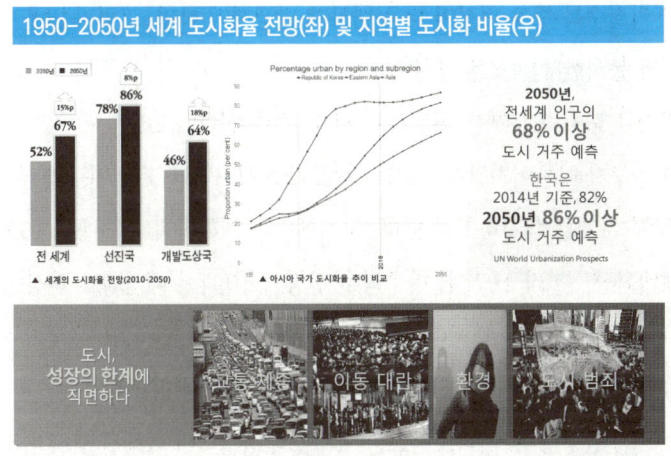

자료: NIPA(2013) 그림(좌); 2018 Revision of World Urbanization Prospects(우)

시로의 인구 집중은 전 세계적인 추세이며, 이는 개발도상국의 경제성장과 함께 빠른 속도로 증가할 것이다.

도시화는 편리성과 생산성이 높아진다는 긍정적인 측면이 있다. 그러나 이와 동시에 도시화는 환경오염, 범죄율 증가, 교통 체증, 주거비용 증가 등의 많은 문제를 야기하면서 성장의 한계에 직면하고 있다.

인구 집중으로 주택 부족과 지가 상승이 이루어지면서, 도시 내 교통 문제, 그리고 에너지 소비와 쓰레기 등의 환경 문제, 범죄 증가로 인한 안전 문제 등의 다양한 문제가 발생하고 있다. 복잡계를 다루는 산타페 연구소 Santa Fe Institute, SFI의 제프리 웨스트 Geoffrey B. West 소장은 도시규모에 비례하여 도시의 GDP, 임금, 일자리 등과 같은 긍정적 지표가 증가하면서 도시가 팽창하지만, 범죄 및 에너지 사용 증가 등 비효율과 부작용도 누적되면서 도시가 붕괴하여, 어느 지점에서 성장한계에 도달한다는 '도시 발전 순환의 법칙'을 발견하였다. 이는 도시가 지속적으로 성장하기 위해서는 도시가 커질수록 주요 혁신이 더욱 빠르게 발생해야 하며, 그렇지 않을 경우 도시가 붕괴한다는 것을 알려준다.

이러한 도시의 문제를 해결하기 위해 '지속가능한 도시 Sustainable city'에 대한 연구가 이루어져왔다. 도시 자체를 변화시키거나 도시 인구를 분산시켜 도시 문제를 해결하고자 했다. 도시개발은 계획학적 측면에서 1933년 아테네헌장2) 부터 1977년 마추픽추 헌장3), 1994년 메가리드 헌장4), 뉴어바니즘 헌장5)까지 패러다임의 진화가 이루어졌다. 그리고 21세기 도시 개발과 재생의 키워드로 도시와 경제의 합성어인 '시티노믹스 Citynomics, 도시경제학'가 등장했다. 시티노믹스는 도시들의 경쟁력이 더해진 것이 바로 국가의 경쟁력이므로, 도시 경쟁력은 경제적 부가가치 창출뿐 아니라, 문화, 환경과 같은 다양한 도시 기능의 수준과 지속가능성 Sustainability에 의해 결정된다는 개념이다.

정보혁명으로 불리는 3차 산업혁명의 기술을 통해 지속가능한 도시를 위한 혁신을 추구하려는 시도가 이루어지면서, 20세기부터 기술을 활용한 도시 혁신의 개념들이 등장하기 시작했다. 암스테르담(1993)과 미국 AOL(America Online, 1996), 헬싱키 Arena 2000(1996) 등에서 디지털시티라는 이름으로 Eco-City, Sustainable City 등의 '지속가능성 Sustainability'에 중점을 둔 프로젝트들이 추진되었다.

---

2) 산업화, 도시화로 인해 황폐화된 도시를 치유하자
3) 자연환경과의 조화(생태계, 에너지 등)
4) 탈 산업사회의 도시는 도시환경, 환경보호, 도시 활력, 삶의 질 향상, 정부-시민의 공동 의무를 실천해야 한다.
5) 2차 세계대전 이전 건축양식, 도시설계 패턴으로 회귀하여 소규모, 대중교통 중심 개발과 커뮤니티 공공성 중시

각각 살펴보면, 암스테르담의 디지털시티는 1994년 1월 15일 De Balie 와 Hack-Tic 문화센터의 'Free net Initiative'로 시작했다. 이를 통해 암스테르담의 많은 시민들의 인터넷 접속이 가능해졌고, 동시에 온라인 커뮤니티가 구축되었다. '헬싱키 Arena 2000'은 1996년 추진된 Helsinki Telephone Corporation이 이끄는 컨소시엄 프로젝트로, 지역의 대학 및 IBM, ICL, 노키아와 같은 글로벌 기업들과 함께 시민들에게 저렴한 가격의 네트워크 플랫폼을 제공하는 목적으로 추진되었다. AOL$^{America\ Online}$의 디지털 시티 프로그램은 넷스케이프, Compuserve, Netcenter 등의 홈페이지에서 지역의 주요 데이터를 모아 제공하는 역할을 했고, 시작한 지 2년 만에 매달 300만 이상의 이용자가 프로그램을 활용하기도 하였다.

21세기에 접어들면서 2003년 한국의 U-City를 시작으로 도시의 정보화를 위한 기술주도형 도시가 등장했다. 그리고 2008년 이후 미국에서는 IBM, CISCO 등의 글로벌 기업이 주도하여 도시 혁신 솔루션을 제공했다. 유럽은 리빙랩$^{Living\ lab}$프로젝트를 중심으로 도시의 에너지, 교통 분야 문제의 해결을 중심으로 하는 새로운 도시 모델을 제시했다.

2010년 이후 새롭게 부상하는 스마트시티

2010년을 전후로 전 세계 스마트시티는 새로운 폭증 현상을 보이고 있다. 아래 그림은 지난 30년 동안 학술지 및 정책 토론에서 발표된 Google

---

6) NIA(2016) 참고

Scholar 등록 키워드의 변화 추이로, '미래 도시'의 트렌드를 보여준다.[6] 전체적인 미래 도시에 대한 담론은 지난 1990년대에 들어서면서 증가하기 시작했다. 그중 2000년내 전후로 낮은 수치로 검색되던 스마트시티Smart cities가 2009년~2010년을 기점으로 급격하게 증가하는 현상이 나타났다. 이의 원인은 당시 등장한 기술, 사회적 현상 등을 토대로 분석해볼 수 있을 것이다.[7]

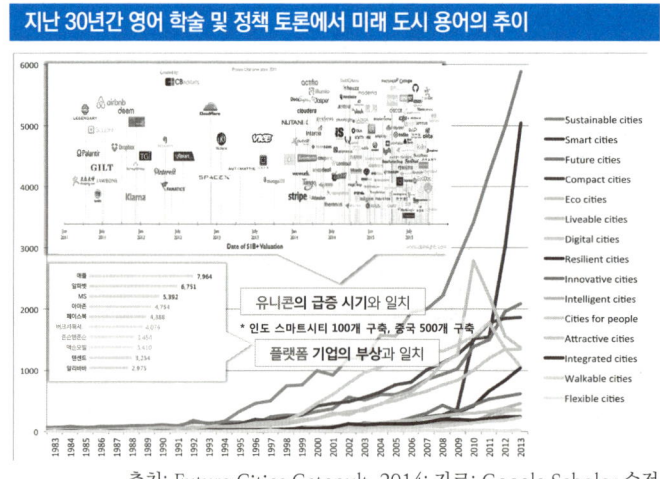

출처: Future Cities Catapult, 2014; 자료: Google Scholar 수정

특히 인도는 100개, 중국은 500개의 스마트시티 구축을 선언했다. 이러한 스마트시티의 폭증 현상은 놀랍게도 전 세계 글로벌 유니콘의 폭증시기와 일치한다. 뿐만 아니라 플랫폼 기업들의 부상 시기와도 일치하는데, 이는 우연이 아니다. 스마트시티는 4차 산업혁명이 만든 거대한 변화의 일부인 새로운 형태로 등장한다.

---

7) Emily Moir, Tim Moonen, Greg Clark. "What are future cities? Origins, Meanings and Uses". Future Cities Catapult. June 2014.

인공지능과 플랫폼, 스마트시티의 확산

기술적인 측면에서 스마트시티의 확산을 촉진하는 핵심적인 요인은 바로 인공지능과 플랫폼 기술의 발전이다.

먼저 인공지능 기술은 2010년 전까지는 주목할 만한 변화를 일으키지 못했다. 심지어 많은 인공지능 학자들로부터도 외면당해왔다. 그러나 인공지능의 딥 러닝 Deep learning 기술이 놀라운 속도로 발전하면서 전 세계가 주목하기 시작했다. 딥 러닝 기술의 발달로 음성인식, 영상인식, 자동번역 등의 분야에서 획기적인 성과를 올리면서 전 세계가 인공지능 기술에 주목했다. 구글의 알파고 프로젝트가 그 백미라고 할 수 있다. 인공지능 분야가 급부상한 원인에는 세 가지 결정적 변화가 있었다. 바로 1) 분산 컴퓨팅, 특히 GPU Graphic Processing Unit 의 발달, 2) 딥 러닝 알고리즘 개발 3) 대용량의 빅데이터의 가용성이다. 이에 추가적으로 깃허브를 통한 논문의 공유, 텐서플로우 등의 개방 커뮤니티를 통한 코드의 공유, 그리고 데이터의 공유로 혁신의 속도를 가속화가 큰 역할을 담당했다.

한편, 데이터 처리와 통신 기술의 혁명적 변화는 생산과 물류의 혁신적 변화를 촉진하였고, 그 결과 글로벌 시가총액 10위 기업에서 중 2/3 이상이 플랫폼 기업으로 대체되었다. 이들은 온라인을 중심으로 성장하였고, 이제는 오프라인으로 사업영역을 확대하고 있다. 기존의 애플, MS와 같은 소프트웨어를 만드는 기업이 플랫폼을 사업의 핵심 역량으로 전환하고 있는 것이다.

스마트시티의 부상은 기업가치 1조 이상인 유니콘 기업의 등장 시점과도 일치한다. 2010년 이전에는 20개월에 하나 등장하던 유니콘 기업이 2011

년부터 분기에 하나씩, 2014년에는 한 달에 하나씩, 그리고 2016년에는 일주일에 하나씩 등장하고 있다. 불과 5년 사이에 유니콘의 등장 속도가 무려 100배 증가한 것이다. 유니콘의 급증은 플랫폼의 등장 시기와 맞물린다.

4차 산업혁명과 플랫폼의 부상은 개발도상국들의 스마트시티 추진 시점과도 맞물린다. 중국은 2012년 12월 320여 개의 도시를 선정하여, 스마트시티화에 총 3,000억 위안(약 51조 원)을 투입할 것을 결정했다. 인도는 2014년 5월 '100대 스마트시티 조성 정책'을 발표하면서 본격적으로 스마트시티 구축에 돌입했다. 스마트시티는 2010년 이후 플랫폼, 인공지능 등 기술발전과 중국, 인도 등의 도시개발 수요가 결합하면서 전 세계로 빠르게 확산되기 시작했다.

커지는 스마트시티 산업

*전 세계 GDP 70% 이상이 도시에서 창출되고 있다.
스마트시티는 200조 달러 이상의
가치를 지닌 미래의 핵심 산업이다.
스마트시티의 정책의 핵심은 개별 요소가 아닌
스마트시티가 만드는 전체 가치 창출이 되어야 한다.*

전 세계 스마트시티의 시장 규모와 이에 대한 전망이 증가하고 있다. 그러나 스마트시티는 많은 복잡한 요소들로 이루어져 있어, 이를 정의하는 것은 굉장히 복잡하다. 이러한 복잡한 개별 요소의 관점에서 시장을 예측하다 보니, 기관마다 정의한 바에 따라 시장 규모를 다르게 예측하고 있다.

Frost & Sullivan(2018)은 2025년까지 2조 달러 이상의 시장을 형성하여 거대한 사업기회를 창출할 것으로 예측하고 있다.[8] 특히 시장을 구성하는 요소로 AI, 개인 맞춤 헬스케어, 로봇, 첨단 운전자 보조 시스템(ADAS), 분산 에너지 생산기 등의 기술을 스마트시티의 핵심 기술로 보고 있다. 세부적으로 아시아 태평양 지역이 2025년까지 스마트 에너지 분야에서 가

---

[8] 해당 보고서에서는 'Smart'라는 용어자체가 갖는 의미가 기존의 'Sustainable'이라는 표현보다 중립적(Politically neutral)이기 때문이라는 의견도 제시했다.

장 가파르게 성장할 것이며, 이 중 50% 이상은 중국에서 이루어져 중국 경제에 3,200억 달러의 가치를 창출할 것으로 예측했다. 또한, 북미의 스마트 빌딩 시장은 2020년 57.4억 달러에 달할 것이며, 유럽은 전 세계적으로 스마트시티 프로젝트에 대한 투자가 가장 클 것으로 예측하였다. 특히 스마트 모빌리티 분야의 솔루션에 투자하는 유럽의 전자제품 시장이 2025년 1,200억 달러에 달할 것이라고 한다. 중남미 지역에서 스마트시티를 추진하는 브라질은 2021년까지 총 32억 달러의 IoT 수익의 20%를 이끌 것으로 예측했다.

IDC는 스마트시티 구축을 위한 기술 시장이 2018년 800억 달러에서 2021년 1,350억 달러로 증가할 것으로 예측했다. 더불어 2018년부터 2020년까지의 전 세계 스마트시티에 대한 예측을 제시했다. 스마트시티의 주요 동인으로는 ① Accelerating DX(Digital transformation) ② Sense, Compute, Actuate ③ Cyberthreats ④ Innovation Impasse ⑤ Platform Disruption ⑥ The Future Workforce ⑦ Global Volatility 를 제시했다.[9]

> IDC FutureScape: Smart Cities Predictions
> ① 2018년 Digital Hero는 지능형 커뮤니티를 성장시키는 전략을 개발하여 지자체 파트너와 함께 광대역 서비스를 50% 향상할 것
> ② 2018년 주요 글로벌 도시의 30%가 성과 중심의 스마트시티 플랫폼 전략을 개발할 것
> ③ 2019년까지 DX는 주차 및 대중교통 수집, 광고 기반 매출 및 새로운 데이터 서비스에서 중대형 대도시의 25% 수익에 영향을 미치게 될 것
> ④ 2019년까지, 주요 도시의 3분의 1이 대중교통 수단을 제공하는 Ride-hailing 기업(Uber, Lyft 등 면허 없이 교통수단 제공)을 규제할 것

⑤ 2019년까지 지역 및 지방 정부의 20%가 비용 절감, 데이터 무결성 및 공유 향상, 보안 및 개인정보 보호를 위한 블록체인 이니셔티브를 개발 할 것

⑥ 2019년까지 도시와 공급자가 함께 일할 수 있도록 전 세계 스마트시티 프로젝트의 50%까지 PPPs$^{Public-private\ partnership}$,비영리 또는 MOU를 통해 자금이 지원될 것

⑦ 2020년까지 최소 3회의 대규모 도시 계획으로 개인이 도시 기반시설과 개인적으로 상호 작용할 수 있게 될 것

⑧ 2020년까지 대도시의 20%가 V2X$^{Vehicle\ to\ Everything}$ 기능을 구현하기 시작할 것

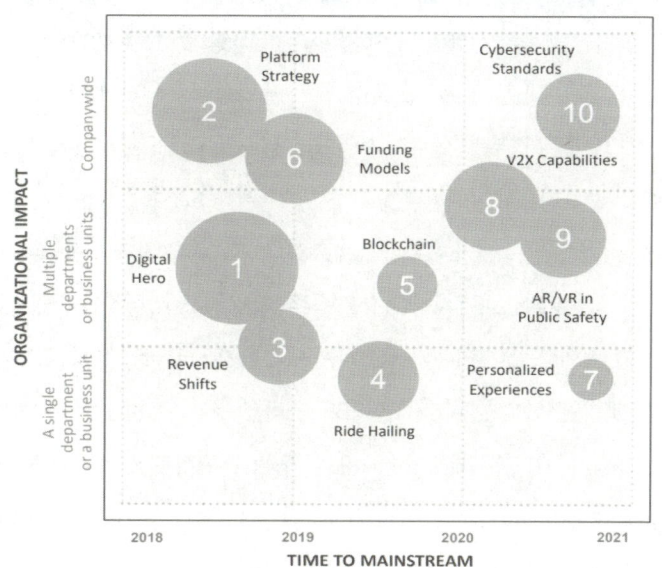

IDC의 전 세계 스마트시티의 미래 예측

자료: IDC(2017)
* The size of the bubble indicates complexity/cost to address

---

9) IDC FutureScape: Worldwide Smart Cities 2018 Predictions(2017.12)

⑨ 2020년까지 대형 글로벌 도시 및 주 응급 기관의 15%가 AR/VR을 사용하여 상황 인식을 개선하고 전문 지식을 제공할 것
⑩ 2020년까지 정부의 70%가 모든 수준의 정부에 공통된 사이버 보안 표준을 만들고 시행할 것

Research and Market(2017)은 2021년 스마트시티 시장전망을 2조$로 예측했다.

Navigant Research(2017)는 2026년 스마트시티 시장 규모를 980억 달러로 예측했다. Navigant Research에 의하면 2017년 1분기 기준 전 세계 178개 도시에서 250개 이상의 스마트시티 프로젝트가 진행되고 있다고 한다.[10] 도시는 정부의 개방형 데이터 정책의 발표를 넘어서 광범위한 데이터의 활용과 공유 및 분석, 활용을 위해 도시 플랫폼을 확립하고 있다. 대다수의 프로젝트들은 정부 및 에너지 사업에 중점을 두고 있으며, 그다음으로 교통, 빌딩, 수자원으로 나타난다.

Navigant Research가 예측한 스마트시티 규모는 타 기관의 전망 대비 낮은 수치이나, 이는 스마트시티 시장을 솔루션과 서비스로 한정하여 예측했기 때문으로 보인다. 보고서에서 주요하게 다루어지는 분야는 스마트 에너지, 스마트 워터, 스마트 교통, 스마트 빌딩, 스마트 정부의 5대 산업 분야이다.

McKinsey(2015)는 세계 600대 도시가 2025년까지 GDP 성장의 65%를 담당하게 될 것이므로, 스마트시티의 적용을 통해 2025년 연간 9,300억에서 1조 6,000억 달러의 경제적 영향을 미칠 것으로 예측한다.[11] 자율 주

---

10) Navigant Research, "More than 250 Smart City Projects Exist in 178 Cities Worldwide"

행 차량과 대중교통 시스템이 스마트시티 기술을 통해 통근 시간 70%를 줄이고, 이는 연간 600억 달러의 손실을 줄일 수 있다. 또한, 여기서 활용된 운송 어플리케이션은 8,000억 달러 이상의 가치를 만들어낸다. 대기 및 수질 개선으로는 7,000억 달러, IoT 스마트 계량기 등을 활용한 전기 손실 감소와 누수 감지 센서는 연간 690억 달러의 가치를 만들어 낼 것이라고 한다.

GrandView(2018)에서는 스마트시티가 연 평균 18.4%의 높은 성장률을 기록하면서 세계 시장 규모가 2025년까지 2.57조 달러에 도달할 것으로 예측했다.[12] 또한 스마트시티 솔루션에 대한 수요 증가로 인해 도시의 인구 증가, 제한된 자원 관리의 필요성 및 환경 지속 가능성에 대한 관심 증가와 같은 요소에 의해 주도될 것으로 예상한다.

CES 2018에서 스마트시티는 폭발적으로 성장하는 거대한 동력으로 언급되면서 스마트시티에 투자될 금액은 2015년 148.5억 달러에서 2020년까지 343.5억으로 상승할 것으로 예측했다.[13]

Pike Research는 2012년 스마트시티 시장 규모는 61억 달러이며, 향후 연평균 18.6%씩 성장하여 2020년 202억 달러 규모가 될 것으로 예측했다. 스마트시티에 포함되는 서비스 및 인프라는 지능형 교통시스템, 스마트 그리드, 상수도 관리 시스템, 사물인터넷, 빌딩관리 시스템, 통신 네트워크, 보안 및 서비스 등이다.

이와 같은 예측을 보면 최소 600억 달러에서 최대 3조까지 50배의 차이

---

11) McKinsey&Company, "The Internet of Things: Mapping the value beyond the Hype", 2015.6.
12) Grand View Research(2018.2.), "Smart Cities Market Size Worth $2.57 Trillion By 2025 | CAGR: 18.4%"
13) CTA/UPS, The Evolution of Smart Cities and Connected Communities, January 2017.

를 보인다. 이는 스마트시티의 기존 산업 규모를 스마트시티가 창출하는 가치보다 스마트시티에 투입되는 비용을 기준으로 산정했기 때문이다. 그러나 스마트시티기 단순한 비용 차원을 넘어 이제 생산의 주체로 부상한다는 시각에서, 필자는 스마트시티의 시장 규모를 가치창출의 관점에서 보아야 한다고 주장한다. 4차 산업혁명에서는 원가가 아니라 가치 중심으로 세상을 보아야 한다. 이를 기준으로 제시하는 수치가 200조 달러 규모의 시장이며, 자세한 내용은 다음 장에서 다시 논의하고자 한다.

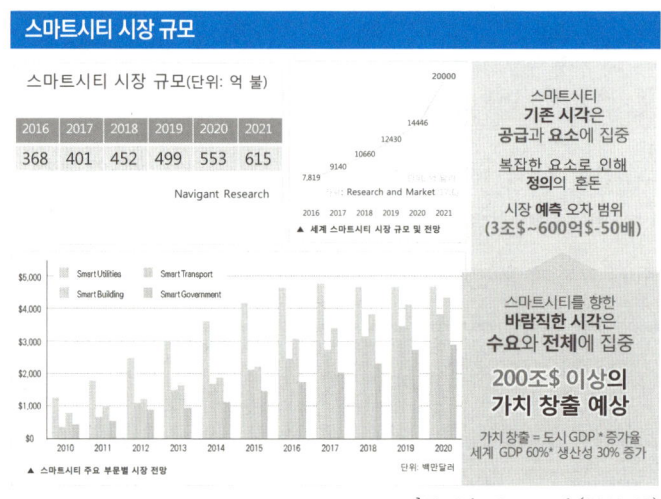

자료: Pike Research(2012.03)

개별 요소의 관점보다 전체 수요의 관점으로 스마트시티를 다시 보자. 전 세계 GDP 70% 이상이 스마트시티에서 창출될 것이고, 이들의 생산성이 30% 증가한다면, 대략 200조 달러의 새로운 가치가 창조될 것이다. 스마트시티의 정책의 핵심은 개별 요소가 아니라 스마트시티가 만드는 새로운 가치 창출로 전환해야 한다.

스마트시티의 정의들

지속가능한 도시, 디지털 시티 등
새로운 미래도시를 칭하는 다양한 개념들이
지능혁명으로 불리는 4차 산업혁명 이후
'스마트시티'로 수렴하고 있다. 그러나 이러한 스마트시티를
정의하는 것은 학자, 기관, 국가별로 모두 다르다.

ITU International Telecommunication Union에 의하면, 2014년 기준 전 세계 스마트시티에 관한 정의는 116개에 달한다고 한다.

스마트시티 개념 및 정의	
구분	내용
ITU(2015)	스마트시티(Smart sustainable city)는 삶의 질, 도시 운영과 서비스의 효과성, 경쟁력 강화를 위해 ICT 등을 활용하는 혁신적인 도시이며, 정제·사회·환경·문화적 측면에서 현재 및 미래 세대의 요구를 보장함
Birmingham City Council	인적자원과 사회 인프라, 교통수단, 그리고 첨단 정보통신기술(ICT) 등에 투자하여 지속적인 경제발전과 삶의 질 향상을 이룰 수 있는 도시
Navigant Research	지속 가능한 개발 삶의 질 향상 및 경제 개발을 이루기 위한 전략적인 계획에 기술을 적용하는 행위
Matt Hamblen (2015)	다양한 유형의 전자 데이터 수집 센서를 사용하여 자산과 자원을 효율적으로 관리하는데 필요한 정보를 제공하는 도시 지역

구분	내용
Giffinger, et al. (2007)	주어진 도시여건과 의식 있는 독립적 시민을 기반으로 경제, 사람, 거버넌스, 이동, 환경, 생활 측면에서 미래지향적으로 잘 운영되는 도시
Hall(2000)	도로, 교량, 터널 철도, 지하철, 공항, 항만, 통신, 상하수도, 전력, 중요한 건물을 포함하여, 상태를 모니터링하고, 결합함으로써 자원 활용을 최적화하고, 예방적인 조치를 취하며 위험한 상황을 모니터링함으로써 시민들에게 최대의 서비스를 제공하는 도시
Deakin, Mark(2013)	시장의 요구를 충족시키기 위해 정보통신기술을 활용하고 그 과정에서 지역 사회의 참여가 필요하며, 결과적으로 지역사회에 긍정적 영향을 미치는 방식으로 기술을 구현한 도시
IBM	도시를 운용하기 위해서 핵심적인 시스템의 열쇠가 되는 정보를 ICT를 이용하여 수집하고 분석하며, 통합할 수 있는 도시
Gartner	다양한 서브시스템 간 지능형 정보교류를 기반으로 하며, 스마트 거버넌스 운영 프레임워크를 기반으로 지속적인 정보교환을 수행하는 도시
Dassualt system	언제 어디서나 인터넷 접속이 가능한 환경을 제공하는 것은 물론 영상회의 등 다양한 첨단 IT 기술을 자유롭게 사용할 수 있는 미래형 첨단도시
SmartCities Council	정보와 정보통신기술을 활용, 거주성(Livability), 업무효율성(Workability), 지속가능성(Substantiality)을 향상한 도시
Northstream	21세기 도시환경 내에서 삶을 풍요롭게 할 수 있도록 유비쿼터스 기술을 사용하여 끊김 없이 사람과 사물과 유틸리티를 연결할 수 있는 개념이 있는 도시
Forrester Research	스마트도시는 주요 인프라 구성요소 및 도시서비스를 만들기 위해 스마트 컴퓨팅 기술을 사용하여 좀 더 지능적이고 상호 연결되어 있으며 효율적인 도시 관리, 교육, 의료, 공공안전, 부동산 교통 및 유틸리티를 포함
EU	디지털 기술을 활용하여 시민을 위해 더 나은 공공서비스를 제공, 자원을 효율적으로 사용, 환경에 미치는 영향을 최소화하여 시민의 삶의 질 개선 및 도시 지속가능성을 높이는 도시
European Commission	디지털 기술을 활용하여 시민을 위해 더 나은 공공 서비스를 제공하고, 자원을 효율적으로 사용하며, 환경에 미치는 영향을 감소시킴. 기존의 네트워크와 서비스에 디지털 기술을 결합하여

구분	내용
European Commission	그 효율성을 높임으로써 주민과 기업의 이로움을 높임. 자원을 적게 소비하고 탄소 배출을 감소하는 차원을 넘어서 더 똑똑한 교통, 상하수도, 조명과 냉난방 등을 포함하며 상호 소통을 높이고 시민의 요구를 만족할 수 있는 거버넌스, 도시 안전, 고령화 친화적 도시 등을 포함함. 궁극적으로 시민의 삶의 질을 개선하고 도시의 지속가능성을 높이고자 함
인도 도시개발부	상하수도 위생, 보건 등 도시의 공공서비스를 제공할 수 있어야 하며, 투자를 유인할 수 있어야 하고, 행정의 투명성이 높고 비즈니스하기 쉬우며, 시민이 안전하고 행복하게 느껴야 함
중국	도시의 거대화와 환경오염, 치안 불안, 느려지는 행정시스템, 도시민의 불만 증가 등의 문제를 해결하기 위하여 스마트시티 프로젝트를 선언함. 이를 통해 내수중심의 경제 활성화를 이루고, 정보통신산업 기술과 정보화 기초시설을 통해 도시 지능화 관리를 실현하며 도시민에 지원되는 교통, 에너지, 폐기물 처리, 환경 감시, 의료 정보화 등 다양한 서비스를 네트워크화하고자 함

자료: ITU(http://www.itu.int/en), 세계와 도시(서울연구원, 2015), 국가건축정책위원회(2016) 수정

이러한 스마트시티 정의들의 키워드를 분류해보면, 가장 큰 비중을 차지하는 것은 ICT, 통신, 지능, 정보(26%)이며, 환경과 지속가능성(17%), 인프라와 서비스(17%), 사람, 시민, 사회(12%)로 나타난다.

한국정보화진흥원(NIA, 2016)에서는 기존의 스마트시티 개념들을 목적과 수단으로 분류하여 정리했다. 목적으로서의 스마트시티는 도시 관점과 시민 관점으로 나누어 구분된다. 도시 관점은 도시 성장이 자원낭비와 시민 소외와 같은 문제를 초래한 것에서 시작하여, 도시를 하나의 독립적인 단위로 보는 시각이다. 시민 관점은 시민 등의 도시 주체가 체감할 효과를 중심으로 본다. 수단으로서의 스마트시티는 스마트한 수단을 활용하는 도시로, 서비스 중심의 관점과 구조 중심의 관점으로 구분된다. 서비스 중심의 관점은 과거와 차별화된 서비스를 제공하는 입장이며, 구조 중심의 관점

은 플랫폼과 같은 기존 도시와 구분되는 구조적 특징을 지닌 도시라는 관점이다. NIA는 이제 스마트시티의 개념상 혼란은 극복되기 시작하였다고 보고서에 서술하였다.

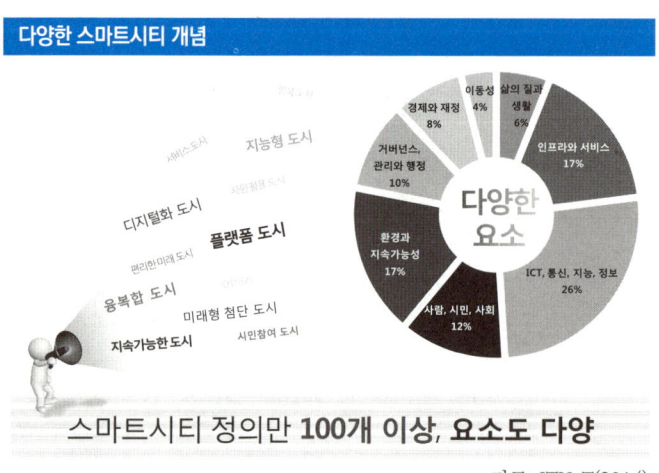

자료: ITU-T(2014)

선진국 도시들은 주로 자원의 지속가능성과 환경문제 등을 스마트시티의 중심 개념으로 보는 경향이 있다. EU는 디지털 기술을 활용하여 시민을 위해 더 나은 공공서비스를 제공하고, 자원을 효율적으로 사용하며, 환경에 미치는 영향을 최소화하여 시민의 삶의 질 개선 및 도시 지속가능성을 높이는 도시로 정의하고 있다. 기업의 경우 기술을 활용의 측면을 강조하여, IBM은 도시를 운용하기 위해 핵심적인 시스템의 열쇠가 되는 정보를 ICT를 이용하여 수집하고 분석하며, 통합할 수 있는 도시로 스마트시티를 정의했다. 개발도상국의 경우 국가 발전의 핵심으로서 스마트시티를 도시 문제 해결과 경제 활성화로 정의하고 있다.

이와 같이 스마트시티의 정의들을 종합해보면, 지속가능성, 삶의 질, 성장가능성으로 요약할 수 있다. 즉, 스마트시티는 도시 문제의 해결을 통해 시민의 삶의 질을 향상시키고 경제 활성화를 이루기 위해 추진되고 있으며, 각 국가별로 중점을 두는 목표는 국가의 환경에 따라 차이가 있다. 스마트시티가 다양한 주체들이 정의하는 만큼 각각의 목적에 따라 다양하게 정의되고, 결과적으로 전체를 통합하는 하나의 포괄적인 정의가 존재하지 않아 스마트시티를 이해하는데 어려움이 있다. 또한, 위에서 구분한 목적으로서의 스마트시티의 가치 분석에 대한 자료도 아직까지는 미비하다. 따라서 앞서 본 것과 같이 시장예측의 차이가 크다.

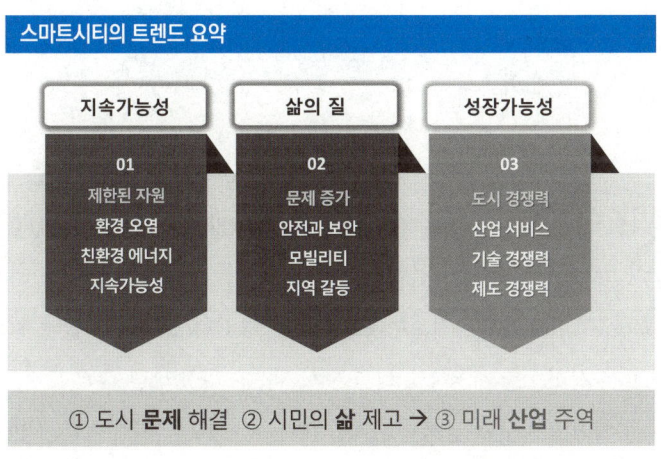

진화하는 스마트시티

스마트시티 진화 모델

도시는 시민 삶의 플랫폼이다.
시민의 삶은 생산과 소비로 이루어져 있으며,
이를 영위하기 위해 도시에서 생활의 공통요소를 공유하고 있다.
그리고 2010년대 들어 스마트시티를 '플랫폼'으로 인식하고
도시를 설계하고자 하는 시도들이 등장하고 있다.

황종성(2013)은 '플랫폼으로서의 도시 City as a Platform'를 언급하면서 스마트시티를 '기존 도시에 스마트 플랫폼을 활용하여 신기술로 도시의 효율성을 제고하고 데이터를 활용하여 새로운 가치를 창출하는 도시'로 정의했다. TechCrunch(2015)에서는 도시를 플랫폼으로 보아야 기술을 활용해서 새로운 서비스를 개발하고 핵심 도시기능을 재정의 할 수 있으며, 시민과 도시 사이의 가상적 서비스 관계는 (만들기) 더 쉬워진다고 언급했다.

Future of Government(2016)는 스마트시티와 관련된 각종 기대를 충족시키기 위해서는 도시가 '기능적인 도시 OS A functional urban operating system'가 되어야 한다고 강조했다. 바르셀로나에서도 동일한 개념을 사용하여 도시 구조의 개념도인 'City Anatomy'를 구상했다. 바르셀로나는 스마트시티를 선도하기 위해 이를 기반으로 세계 주요도시 및 글로벌 기업들과 'City Protocol'을 구축했다.

NIA(2013)는 스마트시티를 '도시의 효율성을 제고하고 새로운 가치를 창출하기 위해 기존 도시에 ICT 기반의 스마트플랫폼을 적용한 도시'로 정의하고 스마트시티의 과거와 현재의 비교를 통해 '스마트플랫폼'을 제시했다. 과거 도시의 문제 해결방식은 교통체증에 도로를 확충하는 것과 같은 물리적인 해결 방식이었다. 그러나 스마트시티는 스마트플랫폼을 통해 수집한 데이터를 분석하여 한정된 도시자원을 최적화하는 스마트 서비스로 도시문제를 해결하는 접근방식이다.

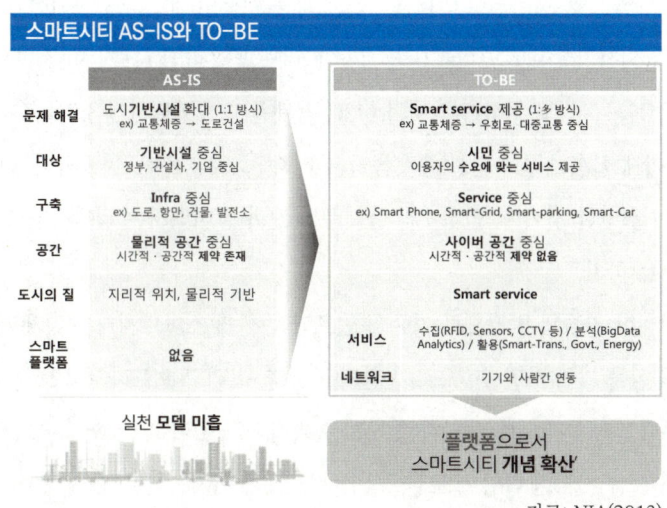

자료: NIA(2013)

이러한 플랫폼은 새로운 개념이 아니다. 본래 전통적인 플랫폼은 바로 기차역이다. 하나의 역에서 여러 노선이 출발하면 역을 새로 만들 필요가 없다. 전주 가는 역, 광주 가는 역, 여수 가는 역을 하나로 통합하여 하나만 만들면 된다. 역은 기차들의 공통 역량이기 때문이다.

플랫폼은 인수분해인 $\langle aX + bX + cX = (a+b+c)X \rangle$로 이해하면 쉽다. 기

차역의 개별 노선은 핵심 역량이다. 플랫폼의 효과는 이러한 공통 요소를 공유하여 효율을 증대하고, 개별 요소를 쉽게 하여 혁신을 쉽게 만드는 것이다. 플랫폼을 통해서 우리는 공통 요소를 공유하여 비용을 감소시키고, 감소한 비용만큼 소비자의 이익은 증가한다. 즉, 가치는 증가하고 비용은 낮아지는 가치 극대화가 플랫폼의 효과이다. 그리고 이 둘을 연결하는 것이 괄호이다. 만약 괄호인 연결비용이 비싸다면 플랫폼은 구축되기 어렵다. 그런데 연결비용을 제로화한 것이 바로 인터넷의 등장이다.

도시의 발전은 이러한 인터넷의 발전과 플랫폼의 발전과 연동되어 있다. PC와 센서가 스마트시티 1.0을, 유선 인터넷과 온라인 플랫폼이 스마트시티 2.0을, 그리고 무선 인터넷과 O2O 플랫폼이 스마트시티 3.0을 만들었다. 이제 블록체인의 분산 플랫폼이 자기조직화로 가는 스마트시티 4.0으로 이끌어 갈 것이다. 인터넷과 플랫폼의 진화에 대해서는 뒤에서 다시 다루기로 하자.

이러한 기술의 발전으로 기존의 인프라 중심의 스마트시티는 이제 데이터 중심을 거쳐 시민중심으로 전환되고 있다. 그리고 오프라인의 도시에서 오프라인과 온라인이 융합하는 도시로 확장되고 있다. 이러한 스마트시티의 진화를 제시한 다양한 모델들을 살펴보도록 하자.

IDC 스마트시티 성숙도 모델 Smart City Maturity Model, 2013

IDC는 스마트시티 성숙도 모델을 5개 평가 영역으로 구분하여 스마트시티의 현황 및 역량을 진단하고, 이를 기반으로 목표를 정의하여 계획을 수립할 수 있도록 구성했다. 스마트시티 성숙도 평가 영역으로는 비전, 문화, 프로세스, 기술, 데이터의 5가지를 제시하고, 이에 대한 다각적 역량 보유의 중요성을 강조했다. 성숙도 모델의 5단계는 다음 [표]와 같이 Ad Hoc(시범단계), Opportunistic(기회단계), Repeatable(반복단계), Managed(관리단계), Optimized(최적화단계)로 구분된다.

IDC Smart Cities Model의 5단계

단계	주요 특징	주요 성과
Ad Hoc (시범단계)	▪ Siloed(단절된) ▪ 전술적이고 실험적인 시범 프로젝트 추진 ▪ 정식 거버넌스나 도시 차원의 조정 없이 부서 기반 계획 추진	▪ 기술기반 시범 프로젝트 ▪ 성공을 통해 사례 개발 ▪ 스마트시티 개념의 가치
Opportunistic (기회단계)	▪ Intentional(의도적인) ▪ 고위급의 리더십에 의해 추진 ▪ 주요 이해관계자 개념 도입 ▪ 특정 문제 또는 기능 영역을 중심으로 일부 부서 간 사전 협업 추진 ▪ 데이터 개방, 투명성, 시민 참여에 관심	▪ 전략 및 로드맵 수립 ▪ 지속가능한 거버넌스 조직 구조 기초 마련 ▪ 투자 증가
Repeatable (반복단계)	▪ integrated(통합된) ▪ 개선된 결과 기반의 통합 및 추가 개발 프로젝트 추진(통합 다단계 프로젝트) ▪ 오픈데이터 및 오픈 지방정부 이니셔티브 추진 ▪ 민관협력생태계 강화 및 대시민 서비스 개선	▪ 여러 조직에서 반복가능하고 표준적인 프로젝트 프로세스 ▪ 외부 파트너와의 협력을 통해 성과 개선 ▪ 산출물 및 결과 측정
Managed (관리단계)	▪ Operationalized(운영화 된) ▪ 도시 전체로 스마트시티 전략 확대 ▪ 공식적 스마트시티 지원조직에 의해 추진 ▪ 작업/데이터 흐름을 위한 공식 시스템에 의해 공유·관리되는 기술 및 데이터 자산 보유 ▪ 시민 행동 변화를 반영한 서비스 및 정책 추진 ▪ 지속가능한 스마트시티 협력생태계로 발전	▪ 개선된 서비스 제공을 위한 도시 전체 차원의 전략 및 운영 혁신 ▪ 스마트시티의 바람직한 결과 달성

단계	주요 특징	주요 성과
Optimized (최적화 단계)	■ Sustainable(지속 가능한) ■ 통합 시스템을 위한 민첩한 혁신 전략	■ 탁월한 성과와 차별화 제공
Optimized (최적화 단계)	■ Sustainable(지속 가능한) ■ 통합 시스템을 위한 민첩한 혁신 전략 ■ IT 및 거버넌스를 제공하는 지속 가능한 도시 전체 차원의 플랫폼 구축 ■ 지역사회의 참여 확대 및 스마트시티 지원조직과 협업 추진	■ 탁월한 성과와 차별화 제공 ■ 민첩성, 혁신성 및 지속적인 개선

자료: IDC Government Insights(2013); IDC(2015.12). IDC MaturityScape: Smart City 요약 및 재구성

성숙도 모델을 통해 도시의 리더는 ① 해당 도시의 스마트시티 역량 및 성숙도를 평가하고, ② 성숙도와 핵심 역량의 차이를 식별하고, ③ 개선 목표 및 계획을 정의하고, ④ 기술, 파트너십, 인력 및 자원 배치 등 우선순위를 부여해야 한다. 성숙도 모델의 5단계는 다음과 같으며, 낮은 단계에서 높은 단계로 진화할수록 더 많은 시간과 자원, 노력이 필요하다.

Cohen의 스마트시티 3단계 모델(2015)

Boyd Cohen(2015)은 스마트시티에 대한 관심이 증가하는 이유를 전 세계 도시들이 점점 더 효율적이고 기술적으로 연결되어 시민들의 삶의 질을 향상시키고 있기 때문이라고 설명했다. 그는 2011년부터 스마트시티를 연구하여 도시가 기술과 개발을 어떻게 받아들이고, 기업을 주도하고, 정부가 어떻게 시민들을 이끌어갈지에 대한 3단계로 스마트시티 진화 모델을 제시하였다.

먼저 기술주도 Technology driven의 스마트시티 1.0은 기술 제공자에 의해

서 솔루션이 도시에 적용되도록 하는 것이다. 그러나 이는 기술 공급자가 먼저 접근하는 방식으로, 실제 시민들의 삶의 질에 어떠한 영향을 끼치는지에 대한 이해 없이 진행되었다.

다음으로 도시 주도 기술적용^{Technology enabled, City-Led}의 스마트시티 2.0은 이전 단계와는 달리 도시가 주도적으로 기술을 적용하는 단계이다. 이 단계에서는 도시의 미래와 스마트 기술, 그리고 혁신적인 배치를 도시의 관리자들이 주도하며, 특히 삶의 질 향상에서 기술 솔루션을 중점으로 둔다. 가장 좋은 사례는 리우데자네이루^{Rio}의 사례다. 산사태를 완화하기 위해 리우데자네이루^{Rio} 시장이 직접 IBM에 센서 네트워크 구축 전문성을 요청하여, 이 프로젝트를 통해 센서 네트워크로 범죄 감지 및 예방을 위한 스트리밍 서비스^{CCTV}, 여러 서비스 통합 등을 이루었다. Cohen은 2015년 기준 대부분의 스마트시티를 2.0 상태로 평가하였다. 바르셀로나와 같이 와이파이 구축, 대중교통 및 전기차량 충전 인프라 추진 및 시의회의 이니셔티브 등을 추진하여 시민의 삶의 질을 개선하는 도시들이 그 예이다.

마지막으로 시민 공동창조^{Citizen Co-Creation}의 스마트시티 3.0 단계는 형평성 및 사회적 통합 문제에 무게중심을 둔다. 활용도가 낮은 자원을 최적화할 뿐 아니라 모든 거주자의 삶의 질을 향상하기 위해 추진되고 있는 도시 모델로, 몇몇 국가들이 추진 중이다. 비엔나의 스마트시티가 바르셀로나와 차별화되는 점은 시민 직접 투자, 시민 참여 중점 정책 등 시민들의 자발적 참여를 유도하고 있다는 점이다. 스마트시티 3.0은 선진국 도시뿐만이 아닌 라틴아메리카 Medellin에서도 논의되었다. Medellin에서는 케이블카, 전기 계단 프로젝트, 신기술 기반 학교와 같은 프로젝트를 통해 가장 취약한 이웃을 끌어들여 도시를 개선하는 사업을 추진했다.

IDC Smart Cities Model의 현재(좌)와 2년 후(우)

자료: IDC Government Insights(2013)

NIA의 스마트시티 구조(2016)

NIA(2016)는 구조론적 관점에서 스마트시티를 5단계로 정의했다. 기반 구축 단계 Infrastructure는 인프라 구축으로 도시혁신이 시작되는 단계이다. 수직적 구축 단계 Vertical Grid 단계는 개별 업무와 서비스가 수직적으로 연계·통합되는 단계이며, 대부분의 스마트시티가 2단계로 평가되었다. 3단계는 수평적 구축단계 Horizontal Grid로, 데이터와 플랫폼의 공유를 통해 분야가 연결되면서 융합지능화가 이루어진다. 4단계는 도시 플랫폼 단계로, 도시가 플랫폼 역할을 하면서 도시 전체가 하나의 유기체와 같이 데이터 공유가 자연스럽게 이루어지는 단계이다. 5단계는 미래도시 Future city는 스마트시티에서 지능사회로 전환되어 기존 도시의 제도와 구조가 인공지능, 로봇 등으로 대체되는 단계이다.

Deloitte의 스마트시티 진화모델(2017)[14]

Deloitte(2017)는 스마트시티의 진화 방향을 2단계로 나누었다. 스마트시티가 과거에는 인프라 및 기술 중심의 1.0 수준이었다면, 이제 스마트시티는 시민 공동 참여형인 2.0으로 진화하고 있다는 것이다.

Deloitte(2017)의 스마트시티 진화 및 프레임워크

	Smart City 1.0	Smart City 2.0
비전	연결된 인프라스트럭처	집단지성 기반의 플랫폼화된 도시
초점	도시 자산을 보다 효율적으로 관리	시민의 경험과 도시 의사결정 향상
솔루션	스마트교통, 스마트주차, 스마트 가로등, 스마트폐기물처리 등	데이터 기반의 더 나은 도시 의사결정 시스템
기술	센싱 기술, 데이터 분석	데이터, 디지털, 인간중심 디자인

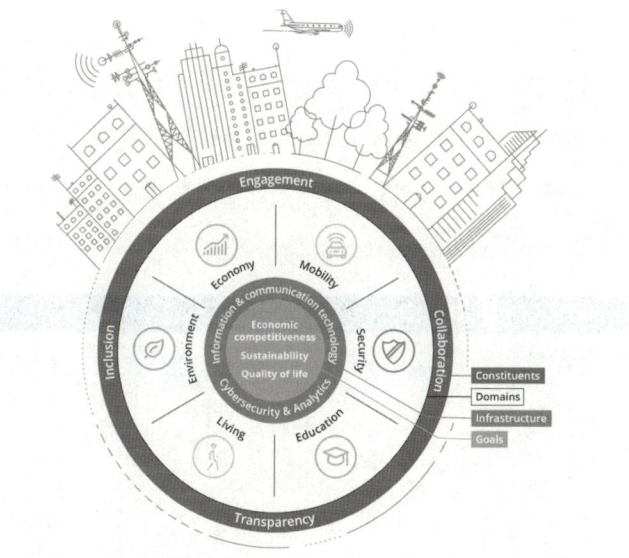

자료: Deloitte(2017), Forces of change: Smart cities; NIA(2018)

더불어 Deloitte(2017)는 스마트시티 2.0 모델을 플랫폼으로서의 도시

---
14) NIA(2018), 스마트시티 제1편 시민 주도 스마트시티의 도전과제

City as a Platform로 제안했다. 스마트시티는 도시의 서비스와 더 나은 삶의 질을 위한 스마트시티의 목표는 동일하나, 그 방법이 진화하였으며, 더 많은 도시에서 정부, 기업, 시민 등 서비스의 최종 사용자가 데이터를 이용하고, 의사결정을 주도하고 있는 추세이다.

지방정부의 역할이 정부가 무엇을 하는 것에서 도시 혁신에 시민참여를 가능하게 하는 것으로 변하고 있다. 이는 스마트시티 1.0을 통해 연결된 도시 데이터를 기반으로 협력하는 스마트시티즌이 도시 문제를 해결하고 주요 의사결정을 할 수 있게 되었음을 의미한다. 이에 지속가능성 확보를 위한 참여, 협력, 투명성, 통합의 스마트시티 프레임워크를 제시했다. 이에 지방정부의 역할로 1) 도시 생태계 혁신가 육성을 위한 환경 조성 2) 스마트시티 거버넌스 구조 구축 3) 지속가능하고 혁신적인 자금흐름 개발을 제안하였다. 위에서 살펴본 스마트시티의 진화 단계를 비교해보면 다음 [표]와 같이 정리할 수 있다.

스마트시티 진화 단계 비교

IDC(2013)	Cohen(2015)	NIA(2016)	Deloitte(2017)
시범 부서 및 기술기반	스마트시티 1.0 기술주도(공급 중심)	기반구축 도시혁신+ 인프라 구축	스마트시티 1.0 인프라 연결로 도시 효율적 관리 센싱-데이터 분석 기술 활용
기회 데이터 개방, 시민참여, 이해관계자 및 리더십		수직적 구축 개별분야·서비스의 수직적 연계	
반복 오픈 데이터 민관협력	스마트시티 2.0 기술적용으로 삶의 질 향상	수평적 구축 데이터-플랫폼 공유로 고도화	
관리 도시 전체 확대 데이터 공유 및 관리 협력 생태계			스마트시티 2.0 데이터 기반 도시의

IDC(2013)	Cohen(2015)	NIA(2016)	Deloitte(2017)
최적화 지속가능한 도시 지역사회 참여 확대 도시 전체 플랫폼	스마트시티 3.0 시민공동창조	도시 플랫폼 도시가 하나의 플랫폼 데이터로 항상 연결	플랫폼화로 의사결정 향상, 시민 경험 디자인
		미래 도시 지능사회	

이를 통해 스마트시티는 기술 중심 인프라 단계에서 데이터와 플랫폼의 발달로 플랫폼으로서 도시, 그리고 시민 참여 중심으로 진화함을 확인할 수 있었다. 이것이 현재까지의 스마트시티라면, NIA는 한 단계 더 발전한 미래도시Future city를 '지능사회'로 정의하였다. 기존 스마트시티 진화 모델들은 플랫폼 도시에서 인프라, 서비스, 환경, 시민 등의 구성요소들이 복잡계적 관계를 형성하고 있다. 그러나 이들이 '도시'라는 하나의 생산 주체로서 창출하는 네트워크 효과에 대한 분석이 부족했다.

이제는 도시 인프라 등의 자산이 아닌 경험과 의사 결정이 중심이 되었다. 또한 교통, 주차, 가로등과 같은 개별 문제가 아닌 데이터 기반의 도시 의사 결정 시스템이 중요해졌다. 기술 측면에서는 센싱과 데이터 분석 기술이 인간 중심의 디자인 기술로 이동하고 있다. 즉, 비전, 초점, 솔루션, 기술 측면에서 스마트시티는 새롭게 진화하고 있고, 이는 현실과 가상이 융합하는 4차 산업혁명의 거대한 변화가 스마트시티에도 몰려오고 있다는 것을 의미한다. 스마트시티 진화는 지속 가능성, 삶의 질을 거쳐서 성장 가능성으로 이동한다. 증가하는 도시의 문제, 안전과 보안, 모빌리티, 지역 갈등을 넘어서 도시 경쟁력을 강화하여 지속가능한 성장을 뒷받침하고 양극화 문제도 해결해야 한다. 따라서 이제 도시는 문제 해결 단계에서 시민의 삶의 질을 높이는 단계로 진화하면서 미래 산업 주역으로 이동하고 있다.

  이에 본서에서는 새로운 스마트시티 모델을 제시하기 위해 2장에서 스마트시티 현황을, 3장에서 복잡계와 도시의 관계의 기존 이론들을 살펴보고자 한다.

2장

스마트시티 현황

언제나 무언가를 설계할 때에는
더 큰 환경을 고려해야 한다.
의자를 설계할 때는 방을, 방의 경우는 집을, 집은 환경을,
그리고 환경을 고려할 때에는 도시 계획을 고려해야 한다.
Always design a thing by considering its next larger
context - a chair in a room, a room in a house, a house in
an environment, an environment in a city plan.
엘리엘 사리넨(Eliel Saarinen), 핀란드 건축가

스마트시티 현황

스마트시티로 앞서가는 국가들

세계 주요 국가들은 주요 도시의 스마트시티화를 추진하고 있다.
스페인의 바르셀로나, 네덜란드의 암스테르담, 영국의 런던,
미국의 샌프란시스코, 중국의 항저우 등
모두 거대 도시들이 중심이다. 스마트시티로 앞서가려는 국가들이
기존의 거대 도시를 중심으로 스마트시티를 추진하는
이유는 무엇일까.

유럽의 스마트시티 정책

유럽은 2000년도 스페인의 도시 재생 사업을 시작으로 2009년 네덜란드, 2011년 영국 등 개방 데이터 정책 하에 환경과 교통 분야를 중심으로 스마트시티 정책을 추진하고 있다. 유럽의 스마트시티는 인구 도시 집중, 교통 체증 등 도시화 문제에 따른 에너지 소비량 증가를 개선하기 위해 등장했다. 유럽 집행위원회 European Council, EC는 스마트시티 및 커뮤니티 이니셔티브(2011) Smart Cities and Communities Initiative에 따라 스마트시티 및 커뮤니티 혁신 파트너십(2012.7) Smart Cities and Communities Innovation Partnership을 구축했다. 15)

---

15) European Commission의 Smart Cities and communities 홈페이지

스마트시티 커뮤니티 혁신 파트너십 전략 실행 계획Smart Cities and Communities Innovation Partnership Strategic Implementation Plan16)은 스마트시티 및 커뮤니티 혁신 파트너십 전략 실행 계획(2013.10)Strategic Implementation Plan에 동의하며 지속가능한 도시이동성, 지속가능한 지역개발, 에너지/운송/ICT 인프라의 융합 등 3개 분야에 집중하고 있다.

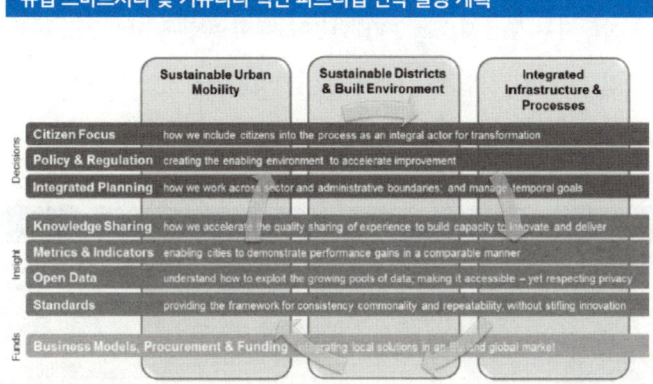

자료: European Commission(2013.10.14)

스페인 도시재생사업(2000)

스페인 바르셀로나 포블레노우는 과거 공업지대로 도시 환경이 매우 열악하였으나 도시재생사업으로 '22@바르셀로나 혁신지구'라는 첨단 산업 도시(플랫폼)로 탈바꿈했다. 바르셀로나는 정보통신기술, 미디어, 바이오, 에너지, 디자인 등 5대 첨단산업을 집중적으로 육성하는 데 중점을 두고

---

16) European Commission(2013.10.14), European Innovation Partnership on Smart Cities and Communities-Strategic Implementation Plan(http://ec.europa.eu/eip/smartcities/index_en.html)

8,200개 기업을 끌어들였으며, 혁신지구의 10% 영역에 10여 개 대학들(약 25,000명 학생)을 대거 유치했다.

22@혁신지구 전체에 광역무선통신망을 깔고 자동 쓰레기 수거 시스템 같은 첨단 인프라를 구축하였으며, 차가운 바닷물을 끌어와 냉방에너지를 공급하고 쓰레기를 소각해 나오는 열로 난방에너지를 공급하는 친환경 에너지 시스템도 적용하였으며, 전기차 충전소도 곳곳에 설치했다. 22@바르셀로나 혁신지구 프로젝트는 2001년 도시계획 수립을 시작으로 현재까지 진행 중인 도시재생사업이다. 관계자는 기업-학생-지역주민이 공존할 수 있는 환경을 만드는 것이 중요하다고 강조했다.

22@바르셀로나 혁신지구 개발 프로젝트 현황

전체 규모	내용
개발 기간	2001년 계획 수립→2004년 인프라 개발 및 건물 착공 →2025년 완공 예정
개발 비용	인프라 개발비 2억 유로 등 총 27억 유로 (약 3조4천억 원)
입주 기업 및 대학	8200여 개 기업(현재 약 9만 명 근무) 10개 대학(현재 약 2만5천 명 재학)
지구 구성	70% 업무지구, 10% 주거지역, 10% 녹지, 10% 교육시설

자료: 22@바르셀로나; 동아일보(2018.01.01.), '바르셀로나 22@혁신지구'

네덜란드 암스테르담 스마트시티 시범사업(2009)[17]

네덜란드 암스테르담은 2009년부터 스마트시티를 추진해오고 있으며, 지역 주민, 정부, 기업 등이 공동으로 200여개 프로젝트를 진행하고 있다. 암스테르담에서 스마트시티 구축을 주도하는 곳은 암스테르담 스마트시티

Amsterdam Smart City, ASC이다. ASC가 주도하는 스마트시티 플랫폼은 정부기관 비중이 14.2%, 기업 비중은 40.1%, 스타트업이 14.9%, 연구기관이 13.9%, 재단이 4.6% 수준으로, 주로 민간이 주도한다.

이렇듯 ASC는 다른 스마트시티처럼 시정부나 대기업 주도가 아닌 시민들, 기업, 스타트업이 참여하여 만들어나가는 스마트시티라는 점이 특징이다. 이 때문에 시민들, 스타트업이 IT기술을 활용한 도시 생활 관련 아이디어와 서비스, 제품 등을 제안하는 것이 실제 스마트시티 서비스로 만들어지고 있으며 이러한 구성체가 '리빙랩'이다.

ASC는 인프라와 테크놀로지, 에너지/물/쓰레기, 이동성, 순환도시, 거버넌스와 교육, 시민과 생활 등 6개 분야에 대해 스마트시티 프로젝트를 진행 중이다. 한 예로 암스테르담 혁신 경기장 프로젝트[18]는 각종 센서 등으로 수집한 경기장 데이터를 기반으로 경기장을 운영하며, 데이터를 분석해 시설 유지보수를 최적화하고, 스마트 그리드 기술과 대용량 배터리를 활용해 경기장의 에너지 효율성을 높였다.

영국 Future City Project[19]

영국 정부 산하기관인 이노베이트 UK는 'Future City Project'의 일환으로 30여 개의 도시 지원을 받아 글래스고(Glasgow)지역을 2013년 1월

---

17) 암스테르담 시티 홈페이지(https://amsterdamsmartcity.com); TechM(2018.3.17.), 암스테르담, 시민 참여 속 스마트시티 플랫폼으로 진화를 참고하여 작성함
18) 동 프로젝트에는 Microsoft, TNO, KPN, KPMG, Nissan, EATON, Philips Lighting, Huawei, Honeywell, BAM 등이 참여함
19) 한국경제매거진(2018.5.23.), '낡은 도시'를 똑똑하고 안전하게..영국의 스마트시티 실험; kotra 해외시장뉴스(2013.3.5.), '글래스고를 시작으로 영국에 스마트시티 확산 기로'

영국 최초의 스마트시티로 선정하여 구현 중이다. 글래스고의 스마트시티 개발 참여기업은 IBM으로, 2008년 자체 개발한 스마터 플래닛 이니셔티브 프로그램Smarter Planet Initiative Programme20)으로 스마트시티 구축을 지원한다. 대표적인 사례가 도시 곳곳에 설치된 인공지능 가로등으로, 이를 통해 에너지 소비 68% 절약, 범죄율 감소 등의 성과를 얻었다.

이노베이트 UK는 글래스고의 오퍼레이션센터를 설립하여 도시 곳곳에서 취합된 공공 안전 정보, 교통 정보 등을 모두 통합하고 있다. 스마트시티를 추진하는 과정에서 시민들의 참여를 매우 중요한 요소로 판단하여, 취합된 정보는 모든 시민들에게 공개한다. 누구든 이 정보를 자유롭게 활용하여 더 유용한 정보로 재생산하는 것이 가능하다.

한편, 이노베이트 UK는 글래스고 다음 지역으로 브리스톨을 선정하여 스마트시티 프로젝트를 2015년부터 추진했다. 브리스톨 스마트시티 프로젝트에서 중심 역할을 하는 것은 '브로스톨 이즈 오픈Bristol is open'이라는 브리스톨시와 브리스톨대의 합작회사다. 브리스톨은 2017년 10월 오퍼레이션센터를 오픈하여 도시 곳곳에서 수집한 공공 정보들을 통합 관리하고 있으며, 브리스톨에서 활동하고 있는 대기업과 스타트업들이 실생활에서 실제로 테스트해볼 수 있다.

영국의 스마트시티는 도시의 경제, 에너지, 교통 등에 직접적인 영향을 주는 IT 시스템 및 장비 등에 대한 수요가 많아, 향후 CCTV, 교통정보 앱, 기상예측 장비 등의 분야 진출이 유망할 것으로 전망한다.

---

20) 동 프로그램은 센서, 네트워크 통신장비, 소프트웨어 등을 IT장비에 접목시켜 도시의 구조물(철도, 가로등, 건물)에 설치한 후, 도시에 필요한 정보를 IT 장비를 통해 수집해 시스템적으로 관리

미국의 스마트시티 정책

미국 정부는 2015년 9월 '스마트시티 이니셔티브Smart City Initiative'를 마련하여 스마트시티를 추진하고 있다. 또한, 2016년 스마트시티 팀 챌린지 프로젝트GCTC 등을 통해서 민간 중심으로 교통 에너지 등 고부가 산업생태계를 만드는 방향의 접근을 하고 있다. 미국은 이를 통해 기후변화 대응, 교통 혼잡 감소, 범죄 대응, 경제성장 촉진 등을 기대하고 있다.

미국 스마트시티 챌린지Smart City Challenge21)

미연방 교통부는 교통정체 해소, 안전통행, 환경보호, 기후변화 대응 등 도시문제를 해결하기 위해 '스마트시티 챌린지' 프로젝트를 발표했다. 미국 내 스마트시티 챌린지(2016)에 지원한 도시는 총 78곳으로, 최종적으로 콜럼버스시가 선정되어 '스마트 콜럼버스Smart Columbus' 시범 프로젝트(2017)를 수행하게 되었다.

스마트 콜럼버스Smart Columbus 시범 프로젝트는 공공 부문을 중심으로 시행하고 있으며 주요 내용은 다음과 같다. 콜럼버스시는 교통부 4,000만 달러, Vulcan Inc. 1,000만 달러, 기타 민간투자 예산 9,000만 달러 등 총 1.4억 달러를 투자받아 커넥티드 인프라, 전기차 충전 인프라, 융합데이터 플랫폼, 자율주행차 등의 기술을 선보일 예정이다. 이를 통해 거주지구, 상업지구, 도심지구, 물류지구 등 4개 권역에서 안정성, 이동성, 성장사다리 기회 제공, 기후변화 등 성과물을 기대할 수 있다.

---

21) 미국 교통부 홈페이지(https://www.transportation.gov/smartcity/winner)

미국 스마트시티 챌린지 참여 도시

자료: APA(https://www.planning.org/blog/blogpost/9103549)

미국 샌디에이고 스마트시티[22]

샌디에이고 시정부는 도시의 교통 문제와 에너지 개선을 위해 스마트 샌디에이고 이니셔티브 Smart City San Diego Initiative 를 마련하여 샌디에이고 가스&전력, 캘리포니아 대학 샌디에이고 캠퍼스, CISCO, GE, AT&T, 클린테크 샌디에이고 등과 협력하여 스마트시티 구축을 추진 중이다.

샌디에이고 스마트시티에 도입된 기술 중 CISCO의 IoT 솔루션은 샌디에이고 시의 MTS(전철역)마다 센서를 설치하여, 샌디에이고 시민은 모바일 어플리케이션으로 MTS의 실시간 현황(전철 도착 정보, 전철 현황)을 파악할 수 있다. 센서 중에는 주차공간을 찾거나 여러 교통 옵션 접근을 편하게 하는 센서도 있다. 교통옵션에는 급행버스, 전차 trolley, 무료

---

[22] 샌디에이고 스마트시티 홈페이지(https://www.sandiego.gov/sustainability/smart-city); CISCO 블로그 (http://ciscokrblog.com/669); 서울디지털재단(2017), 스마트 도시재생: 도시재생과 디지털 기술혁신, Issue Report Vol.05

셔틀FRED·Free Ride Everywhere Downtown 등이 포함 된다. 센서를 통해 수집된 정보는 운전자를 남는 주차공간에 안내, 응급상황 차량 지원, 탄소배출 추적, 교차로에서 보행자와 자전거 이동 개선 등 샌디에이고의 'Vision Zero' 전략에 활용되어 교통 문제와 심각한 부상자 구조에 사용된다. 이러한 네트워크는 향후 3,000개 포인트 지점으로 확대될 예정이며, 센서는 무인 정보를 생산하여 지역사회에 도움을 주는 앱과 소프트웨어를 창출할 수 있도록 지원된다.

샌디에이고 스마트시티에 도입된 두 번째 기술인 GE의 라이트그리드LightGrid, Current CityIQ는 샌디에이고의 에너지 문제와 교통 문제를 개선한다. 샌디에이고시 내의 가로등 3,000개를 GE의 라이트그리드LightGrid로 교체하여 효율적인 전력 관리가 가능해졌으며, 연간 25만4천 달러의 에너지 비용을 절감했다. 최근 샌디에이고시는 GE, AT&T와 'Current CityIQ' 센서를 가로등과 교통 신호등에 부착했다. 이로써 실시간 데이터를 수집·분석하여 도시 교통 체증, 주차 공간 부족 문제 등을 개선하고, 연간 240만 달러의 에너지 비용을 절감할 것으로 기대한다.

아시아 국가들의 스마트시티 정책

아시아의 경우 일본은 2010년도 신성장 전략으로 스마트시티 구축 사업을 본격적으로 추진하였다. 중국은 500개의 스마트시티 구축 추진, 인도는 100개 스마트시티 조성 전략 등 주로 정부 주도의 도시 경쟁력 향상 프로젝트를 시행하고 있다.

중국의 스마트시티[23]

중국은 급속한 경제성장으로 인해 야기된 에너지 부족, 환경오염 등의 문제를 최소화하고 성장을 지속하기 위한 도시화 정책으로 스마트시티 프로젝트를 추진 중이다. 진행 중인 스마트시티 프로젝트의 목표는 보안시스템 및 인프라 설비, 스마트시티 건설·관리 등으로 첨단 정보통신기술로 도시 문제를 혁신적으로 개선하는 것이다. 중국의 스마트시티智慧城市란, 클라우드 컴퓨팅을 비롯한 첨단 정보통신기술ICT을 결합해 도시의 주요 시설과 공공기능을 네트워크화한 미래형 첨단도시를 의미한다.

중국의 스마트시티 프로젝트는 도시 특성에 따라 달리 추진되고 있다. 베이징은 실시간 인구정보 시스템과 스마트 미터기, 도시 보안 감시 시스템, 주정차 지불시스템 등을 추진하고 있다. 상하이는 초고속 네트워크에 집중 투자 중이며, 선전深圳은 스마트 그리드, 창수常熟는 지역 경쟁 활성화에 초점을 맞추고 있다. 이 외에도 중국은 분산된 도시들을 연계해 지역 특성에 맞는 스마트시티 클러스터를 구축할 계획을 세우고 있다.

중국 스마트시티 주요 시범사업 범위

구분		Smart City 2.0
보안시스템 및 인프라	운영시스템	계획 및 실행방안, 조직 설계, 정책 및 규정, 자금 활용, 시스템 운영 및 관리
	네트워크 인프라	무선 네트워크, 광대역 네트워크, 차세대 방송
	공동 플랫폼 및 데이터베이스	도시 공공기관 데이터베이스, 정보 보안, 도시 공공 정보 플랫폼

---

[23] kotra 해외시장뉴스(2013.9.13.), '중국, 스마트시티 건설 어디까지 왔나'; 한국방송통신전파진흥원(2014.1), '전세계 주요국의 스마트시티 추진사례 분석', 트렌드 포커스 통권 제70호

구분		Smart City 2.0
스마트 시티 건설 및 거주	도시 건설 및 관리	도시계획 수립, 디지털도시 관리방안, 건설 시장 관리 법률, 부동산 관리, 조경 관리, 역사와 문화 보호방안, 그린 빌딩, 건물 에너지 효율화 방안
	도시 기능의 향상 방안	상하수도 시스템, 수자원 활용방안, 가스시스템, 폐기물 분류 및 처리시스템, 조명 및 열처리 시스템, 지하 파이프라인 및 공간 통합관리
스마트 관리 및 서비스	정부 서비스	의사결정 효율화 방안, 정보 공개, 온라인 업무 처리, 행정서비스 시스템
	공공 서비스	공공 교육, 노동법 서비스, 사회
	특별 지원 서비스	지능형 교통, 에너지 관리, 환경 및 토지 관리, 응급 서비스, 보안, 물류, 사회보안망, 스마트홈, 결제서비스, 지능형 금융
산업 및 경제 스마트화	산업 계획	산업계획 및 혁신 투자
	산업 발전	전통산업 요소 변화
	신산업 개발	첨단산업, 현대 서비스 산업, 기타 신흥산업

자료: 주택도시농촌건설부(住房和城鄉建設部); 한국방송통신전파진흥원(2014.1)

항저우 시티브레인 城市大脑 [24]

항저우는 98%의 택시가 모바일결제가 가능하고, 95%의 슈퍼 및 편의점에서 알리페이 支付宝 사용이 가능한 모바일 결제의 상용화가 이루어진 도시이다. 그렇기 때문에 항저우 시민이 알리페이 支付宝를 통해 이용할 수 있는 도시서비스는 정부업무, 차량, 의료 등 총 60여 종에 달한다. 2017년 8월 18일 세계 최초의 온라인 법원이 항저우에 설립되었는데, 항저우 온라인 법원은 온라인상 발생한 안건을 온라인에서 직접 심사 가능하므로, 당사자는 온라인을 통해 밖에 나가지 않고 소송 제기할 수 있으며 온라인 분쟁

---

[24] 杭州网, 浙江在线, 浙江日报 항저우시 정부사이트 및 KOTRA 항저우 무역관 자료 종합

은 온라인 페이지를 통해서 상담 및 중재를 받을 수 있게 된다.

항저우의 스마트시티 발전지수는 중국의 도시 중 1위이다. '중국 스마트시티'백서의 보고에 따르면 중국 전체 335개 도시 중 항저우가 '인터넷+' 사회서비스 지수가 383.14로 최고의 스마트시티로 꼽히면서 항저우는 스마트시티 발전지수가 중국 내 1위로 랭크되었다. 스마트결제뿐만 아니라 중국 전체에서 스마트시티 시장을 선도하는 도시로 거듭나고 있는 것이다.

항저우 시티브레인城市大脑 프로젝트는 알리바바阿里巴巴 주도의 항저우 교통경찰, 도시관리, 건설위원회 등 11개의 정부부문과 화삼통신华三通信, 푸스캉富士康 등 13개사 IT업계 선두기업들이 협력해 연구 개발하였다. 시티브레인은 항저우 Municipal Government와 Alibaba Could가 만든 인공지능 허브로, 인적 프로토콜 대신 기계 프로토콜을 활용하는 'Scorpio'를 출시하였다.

현재 진행하고 있는 첫 프로젝트는 스마트 교통으로, 시티브레인城市大脑이 항저우의 신호등 128개를 관리하면서 시범지역 통행시간을 15.3% 줄이는 데 성공하였다.[25] 2016년 9월 시작한 '시티브레인'의 하루 평균 교통사건 신고 건수는 500번 이상, 정확률이 92%에 달해 도로교통법 집행의 효율성 크게 향상시켰다. 시티브레인은 실시간 교통 예측, 교통 흐름 최적화, 비디오 장면, 교통 안내소, 대중교통 시스템 및 지도 작성 응용 프로그램의 데이터를 사용하여 교통사고를 감지· 다른 도시 관리 시스템과 통합되면 플랫폼은 자동으로 긴급 파견을 수행하고 긴급 차량이 가장 빠른 노선을 찾을 수 있도록 도움을 제공한다. 또한 시티브레인은 시간이 지남에 따라 최

---

25) https://www.leiphone.com/news/201804/A0I2DFKjX2RVXN6O.html

선의 방법과 트래픽 효율성을 향상시키기 위한 정교한 권장 사항을 제시할 수 있다.

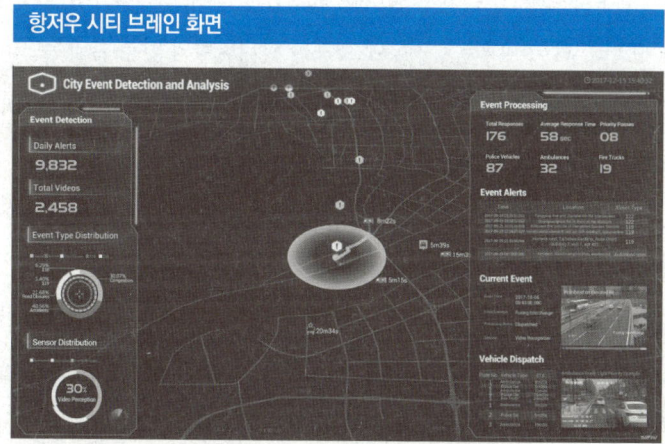

자료: Alicloud 홈페이지

또한 시티브레인은 자동 추적 식별 및 지능형 센싱 기술을 통해 도시 규모의 대규모 카메라를 통해 실시간 분석 기능을 갖추고, 기존 교통경찰의 업무를 대신하며, 교통사고의 시작지점을 찾거나 연구, 개발, 응용 프로그램을 수행하고 있다. 표적 탐지, 추적, 장면의 세분화 및 행동 인식 분야에서 많은 기술혁신이 이루어졌으며, 특히 보행자 및 비 자동차 탐지에서 목표의 크기 등급에 따라 계단식 네트워크를 제안하는 것을 목표로 하고 있다.

특히 시티브레인은 도시 전체 실시간^{Real-time} 비디오 분석을 구현하는 세계 유일의 인공지능 시스템이다. 현재 249개 길 모니터링 및 통제를 하고 있고, 200명 이상의 순찰 경찰 발령, 700개 이상 도로 구간을 감시하고 있다. 항저우는 교통은 시발점이며 향후 종합적인 실시간 분석을 통해 전체 도시를 지원하는 혁신 플랫폼으로 역할을 하고 도시 거버넌스의 문제들을 해결하고자 하는 목표를 추진하고 있다.

현재 항저우 '시티브레인'이 교통 정체를 관리한 경험을 통해 중국의 쑤저우蘇州, 취저우衢州, 마카오 등의 7개 도시 등에서도 벤치마킹을 시작하였다. 또한 말레이시아는 항저우에 소재한 알리바바와 알리 클라우드의 시티브레인 기술 수입에 대한 협약을 체결하며 중국 국가급 AI기술의 첫 수출 사례가 되기도 했다.

일본의 스마트 커뮤니티

일본의 스마트시티는 2010년 신성장 전략의 목적으로 마련된 '그린 이노베이션에 의한 환경·에너지대국 전략'[26]에 포함되어 추진된다. 일본 정부는 요코하마시, 도요타시, 칸사이문화학술연구도시, 키타큐슈시 등 4개 도시를 스마트커뮤니티 실증사업 지역으로 선정하여 사업을 추진하고 있다. 시범도시들은 민간기업과 협력하여 'HEMS Home Energy Management System', '가정용 배터리 사용', 'V2G Vehicle to Grid' 등을 도입하여 에너지를 개선하고 있다.

일본 지자체별 스마트커뮤니티 실증사업 비교

구분	유형	내용
요코하마시	광역 대도시형	광역의 기성 시가지에 에너지 관리시스템을 도입하여 샘플 수(약 400세대)가 많은 다양한 가설 검증

[26] 동 전략은 일본 스마트그리드 구축과 해외 전개를 실현하기 위해 일본 경제 산업성이 2010년 1월 29일부터 5년 계획으로 추진한 사업으로, 총 20곳 지자체가 응모하였고 그 결과 4곳의 지자체가 선정

구분	유형	내용
토요타시	세대별 주택형	67세대의 가전을 자동제어, 자동차 탑재형 축전지를 가정의 에너지 공급에 기여하고 운전자에게는 정체 완화 노력을 홍보
케이한나	주택단지형	신흥주택단지에 에너지관리시스템을 도입, 전력 수급 예측에 기반을 둔 익일 전력 요금을 변동시키는 요금체계를 실시
키타큐슈시	특정공급 지역형	신일본제철의 전력공급이 이루어지는 구역에 50개 사업소 230세대를 대상으로 전력요금을 변동시키는 요금체계를 실시

자료: (사)대한국토도시계획학회(2017.2), 일본 스마트시티 선진사례 벤치마킹 프로그램 답사보고서

인도 100대 스마트시티[27]

인도 정부는 급격한 도시화로 야기된 도시 문제(교통 정체, 대기오염, 전력 부족)와 기본 인프라(도로 및 상하수도 등)를 개선하기 위하여 10대 국정과제로 스마트시티 사업을 선정했다. 이에 대한 실행 계획으로 2014년 '100대 스마트시티 사업계획'을 마련하여 2022년까지 인도 전역에 100개의 스마트시티 구축을 추진하고 있다.

나비-뭄바이Navi-Mumbai Wifi 시티는 나비-뭄바이Navi-Mumbai 전역에 186km에 달하는 광학 섬유 전선, 200개가 넘는 안테나를 설치해 유무선 인터넷망으로 도시 전체를 연결하는 대규모 프로젝트이다. 중앙 데이터 통제 센터에서 유무선망을 통해 수집된 데이터를 기반으로 수도공급, 신호등 통제, 하수처리 시설 등을 효과적으로 운영하고 있다.

---

27) 한국무역협회 뉴델리지부(2015.6), 인도 정부 스마트시티 추진현황 및 전망; kotra 해외시장 뉴스(2014.6/10), 인도 미래도시, 스마트시티가 답이다!

인도 100대 스마트시티 도시 규모별 추진 내용	
도시 규모	추진 내용
인구 400만 명 이상의 9개 대규모 도시	위성 스마트시티 조성
100만~400만 명의 44개 중규모 도시	기존 도시 스마트화
100만 명 이하의 20개 도시	소형 스마트시티 추진
기타 특수 목적의 10개 도시 이상	종교·관광특구 목적의 스마트시티 개발

자료: 한국무역협회 뉴델리지부(2015.6)

난데드-와갈라^{Nanded-Waghala} 스마트시티는 IT를 기반으로 지역 관리체계를 구축하여 도시 운영의 효율성 제고와 시민들의 삶의 질을 높이려는 도시 개발 프로젝트이다. 1~4Mbps 수준의 무선 고속 데이터 통신망으로 도시 전체를 연결하여 교육, 건강관리, 도시 운영 및 통제, 재난관리, 인터넷 사용 등의 부가가치 서비스를 제공한다.

스마트시티 관련 전문 기관

스마트시티의 추진을 위해 도시 간 협력을 위해 다양한 스마트시티 추진 기관들이 등장했다. 전 세계 스마트시티 관련 대표적 기관들을 살펴보면, 서울시 주도로 설립된 WeGO, 핀란드 주도로 설립된 ENoLL, 스마트시티 표준화를 위한 국제도시 간 협의체인 Open & Agile Smart Cities, 미국을 기반으로 한 스마트시티 전문기관 Smart City Council, 그리고 상무부 주도의 협업 플랫폼 GCTC, 전 세계 스마트시티의 모델을 제시하고 있는 IDC 등이 있다.

스마트시티 관련 대표 기관

기관	설명
WeGO	서울시 주도 설립된 도시 간 협의체 현재 100여개 이상 도시 가입
ENoLL	2006년 핀란드 주도로 설립된 Living Lab 협의체 유럽 지역 중심으로 지난 9년간 395개 랩을 운영
Open & Agile Smart Cities	스마트시티 표준화를 위한 도시 간 협의체 도시 내 및 도시 간 데이터 공유 기반 조성 목표 가입 조건: 한 나라에서 2개 도시 이상 팀을 이룰 것
Smart City Council	미국을 기반으로 한 스마트시티 전문 기관 초기 정보 제공과 컨설팅 → 전세계 도시간 협의체 기능
GCTC	미 상무부 표준 연구소(NIST) 주도 협업 플랫폼 전 세계의 지방정부, 비영리단체, 학계, 기술자들이 CPS, IoT 기반의 클러스터 구축 프로젝트를 지원
IDC	스마트시티 성숙도(maturity) 5대 영역 5단계 모델(2013) 5대 영역: 비전, 문화, 프로세스, 기술, 데이터 '5 단계: Ad Hoc, Opportunistic, Repeatable, Managed, Optimizes

자료: NIA(2016) 수정

스마트시티 현황

스마트시티 사업을 추진하는 기업들

스마트시티의 대표적 추진 기업들은
우선 솔루션 제공기업으로 IBM, 시스코 등이 있다.
구글의 SideWalk Labs은 테스트 베드를 제공한다.
버추얼 싱가포르를 추진하는 프랑스의 Dassault System은
도시를 관리하는 통합 플랫폼을 제공한다.
국내에서는 한글과컴퓨터, 포스코ICT 등에서 스마트시티 솔루션
제공을 추진하고 있다.

IBM의 'Smarter Cities'[28)]

IBM은 2008년 11월 세상을 보다 영리하게 만들어보자는 'Smarter Planet™' 이니셔티브를 소개하며, IT 업계 최초로 스마트시티 개념을 제안했다. IBM Smarter Cities 분야는 행정기관, 치안, 에너지/수자원, 교통, 빌딩, 교육, 의료, 환경, 소셜 프로그램 등이며, 솔루션으로 관제센터인 지능형 운영센터와 분석 도구를 제공한다.

특히 IBM은 2010년부터 'Smarter Cities Challenge'라는 글로벌 사회공헌 프로그램을 통해 전 세계 도시 문제 해결을 위한 프로젝트를 추진 중

[28)] IBM 보도자료(2017.7.24.), '부산시, IBM 스마터시티 챌린지 대상 도시로 선정' (https://www-03.ibm.com/press/kr/ko/pressrelease/52931.wss); NIPA(2013)

이다. 현재까지 전 세계 800여 개 이상의 도시가 참여하였고 이 중 137개 도시가 선정되었다. 이번 2017~2018년 Smarter Cities Challenge에서는 전 세계 100여개 도시 중 대한민국 부산, 이탈리아 팔레르모^{Palermo}, 아르헨티나 산 이시드로^{San Isidro}, 미국 산호세^{San Jose}, 일본 야마가타^{Yamagata} 등 5곳이 선정되었다. IBM은 자체 전문가팀을 선정된 도시에 파견하여 보급형 주택 공급, 경제 개발, 이민, 공공 안전 등의 문제에 대한 무상 컨설팅 서비스(약 50만 달러)를 제공할 예정이다. IBM Smarter Cities Challenge의 컨설팅 범위는 왓슨의 인지 분석 역량을 활용해 대중교통 패턴이나 공공 보건 동향 등 관련한 도시 데이터를 식별, 이해하거나, IBM 산하 웨더 컴퍼니^{The Weather Company}에서 기록한 세계 최대 규모의 기상 데이터 세트를 활용해 자연과 인간의 영향을 받은 기상 현상을 분석하는 일이다.

자료: IBM 홈페이지

CISCO의 'Smart+Connected Communities'[29]

CISCO는 2009년 7월 도시 인프라의 네트워크 및 지능화에 중점을 둔 스마트시티 이니셔티브를 발표했다. 정보통신 네트워크를 기반으로 분산된 물리적 커뮤니티를 네트워크로 연결된 커뮤니티로의 전환을 지원하며, 한 예로 빌딩의 구성요소(HVAC, 조명, 전기, 보안)를 서로 지능적으로 연결하는 네트워크 빌딩 Mediator 기술을 제공한다.

특히 스마트시티 생태계 조성을 위해 구축한 '스마트+커넥티드 디지털 플랫폼'을 바탕으로 스마트시티 프로젝트를 추진 중이다. CISCO의 스마트+커넥티드 디지털 플랫폼이란, 클라우드 기반의 스마트시티 프레임워크이다. 이를 기반으로 솔루션 파트너(센서, 애플리케이션, 애널리틱스), 시스템 인터그레이터 Systems Integrator, SI 파트너십, 통신사업자와의 파트너십 등 다양한 협력사들과 스마트시티 생태계를 조성하고 있다.

CISCO Smart+Connected Digital Platform

자료: CISCO Blogs(2016.11.23.), 'Orchestrating Smart City Ecosystems'

---

[29] CCTV NEWS(2017.06.26.), '[스마트시티②]시스코, 스마트시티로 무한한 기회와 가치 창출한다.'; NIPA(2013)

Connected Fleet, 대중교통, 도로/교통, 공공 안전, 공공 참여, 조명, 에너지, 주차 등 8개 부문의 전략적 솔루션을 개발하고 지원하고 있다. 특히 CISCO는 스마트시티 구현을 위한 커넥티드 서비스 구축 주의사항으로 다음과 같은 5가지 사항을 제시하였으며, 이를 통해 CISCO가 스마트시티 구현과 생태계 조성을 위해 개방과 협업을 중요하게 여기고 있음을 알 수 있다.

> **스마트시티 구현을 위한 커넥티드 서비스 구축 주의사항**
>
> ① 오픈소스 솔루션으로 계획을 세워라. 공통 기술, 정책 프레임워크가 없으면 계획이 무산될 수 있으므로, 커넥티드 서비스 설계 전 스마트시티 성과로드맵을 바탕으로 다양하게 활용할 수 있는 기술과 플랫폼을 선택하는 것이 필요하다.
>
> ② 연결성을 고려해 신중하게 선택하라. 스마트시티의 핵심은 사람과 사물 간의 커뮤니케이션이다. 그렇기 때문에 원활한 커뮤니케이션을 가능하게 하는 유무선, 협/광대역, 라이선스/비라이선스 등을 신중하게 고려해야 한다.
>
> ③ 디지털 창구를 보호하라. 더욱 스마트한 시티를 조성하기 위해서는 단순히 데이터만 보호하는 것을 넘어, 민감한 데이터들을 파트너들과 어떻게 공유하고 활용할지 결정해야 한다.
>
> ④ 민관 합작 파트너십을 활용하라. 스마트시티 구축에는 상당히 비용이 필요하나, 민간기업과의 파트너십은 비용 측면에서 부담을 덜 수 있다.
>
> ⑤ 기술이 아닌 성과에 집중하라. 교통체증 감소, 환경오염 물질, 에너지 비용 절감 등 목표를 먼저 정해놓으면 그 목표를 실현하는 데 필요한 기술을 빠르게 파악할 수 있음 등을 제시한다.

Google의 'SideWalk Labs'[30]

SideWalk Labs는 도시가 직면한 주거비, 교통, 에너지 문제를 해결하는

---

30) SW 중심사회(2017.10./23), '지금보다 10배 살기 좋은 도시라는 곳이 있다면? 사이드워크 랩스 홈페이지(https://www.sidewalklabs.com)

것을 목표로 설립한 알파벳의 자회사이다. SideWalk Labs는 2015년부터 도시 인프라 전체를 향상시키는 스마트시티 프로젝트를 진행 중이며, 주요 내용은 아래와 같다.

① LinkNYC 프로젝트: 공공 와이파이보다 100배 빠른 무료인터넷, 오픈되어 누구나 사용가능한 인터넷이 연결된 터치스크린, 미국 어디로든 무료 전화통화가 가능한 네트워크망 구축, 생활정보나 교통, 환경정보를 제공해 광고를 통해 수익을 창출하는 서비스이다.

② Urban Engines 프로젝트: 교통네트워크를 최적화하고 자율주행 기술을 도로에 도입하는 프로젝트다. 도시교통 분석기업인 'Urban Engines'와 공동 사업을 통해 승객수와 교통수단의 위치 정보를 분석하고 움직임을 파악하여 최적의 교통 네트워크 맵을 구축하고 도시에 제공하고 있다.

③ Building Architecture 프로젝트: 블록처럼 해체, 이동 가능한 건축구조를 개발하는 프로젝트다. 건축물의 이용계획에 따라 건물 레이아웃을 재구성하거나 공간 이동을 가능하도록 할 수 있다. 향후 구글 신규캠퍼스 구축 시 블록 아키텍처기술을 적용하게 될 것으로 전망한다.

④ Renewable Energy 프로젝트: 재생에너지 투자 확대 및 스마트시티와 연계하는 프로젝트다. 재생에너지 발전사업과 데이터센터 사용전력 공급을 목적으로 20개 프로젝트에 총 20억 불을 투자하는 등 적극적으로 사업을 확장하고 있다.

SideWalk Labs 스마트시티 프로젝트의 한 예로, 워터프론트 토론토 Waterfront Toronto 사업의 추진 배경은 다음과 같다. 최근 토론토시는 신규 이민자들의 지속적인 유입과 급속한 경제성장으로 전례 없는 도시화를 겪고 있다. 이에 토론토시, 온타리오 주 및 캐나다 연방정부는 2001년 2,000에이커(약 2,450평)에 해당하는 토론토의 도심(호수 지구) 재생을 위해 정부기관 워터프론트 토론토 Waterfront Toronto를 설립했다.

워터프론트 토론토 Waterfront Toronto는 2017년 초 온타리오 호수지역

개발을 촉진하기 위해, 교통 혼잡, 대기오염 등 도시문제를 개선하는 프로젝트를 기획하여 SideWalk Labs을 10월 초 파트너로 선정했다. 이후 SideWalk Labs는 2017년 3월 스마트시티 프로젝트 지역으로 캐나다 토론토 퀘이사이드Quayside 지역을 선정하여 스마트시티 프로젝트를 진행 중이다. SideWalk Labs는 자율주행 대중교통, 지하터널, 모듈러 주택 등이 포함된 친환경적인 스마트시티를 보여줄 예정이다.

SideWalk Toronto 구상(안)

① 대중교통: 개인차량의 통행을 제한하고 대중교통 수단으로 소형 자율주행차량인 '택시봇(Taxibot)'를 제안함. 차후 자율주행 버스 등에 대한 파일럿 프로그램을 추진할 예정, 보행자의 움직임을 감지하는 신호등, 자전거 도로주행이 잦은 거리를 파악하고 관리하는 센서 기술 등이 도입될 전망이다.

② 주차: 휴대전화 앱을 개발해 주차비를 높게 책정하되, 교통체증이 높은 지역 또는 시간대에 사용하는 사람들에게 할인을 제공하는 파일럿 프로그램을 구상함. 주차비는 버스 등 실시간 대중교통 정보를 기반으로 책정할 계획이다.

③ 유틸리티: 도시 지하에는 유틸리티 터널을 건설해 수도관과 송전선을 배치하고, 쓰레기 및 화물수송 로봇의 이동통로로 이용할 예정이며, 자체적으로 폐기물을 재활용해 분리하고, 열에너지를 주 에너지원으로 활용해 탄소가 없는 친환경 도시를 만들 계획이다.

④ 건물 및 환경: 사물인터넷, 빅데이터 등 첨단기술을 기반으로 건물과 공공장소 곳곳에 대기오염, 소음, 기온 등 환경 관련 정보를 수집하는 시스템을 구축, 또한, 임관을 통해 강풍을 막는 등 미기후의 조절이 어려운 도시환경을 개선할 계획이다.

⑤ 주택: 합리적인 주택비용과 신속한 건물 설립을 위해 모듈러 건축 방식의 주택사업을 선택함. 모듈러 주택은 조립식 주택을 의미하며, 좁은 공간에서도 건축할 수 있고 건축비용이 저렴하다는 장점이 있다.

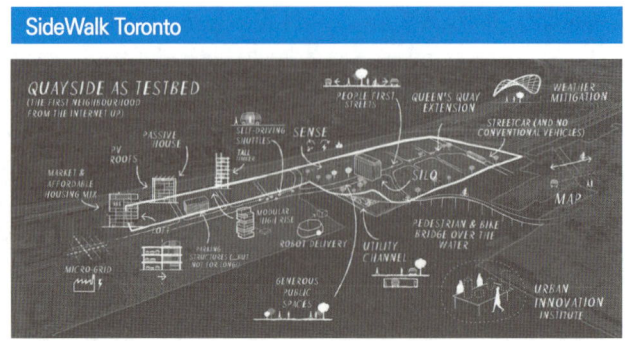

자료: SideWalk Toronto 홈페이지

Dassualt Systems의 3D EXPERIENCE City [31]

다쏘시스템[Dassault Systèmes][32]의 대표적인 3D 시뮬레이션 기술(3D익스피리언스 시티 솔루션)을 '도시'에 도입한 사례가 버추얼 싱가포르[Virtual Singapore]이다. 버추얼 싱가포르는 싱가포르 국무총리 산하 국가 연구기관인 국립연구재단이 싱가포르를 3D 모형으로 구현하는 가상도시 프로젝트로, 싱가포르 도시 문제 예방과 시민 삶의 질 향상을 목표로 전 국토를 3D로 전환 중이다. 버추얼 싱가포르의 참여 거버넌스는 싱가포르 국립연구재단, 국토청, 정보통신개발청, 다쏘시스템을 포함한 민간기업[IBM, Singtel], 대학[싱가포르 국립대학, MIT 등] 등이다.

3D 익스피리언시티는 3D 익스피리언스 플랫폼 기반 위에 도시의 계획, 검토, 시뮬레이션 및 모니터링, 운영의 기능을 제공하게 되며, 각 기능은 역할 기반의 애플리케이션에서 제공된다.

---

31) 다쏘시스템 코리아(2015.7); 여시재 보도자료(2017.12.22.), '다쏘시스템, 디지털 연구 및 아이디어 테스트로 도시문제 해결 꿈꾼다.' (https://www.yeosijae.org/posts/366)
32) 자동차, 금융, 생명과학 등 12개 산업군에 3D익스피리언스를 제공하는 소프트웨어 기업

자기조직화하는 스마트시티 4.0

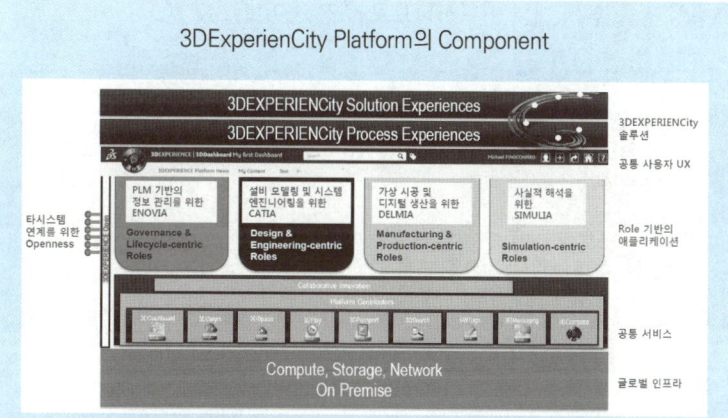

① 3DDashboard: 도시의 모든 분야에 대한 현황과 관리 목표에 대한 단일 통합 대시 보드

② 3DSwym: 다양한 도시 구성원과 정보 공유를 위한 협업 소셜 커뮤니티

③ 3DSpace: 문서, 이미지 또는 3D의 모든 콘텐츠에 대한 논리적 스토리지 및 보안 공유 환경

④ 3DPlay: 3D 뷰 공유 및 3D 시뮬레이션 재생

⑤ 3DPassport: 3D EXPERIENCE 플랫폼에 보안 접근

⑥ 3DSearch: 구조적 또는 비구조적 정보를 빠르고 효율적으로 검색

⑦ 6WTags: 검색 결과를 더 쉽게 활용하기 위하여 어떤 주제에 대한 검색 세분화를 위한 기본 및 사용자 정의 태그 제공

⑧ 3DMessaging: 실시간 텍스트, 이미지 또는 3D 전송을 위한 온라인 채팅

⑨ 3DCompass: 3D EXPERIENCE 플랫폼의 모든 응용 프로그램에 대한 단순화되고 통합된 서핑 지원

자료: 다쏘시스템 코리아(2015.7), 3DEXPERIENCECity 소개

3D 익스피리언시티 플랫폼의 적용 사례인 Virtual Singapore는 기술적 가능성과 효과에 대한 실증이 필요한 대규모 사업으로, 프로젝트의 구현 및

효용성 검증을 세 개의 이니셔티브로 추진 중이다.

- Virtualize & Visualize(2015.6~2017.6)/(Data 획득→Data 시각화→시뮬레이션): 싱가포르 3D 형상 획득, 3D 기반 Simulation 확대, 에너지, 교통, 소음, 바람, 그늘 등
- Experience the city(2016.6~2018.6): Simulation 확대, 활용 case(시민경험 다양화), 버스 운영/Traffic 정보 등
- Operate & Manage the city(2018.1~2019.6): 도시운영 최적화, Data driven decision

궁극적으로 3D Model 기반 다양한 시뮬레이션으로 선제적 예방과 종합적인 도시계획 및 모니터링을 실시한다.

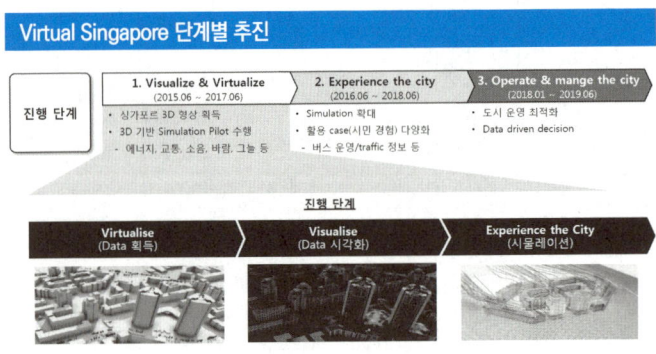

자료: 다쏘시스템 코리아(2015.7), 3DEXPERIENCECity 소개

알리바바의 ET 브레인[33]

알리바바 ET 브레인은 알리바바 클라우드를 통해 스마트시티에 필수적인 도시 관리, 의료 지원, 항공 제어 등의 기능들을 통합한 플랫폼이다. 즉,

---

33) https://www.alibabacloud.com/ko/et

ET 브레인은 알리바바가 가진 인공지능 기술, 클라우드 컴퓨팅, 빅데이터 기술을 결합한 플랫폼으로, 의사결정이 실시간으로 이뤄지고 이 과정에서 계속해서 진화하는 뇌 인지 능력이 구현되어 있다. 이를 활용하여 ET 시티 브레인, ET 산업 브레인, ET 메디컬 브레인, ET 환경 브레인, ET 항공 브레인 등 모듈화 된 플랫폼을 구축하여 서비스를 제공한다.

알리바바 클라우드는 최근 도시 관리 부문에 AI를 활용하려는 시도를 꾸준히 해왔다. 특히 ET 시티 브레인 City brain을 통해 도시는 사람들과 상호작용 하는 지능형 생명체로 진화하는 것이 목표이다.[34] Hu Xiaoming 주석은 교통 관리는 시작점일 뿐이고, 중요한 점은 데이터가 사회에 가치를 창출하기 시작했다는 것을 강조했다. 특히, 오늘날 인간의 두뇌로 해결 할 수 없는 수많은 도시 개발 문제를 해결 하여, 앞으로 시티 브레인을 가진 도시는 100만 배나 더 많은 데이터를 가지게 될 것이며 물과 전기의 1/10 만 소비하게 될 것이라고 예상했다.

디지털 계획 플랫폼은 시티 브레인의 핵심 기능 중 하나이며 알리바바와 중국 최고 도시 계획 및 디자인 에이전시 China Urban Planning and Design Institute 가 공동으로 제작했다. 플랫폼은 실시간 시뮬레이션 및 글로벌 의사 결정 이라는 3가지 기능을 포함하고 있다. 도시 공간 패턴을 분석하고 최적화하며, 도시 계획, 건설 및 운영의 순환(폐쇄 루프)을 만들 수 있다. 데이터 마이닝 플랫폼은 중국 동부 표준시에 가까운 7개의 주요 영역으로 확장하는 핵심 자원이며 데이터를 도시 개발의 기본 자원으로 구축하

---

34) http://baijiahao.baidu.com/s?id=1602690240427931880&wfr=spider&for=pc

였다. Wan Wanli에 따르면 데이터 자원 플랫폼은 도시 데이터 운영 체제와 동일하며, 데이터 마이닝 확산을 구축하고 데이터 값의 밀도를 10배로 높이며 효율성을 100배 높인다고 한다.

알리바바 클라우드는 ET 시티 브레인 외에 ET 항공 브레인ET Aviation Brain, ET 농업 브레인ET Agricultural Brain, ET 산업 브레인ET Industrial Brain, ET 메디컬 브레인ET Medical Brain, ET 환경 브레인ET Enviroment Brain 등을 운영하고 있다.

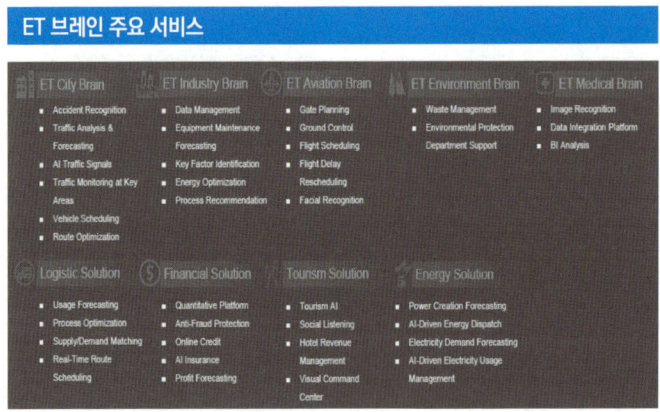

자료: 알리 클라우드 발표자료

한국의 스마트시티 정책

*한국은 스페인과 거의 같은 시기에
전 세계 최초로 U-City를 시작했다.
그러나 2014년 스마트시티 정책을 시작한 싱가포르는
세계 최고의 스마트시티 중의 하나를 만들어가고 있는 반면,
한국의 스마트시티는 부진하다는 것이 불편한 현실이다.*

GIS에서 스마트시티까지

국가지리정보체계 구축 사업

국가건축정책위원회(2016.2) 자료에 따르면, 우리나라 스마트시티는 국가지리정보체계 구축 사업(1996)에서 출발했다. 동 사업 배경으로 94년 서울 마포구 아현동 지하철 공사장 도시가스 폭발사고와 95년 대구지하철공사장 가스 폭발사고 등이 발생함에 따라 공공시설물의 안전한 관리를 위해 국가 차원에서 GIS를 도입하기 시작했다.

이의 실행계획으로 제1차 국가 GIS 기본계획(1996-2000)을 수립하여 지자체 및 공공기관 중심으로 GIS를 도입 및 구축했다. 제2차 국가 GIS 기본계획(2001-2005)에서는 지자체별로 공간정보 DB가 어느 정도 구축되

어 공간정보의 유통 및 활용에 중점을 두기 시작했으며, 도시정보시스템 구축의 토대를 마련했다.

도시정보시스템 구축 사업

2000년대 초반 도시정보시스템 구축은 지하시설물에 대한 종합적인 공간정보체계를 구축하여 효율적인 시설물 관리와 사고를 예방하기 위해 시작했다. 동 시기에 국내에 유비쿼터스 컴퓨팅에 대한 개념이 알려지면서 도시정보시스템 발전전략에 유비쿼터스 개념을 비롯한 U-city가 등장했다.

IT839 전략

(구)정보통신부(현 과학기술정보통신부)에서 국내 IT 산업 발전을 위해 IT839 전략(2004.2)을 마련한 이후, 이를 보완한 U-IT839 전략(2006.2)을 제시했다. 이후 정보통신부(현 과학기술정보통신부)는 U-IT 인프라, 기술 및 서비스를 도시 공간에 접목한 미래형 첨단도시 건설을 위해 'U-city 구축 활성화 기본계획(2006.12)'을 마련했다.

유비쿼터스 도시 종합계획

국토교통부는 2008년 '유비쿼터스 도시 건설 등에 관한 법률'을 제정한 이후 제1·2차 유비쿼터스 도시 종합계획을 마련하는 등 국가 차원의 마스터플랜을 제시했다. 제1차 종합계획에서는 신성장동력의 목적으로 U-City 산업을 육성하여 장기적인 도시의 발전 방향을 제시하였으며 제2차 종합계획에서는 국민안전망 등 주요 서비스 발굴·확산 등 구체화한 전략을 제시했다.

그 이후에 국토교통부는 U-City 구현을 위한 핵심 기술로, 정보측정 기술, 통신 인프라 기술, U-City 통합운영센터, 정보처리 및 변환 기술, U-City 서비스 제공기술, 정보보안 기술 등을 개발하기 위한 R&D 사업을 추진했다. 특히 지자체 내의 각종 정보시스템을 연계하는 U-City 통합플랫폼을 마련하고, U-시범사업의 목적으로 u-청계천, u-해운대, u-컨벤션센터 등을 추진했다.

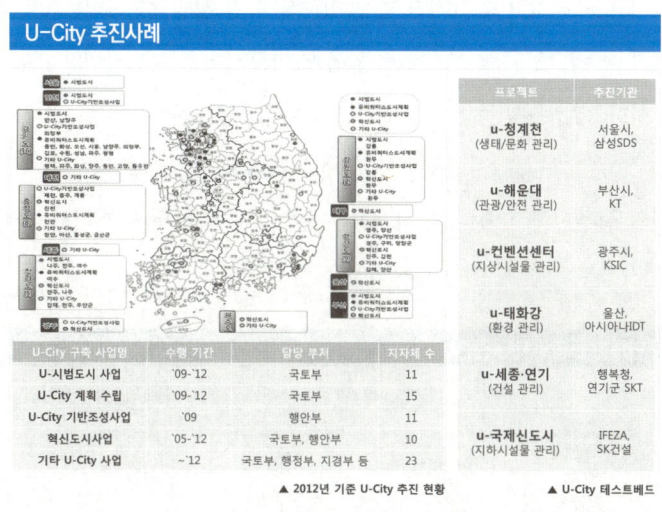

자료: 국토부(2013), 제2차 유비쿼터스도시 종합계획

스마트시티 조성사업

기존 U-City법은 대규모 신도시 건설에 한정된 절차법이라는 한계가 있었다. 또한 글로벌에서 스마트시티라는 개념이 일반화됨에 따라 법 개정 필요성이 대두되었다. 글로벌한 용어 준수를 비롯한 기성시가지까지 적용대상을 확대하고 산업 지원 등이 포함되는 포괄적인 내용으로 법률 개정이 있

었다. '유비쿼터스 도시 건설 등에 관한 법률(2008)'을 '스마트도시 조성 및 산업진흥 등에 관한 법률(2017)'로 개정했다.

부처별로 기존 U-City에서 확대된 스마트시티 사업을 추진하고 있다. 국토교통부는 관계부처·지자체·민간과 협업하여 기존 U-City 사업과 자율주행차, 공간정보(빅데이터 구축) 등을 포함하는 국내 스마트시티 인프라 구축을 위한 사업을 추진 중이다. 과학기술정보통신부(舊미래창조과학부)는 스마트도시, ICT 융합기술 확산, IoT 융복합 시범단지 조성, IoT 융합실증 테스트베드 구축, 빅데이터 활용 스마트서비스 시범사업, 핀테크 산업 활성화 기반 조성 등의 사업을 추진 중이다. 산업통상자원부는 신재생에너지, 스마트 그리드, 자율주행차 분야에서 R&D 기술 개발 및 실증사업 등의 사업을 추진하고 있다. 행정자치부는 CCTV 구축 및 u-서비스 지원 사업, 전자정부 지원 사업 등의 사업을 진행 중이다.

연도별 스마트시티 관련 사업

사업명	추진 배경	추진 범위	참여 주체
국가지리정보체계 구축사업 (1995~)	각종 도시가스 폭발 사고 등 국가지리정보 기반 조성 필요성 증대	전국의 지형, 도로, 상하수도 등 1/1,000 수치 지도 제작 ('95~'10)	전국 지자체, 공공기관, 한국전력공사, 한국가스공사, 하나로통신(外), (주)데이콤 등
도시정보시스템 구축사업 (2000~)	화재, 폭발, 가스누출 등 도시 재난 예방 목적	전국 지역 도시들의 전기, 가스, 통신 등 지하 시설물 통합정보시스템	전국 지자체
IT839 전략 (2004)	IT산업 효과 극대화 및 국민소득 2만 달러 조기 달성을 위한 정보통신정책	8대 신규 서비스, 3대 첨단 인프라, 9대 신성장 동력	정부, 기업체, 연구기관, 이용자
유비쿼터스도시 종합계획 (2009)	정보통신 인프라로 도시문제 해결과 융복합 산업 육성	전국 15개 지자체가 추진 방범, 방재, 행정, 교통 등 약 50개 사업('09~'13)	지자체와 민간 기업 (인천 송도·포스코·미국 게일 인터내셔널·시스코-KT-SKT)
스마트시티 조성 사업 (2015)	ICT기술을 활용하여 도시 문제를 해결하고 도시민 삶의 질 향상 도모	교통, 에너지, 안전, 생활 등 '글로벌 스마트시티 실증 단지 조성사업' 추진 중	정부, 지자체와 민간기업 (미래부·부산시-SKT 컨소시엄)

한국, 시작은 빨랐으나 (거의 최초 u-City, 2003) 현재는 성과미비 | 해외 늦은 관심 (2012년전후) 현재는 빠른 속도로 완성 중 ★ 싱가포르 2014년 12월 구축 시작 → 현재 세계 최고 중 하나로 평가

자료: 대통령 소속 국가건축정책위원회(2016); 국회입법조사처(2017)

이렇듯 우리나라는 90년대부터 국가 GIS 구축 사업 등 시작은 빨랐으나, 현재는 제도가 걸림돌이 되어 지지부진한 상황이다. 반면, 해외는 우리나라보다 늦게 시작했음에도 불구하고 현재는 빠른 속도로 스마트시티를 완성하고 있다. 싱가포르는 2014년부터 구축하기 시작했으나 현재 최고의 스마트시티 중 하나로 평가받고 있다.

지금까지 스마트시티의 과제는 도시 기반을 확대하고 공급자, 인프라, 물리적 공간 그리고 도시의 문제 해결이 중심이었다. 그러나 이제 우리는 시민 중심, 서비스 중심, 사이버 중심, 스마트 서비스 중심으로 가야 한다. NIA(2013)는 보고서를 통해 플랫폼으로서 스마트시티 개념을 확산해 나가야 한다는 시사점을 제시했다.

4차 산업혁명위원회의 스마트시티 추진전략('18.01) [35]

2018년 1월 4차 산업혁명위원회는 U-City 사업의 한계를 인지했다. 이에 따라 '세계 최고 스마트시티 선도국으로 도약'을 비전으로 세우고, 7대 혁신변화(사람 중심, 혁신성장 동력, 지속가능성, 체감형, 맞춤형, 개방형, 융합연계형)를 중심으로 한 추진전략을 발표했다. 국가 시범도시부터 도시재생지역까지 도시의 성장 단계별로 3단계로 나누어 접근하고, 여기에 맞춤형 기술과 민간, 시민, 정부 등 주체별로 추진하는 세부과제들을 제시했다.

---

[35] 대통령직속 4차산업혁명위원회 보도자료(2018.7.16.) 및 국가 시범도시 기본구상 발표자료(2018.7.16.)를 기반으로 작성됨

동 전략이 도시의 성장단계별로 신도시와 기존 도시와 도시 재생의 문제들에 접근하고 있다는 점은 주목할 만하다. 그러나 총론은 있으나 각론에서 부조화되고 있으며, 특히 우리나라만의 차별화된 모델이 없다는 점이 문제다. 사실 데이터 개방성이 없는 스마트시티는 가능하기 어려움에도 불구하고, 클라우드와 데이터 규제 개혁에 대한 언급이 없는 스마트시티 추진전략은 미래가 불투명한 상황이다.

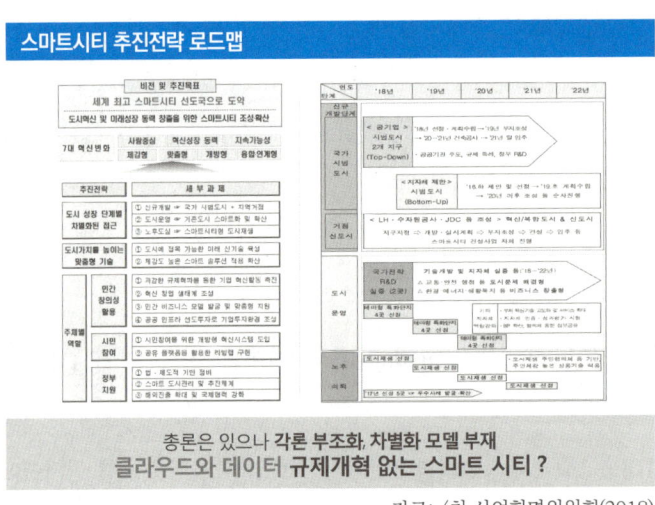

자료: 4차 산업혁명위원회(2018)

2018년 상반기에 스마트시티의 시범도시로 세종 5-1 생활권과 부산 에코델타시티가 선정되었다. 시범도시는 백지상태의 부지를 활용하여 규제의 제약을 벗어나 신기술을 접목할여 혁신 산업 생태계를 조성하겠다는 목적으로 추진되었다. 이를 뒷받침하는 시범도시 내 신산업 육성을 위한 각종 특례[36], 혁신성장 진흥구역[37] 도입 등을 내용으로 하는 「스마트도시법」개정안도 국회 상임위를 통과('18.5월)했다.

국가 시범도시 1. 세종 5-1 생활권

세종 5-1 생활권은 '시민행복을 높이고 창조적 기회를 제공하는 지속가능한 플랫폼으로서의 도시'를 비전으로 제시했다. 세종 스마트시티의 MP를 담당하는 정재승 카이스트 교수는 세종 스마트시티가 지향하는 가치와 철학을 탈물질주의Post-materialism, 탈중앙화Decentralization, 스마트 테크놀러지Smart technologies로 제시했다.

OECD Better Life Index(2017)에 의하면 커뮤니티, 환경, 건강, 일과 삶의 균형, 삶의 만족도에서 한국의 행복도가 상대적으로 낮음이 조사되었다. 이를 기반으로 세종 스마트시티에서는 건강, 교육, 일을 포함한 개인활동, 정치적 의견과 행정, 사회적 연계와 관계를 시민 행복을 위한 핵심 요소로 도출하였다. 또한 세종시 사회지표(2016; 2017)를 통해 문제점을 도출하고 이를 해결하는 분야로 모빌리티, 헬스케어, 교육, 에너지와 환경 4대 핵심요소를 중점 추진 분야로 도출했다.

또한 그간 제시된 교통·에너지 컨셉 이외에도 세종시에 부족한 헬스케어 및 교육 서비스와 관련된 신기술과 서비스를 접목시켰다. 그리고 도시공간체계에는 '용도지역 없는 도시(용도혼합 및 가변)'를 적용하여 계획 중심 개발을 벗어나고자 하였다. 또한 '공유 자동차 기반 도시'를 기본으로 하여 생활관 내에서는 자율주행차량과 공유차량 등을 이용하는 교통운영 체계를 제시하였다.

---

36) 자율주행차 운전자 의무 완화, 드론 활용관련 신고절차 간소화, 자가망 연계분야 확대, 공공 SW 사업 참여범위 확대 등
37) 건폐율·용적률 등 입지규제 최소화를 통해 민간창업 지원 및 투자 촉진

스마트시티 현황

세종시 혁신요소 도출과 지향점

한국의 도시문제들	필요 요소들	혁신요소
세종시만의 문제 의료 서비스 부족 생활체육 공간 부족 다양한 공연 관람 시설 부족 다양한 문화와 쇼핑을 경험하는 환경 부족 현저히 낮은 상가와 사무소 입주 출퇴근에 소요되는 시간 과다 불편하고 부족한 대중교통과 주차환경	**창조적 기회** 많은 사람과 정보 양질의 교육 일자리 다양성과 복잡성 연결성 경쟁과 협력	**핵심요소** 모빌리티 헬스케어
세종시를 포함한 한국 도시의 문제 응급상황에 대한 신속한 대처 능력 저하 농촌과의 먼 거리로 신선한 식재료 확보 어려움 장애인, 노인, 임산부, 아동에게 불편하고 불안한 거주 환경 일과 삶의 불균형으로 스트레스 증가 시민의 즉각적인 여론 수집 어려움 공공 데이터 접근의 불편함 개인정보 관리의 불안 주입식 교육으로 비판적 사고 증진 어려움 획일적 교육 내용 및 환경으로 창의력 증진 어려움 청년·노인 일자리 부족 출퇴근 교통 체증 심화 자가용 운행의 증가로 교통 과밀 심화 스타트업을 위한 환경 요건 부족 전기, 연료, 물을 에너지원과다소비 심해지는 미세먼지 농도로 인한 건강악화 탄소 배출로 도시 온난화 진행	**지속가능한 도시** 청정한 에너지의 확보 지속가능한 소비와 생산 기후 변화 대응 해양 자원 보호 육상 자원 보호상 자원 보호 **행복한 시민** 건강 정치적 의견과 행정 사회적 연계와 관계 교육 일을 포함한 개인활동	교육 에너지와 환경 거버넌스 문화와 쇼핑 일자리

자료: 대통령직속 4차 산업혁명위원회(2018)

7대 혁신 서비스

① 모빌리티: 공유기반 교통수단 및 5G 기반 교통 흐름 데이터의 인공지능 분석을 통한 교통 최적화로 이동시간 및 비용을 절감하고, 드론 등 무인 교통 수단 및 로봇 배송과 다양한 미래형 이동수단을 도입

② 헬스케어: 데이터 기반 개인 맞춤형 의료 시스템 및 스마트 임상연구 플랫폼을 운영하고, 건물형 스마트팜, IoT 기반 응급 의료 시스템 구축

③ 교육: 에듀테크 활용 온-오프라인 교육환경 구축, 비판적 사고 및 토론 등을 강조한 교육환경 조성

④ 에너지와 환경: 청정에너지 생산 및 소비(전력거래)의 균형을 통한 에너지 자립

⑤ 거버넌스: 여론조사·민원청구 스마트앱, 시민위원회 시스템으로 대의 민주주의 구현 및 블록체인 활용 개인정보 안전 관리, 리빙랩·디지털 트윈으로 도시문제 해결 최적화 및 효율적 행정

⑥ 문화와 쇼핑: 스마트앱 기반 수요기반 문화공연 제공, 음식점·공공시설 실시간 정보 제공 기반 데이터 분석 시스템, 세종코인, 인공지능 쇼핑 도우미

⑦ 일자리: 스타트업·중소기업·대기업·글로벌 기업 간 협업 및 공동작업 기회 제공. 시민 데이터에 대한 금전적 보상을 통한 기본소득 확보

이를 통해 세종 스마트시티의 미래상으로 ① 자율주행과 공유기반 스마트 교통으로 출퇴근이 짧은 도시 ② 개인 맞춤형 의료서비스 제공 및 응급치료가 신속한 헬스케어 도시 ③ 창의적이고 비판적인 사고를 에듀테크로 확장하는 교육 중심 도시 ④ 에너지 자립, 미세먼지 최저, 스마트 쓰레기 처리 시설의 친환경 도시 ⑤ 주민여론이 빠르게 반영되는 스마트 행정도시 ⑥ 공연팀과 시민을 미리 앱으로 연결해 문화공연이 끊임없이 이루어지는 문화 도시 ⑦ 날마다 시민참여 실현이 일어나는 혁신도시를 제시하였다.

국가 시범도시 2. 부산 에코델타시티

부산 에코델타시티는 '자연·사람·기술이 만나 미래의 생활을 앞당기는 글로벌 혁신 성장 도시'를 비전으로 설정했다. 부산 에코델타시티의 초대 MP인 천재원 대표는 새로운 변화로 4차 산업혁명 시대, 100세 시대, 新 기후 시대를 말하며, 부산시 문제로 초고령사회로의 진입(2002년 고령화사회 진입), 생산가능인구 감소(연평균 0.8%씩 감소), 실업률 증가, 환경문제, 글로벌 경쟁력 취약을, 시민이 바라보는 부산의 문제로 포용성 부족, 도시 안전과 교통문제를 언급했다. 이러한 문제점을 해결하여 시민의 삶의 질 만족도를 높이기 위한 지속가능한 도시로 구축하고자 했고, 이를 4차 산업혁명 기술의 도입으로 해결하고자 했다. 그래서 이를 목적을 구현하기 위한 3대 특화전략과 7대 핵심 콘텐츠를 제시했다.

3대 특화전략은 ① 혁신 산업생태계 도시 Smart Tech City, ② 친환경 물 특

화 도시Smart Water City, ③ 상상이 현실이 되는 도시Smart Digital City이다. 그리고 이를 추진하기 위한 3가지 혁신으로 ① 프로세스 혁신(계획 과정) ② 기술 혁신(조성 과정) ③ 민간참여 혁신(운영 과정)을 추진한다.

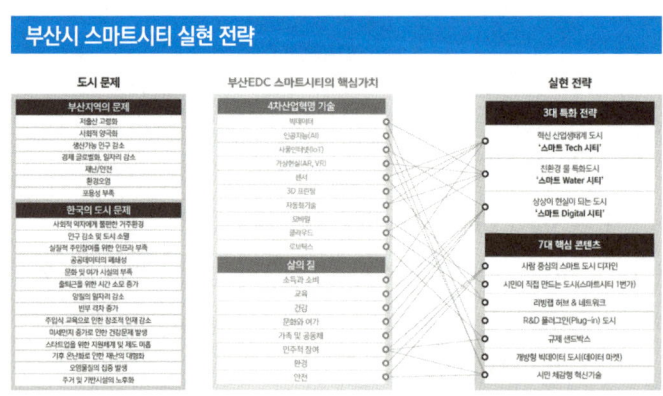

자료: 대통령직속 4차 산업혁명위원회(2018)

첫 번째 특화전략인 혁신 산업생태계 도시는 '오픈 테크 샌드박스'[38] 및 '오픈 팩토리'[39] 운영을 통해 중소기업, 스타트업 육성 및 해외 글로벌 기업 유치를 통한 일자리 창출이 목적이다. 이는 에코델타시티가 주요 국가 교통망(김해공항, 제2남해고속도로, 부산신항만) 및 녹산 및 신평·장림 국가산단, 사상 스마트밸리 등 주요 산업단지와 인접하여 산업·물류 중심의 장점이 있다는 점과 지역경제 활성화를 추진하기 위함이다.

두 번째 '스마트 Water 시티'는 도시를 둘러싼 물과 수변공간의 활용을 통해 한국형 물순환 도시 모델을 구축하여 세계적 도시브랜드 창출을 하고

---

[38] 일정기간 창업공간, 핵심인프라, 투자 자금을 지원하고 기업 간 경쟁을 통해 가능성을 인정받은 기업은 부산EDC 스마트시티 조성에 참여할 기회 부여
[39] 혁신기업들을 지원하기 위한 신개념 팩토리로, 디지털 기기나 소프트웨어, 3D프린터 등 실험 및 생산 장비를 지원

자 한다. 도시 내 3개의 물길이 만나는 세물머리 수변공간을 적극적으로 활용하면서 수자원 관리와 하천 재해예방을 위한 스마트 상수도·빌딩형 분산 정수·수열에너지·에코필터링·저영향개발^{LID} 등 물 관련 신기술을 접목하여 사람과 수변의 연결, 도시와 하천의 연결 등을 추진하고자 한다.

마지막으로 '스마트 Digital 시티'는 도시 전체 공간을 3차원 가상 공간으로 옮겨 도시의 계획단계부터 시민과 전문가가 실제 경험을 통해 사전 시뮬레이션 후 시행착오 없는 도시를 조성하는 것이 목적이다. 즉, VR·AR 및 BIM 기술, 3D 맵 등 가상화 기술을 활용하여 3차원 가상도시 및 도시운영 플랫폼을 구축하고자 한다.

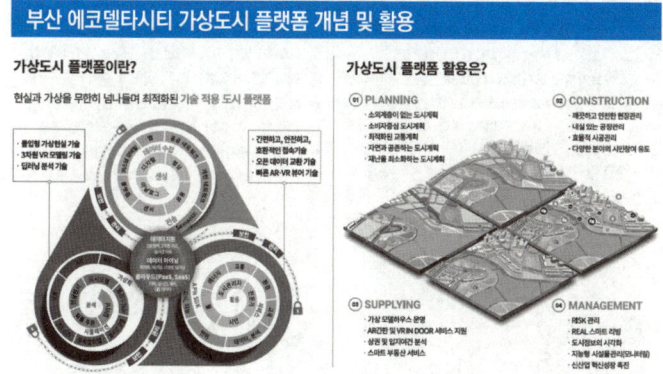

자료: 대통령직속 4차 산업혁명위원회(2018)

위와 같이 시범도시 추진을 위해 정부는 규제개선, 예산지원 및 R&D 연계, 벤처·스타트업 참여를 위한 지원, 해외진출을 위한 국제협력을 추진하겠다는 계획을 밝혔다. 특히 규제개선을 위해 「스마트도시법」 개정안을 추진하고 있으며, 현행법상 불가능한 기술·서비스 등 임시허가 등을 위한 규제 샌드박스 역시 추진하려는 계획을 갖고 있다. 또한 혁신 기술의 적용 및 실증을 위해 유연한 토지 공급방안 역시 추진하고자 한다.

스마트 도시재생 뉴딜 & 연구개발 실증 [40]

도시 재생을 위하여 노후 도심의 스마트 솔루션으로 생활환경을 개선하고, 리빙랩과 각종 테스트베드를 활용하여 도시 운영과 데이터 허브 모델과 테마형 특화 단지를 만든다는 계획이다.

교통, 에너지, 환경, 행정, 주거 등 관련 분야 상용기술 중심으로 세부 과제를 제시하고 있으나, 차별성은 미비하다.

도시 운영 부분에서 기존 도시를 스마트화하기 위한 데이터 허브모델 기반 실증도시를 선정한 것이 바로 스마트시티 국가전략 프로젝트이다. 국가전략 프로젝트는 제2차 과학기술전략회의('16.8월)에서 선정한 신산업 창출과 국민 삶의 질 향상을 위해 시급성, 파급력 있는 인공지능, 미세먼지, 가상 증강현실, 스마트시티 등 9대 연구개발 사업으로 구성되어 있으며, 그 중 스마트시티 국가전략 프로젝트[41]는 공통 핵심기술 개발과제와 2개의 실증연구과제로 구성된다. 핵심기술 개발로는 도시데이터 관리 핵심기술 및 데이터허브 표준모델 개발 및 스마트시티 운영 정보 및 지식의 축적·확산체계 구축이 있다.

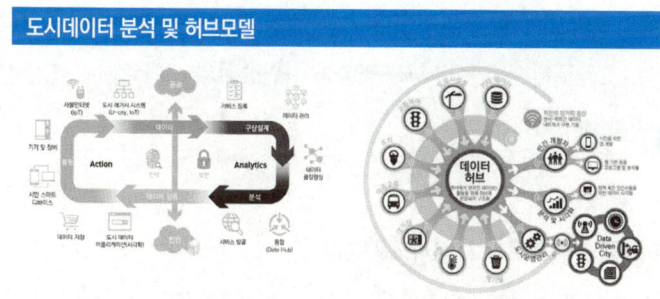

자료: 국토교통부 보도자료(18.07.09.)

실증도시는 연구목적에 따라 도시문제 해결형과 비즈니스 창출형으로 구분되는데, 각각 대구광역시와 경기도 시흥시가 최종 선정되었다. 실증도

---
40) 국토교통부 보도자료(18.07.09.), "스마트시티 국가전략 프로젝트 실증도시 결과"
41) 2018년부터 2022년까지 5년간 총 1,159억 원 규모의 연구비를 투입하여 한국형 스마트시티 데이터 허브 모델을 개발하는 연구사업이다.

시로 선정되는 지자체는 예산 지원[42] 및 연구기관 기술협업을 통해 혁신성장에 적합한 스마트시티 데이터 허브 모델을 구축하고, 각종 스마트시티 서비스를 연계하는 연구를 수행한다.

데이터기반 실증도시 1. 대구광역시

대구시가 선정된 '도시문제 해결형'은 교통·안전·도시행정 등 도시들이 공통적으로 겪고 있는 문제 해결을 위해 대규모 도시를 대상으로 하는 실증연구이다. '산업성장과 시민행복이 함께하는 글로벌 선도도시'를 연구목표로 제시한 대구광역시는 스마트 모빌리티 활성화(교통), 사고범죄 긴급구난 대응(안전), 재난 조기경보 대응(도시행정) 등을 실증 목표로 하고 있다. 또한 총 90억 원의 국비가 지원되는 지자체 자율제안 과제로는 '지능형 영상기반분석 연구'를 제안하였다. CCTV 및 빅데이터를 활용해 실시간 교통제어, 소음문제 해결, 전기차 도입 등 시민중심의 스마트시티 기술 연구가 추진될 예정이다.

데이터기반 실증도시 2. 경기도 시흥시

경기도 시흥시가 선정된 '비즈니스 창출형'은 에너지·환경·복지 등 새로운 산업을 스마트시티에 적용하기 위해 중소규모의 도시에서 리빙랩 Living lab 형태로 추진하는 연구이다. '지속가능한 스마트 프로슈밍 시티'를 연구목표로 제시한 시흥시는 지역산업의 쇠퇴, 고령인구 증가, 도시과밀 등 중

---

[42] (도시문제 해결형) 511억원(국비 358억원), (비즈니스 창출형) 368억원(국비 263억원)

소도시의 보편적 특성을 다양하게 보유하고 있다. 지자체 자율제안 과제로는 '자율주행 플랫폼 구현'을 제안하였다. 자율주행 버스 연구 등을 통해 시민불편을 해소하고, 지역의 여건을 적합한 새로운 산업 창출을 추진할 계획이다.

지금까지 한국의 스마트시티 추진 전략을 확인했다. 한국은 현재 기술 시범 단계에 있다고 판단된다. 그러나 아직까지는 비전을 구현하기 위한 전략과 로드맵의 연결이 미비하다. 그리고 스마트시티 구현을 위한 통합 거버넌스의 부족으로 각개 약진하고 있는 상황이다. 특히 문제가 되는 것은 스마트시티의 가장 기본적인 인프라인 데이터와 클라우드 제도가 미비한 상황에서 스마트시티를 추진하고 있다는 점이다.

그러나 한국의 4차 산업혁명을 가로막아 온 '데이터 쇄국주의'를 혁파한 대통령의 '8.31' 선언으로 이 부분은 해결 될 것으로 보인다. '8.31' 선언의 주요 추진 내용은 '데이터의 안전한 활용'을 위한 '데이터고속도로' 건설이다. KCERN은 2016년부터 한국의 4차 산업혁명의 걸림돌로 데이터와 클라우드 규제를 지적해왔으며, '8.31' 선언에 주요 개혁 내용으로 1) 개인정보의 안전한 활용 2) 공공데이터의 개방 3) 클라우드 활용규제 완화라는 3대 규제 혁파에 관한 내용이 포함되었다. 위 사항이 이루어진다면 스마트시티를 포함한 4차 산업혁명의 실질적 출발이 이루어질 것이다.

글로벌 스마트시티 정책의 3대 문제점

지금까지 스마트시티의 과제는
도시 기반을 확대하고 공급자, 인프라, 물리적 공간,
그리고 도시의 문제 해결이 중심이었다.
그러나 이제 우리는 시민 중심, 서비스 중심, 사이버 중심,
스마트 서비스 중심으로 가야 한다. 이에 지금까지 추진된
전 세계 스마트시티 정책의 3가지 오류를 지적하고자 한다.

현 단계 스마트시티는 단순히 도시 기반 확대와 공급자, 인프라, 물리적 공간 그리고 도시의 문제 해결에 중심을 두고 있다. 이 문제는 지금까지 국가적으로 추진하고 있는 스마트시티 정책의 3대 오류에 기인한다.

첫 번째는 문제 분석 오류이다. 많은 도시가 도시의 문제 해결에 집중하고 있어 생산의 주체로서 도시를 바라보는 인식이 부족하다. 생산성 향상을 통한 편익 증대에 대한 시각이 부족한 것이다. 특히 플랫폼 도시에서 가장 중요한 네트워크 효과를 어떻게 키울 것인가에 대한 고려가 미흡했다.

두 번째 문제는 시장의 오류이다. 스마트시티 서비스의 활용보다 인프라 및 기술 공급에 집중하여 도시를 소비의 주체로만 보았기 때문에 시각이 제한적이었다. 즉, 스마트시티가 창출할 가치보다 스마트시티 각 요소의 공급 측면에서 접근한 결과, 시장 전망 역시 600억 달러에서 2조 달러(2021년 기준)로 예측한 것이다. 그러나 도시를 생산의 주체로 본다면, 도시가 창

출할 궁극적 시장 규모는 200조 달러 이상이 될 것이다.

세 번째는 신기술의 오류로, 플랫폼 생태계 구축을 위한 핵심 전략이 미비하다. 또한 드론, 자율주행차 등 개별 기술 R&D에만 집중하여 다른 기술의 활용을 오히려 막고 있다. 신기술은 개발이 아닌 활용에 중심을 두어야 한다. 따라서 도시를 생산의 주체로 재확립하여 서비스디자인 관점에서 기술을 활용해야 한다.

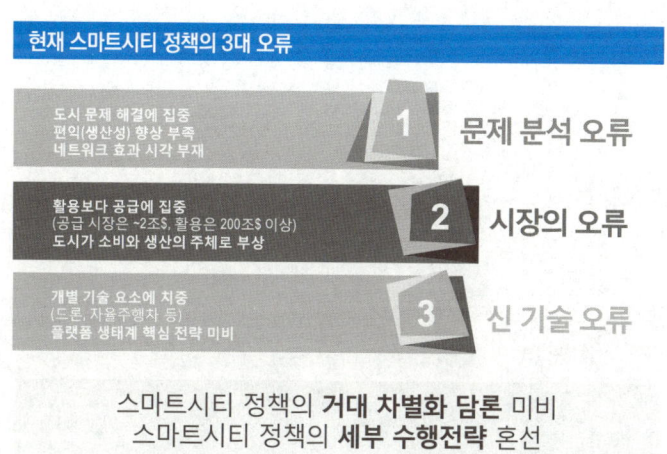

다시 말하면, 스마트시티 정책과 선행 연구들은 거대한 차별화된 담론이 미흡했다. 세부 수행 전략에서도 데이터 개방성 부족으로 각개 약진의 혼선이 빚어지고 있다. 또한, 스마트시티 개념의 다양한 정의들로 인해 에너지 분야가 전체 1/3, 교통 분야가 전체 1/5 등 다양한 요소에 걸쳐서 현상적으로 정책이 추진되고 있다. 이제 우리는 시민 중심, 서비스 중심, 사이버 중심, 스마트 서비스 중심으로 나아가야 하며, 플랫폼으로서 스마트시티 개념을 확산해 나가야 한다.

Self-organizing Smart city 4.0

3장

4차 산업혁명이 바꾸는 도시

도시의 비밀은 통합이다.
도시의 모든 지역은 일, 레저, 문화를 결합시켜야 한다.
이러한 기능들을 분리시키는 순간,
도시의 지역들은 죽기 시작한다.
The secret to the city is integration.
Every area of the city should combine work,
leisure and culture. Separate these functions and
parts of the city die.
제이미 러너(Jaime Lerner),
브라질 정치가, 건축가, 도시계획가

산업혁명과 도시 성공 조건의 진화

도시의 구성요소들은 연결되면서 비용이 감소하고
가치가 증대되는 플랫폼 효과가 나타나고 있다.
그리고 오프라인과 온라인이 융합하면서
나타난 연결비용의 감소는 산업혁명을 통한 기술의 발전,
특히 인터넷과 플랫폼의 발전과 그 맥락을 같이하고 있다.
산업혁명에 따라 도시의 성공 조건은 어떻게 변화하였을까.

1, 2차 산업혁명은 오프라인의 물질혁명으로, 현실 세계는 소유경제가 전체의 99%를 차지했다. 오프라인 기반 공유경제는 1%도 안됐기 때문에 플랫폼을 통한 공유가치의 창출이 어려웠다. 그러나 3차 산업혁명[43]이 창출한 인터넷 서버 기반의 온라인 플랫폼이 활성화되면서 정보의 공유가 가능해졌다. 오프라인은 높은 연결비용과 수확체감의 효과로 인해 공유의 가치가 낮았으나, 인터넷은 온라인의 연결 비용을 급격히 감소시켰다. 온라인 플랫폼은 정보의 공유 비용을 제로에 가깝게 만들면서 플랫폼을 통한 공유의 효과가 수확 체증하여 전체 가치의 증대가 이루어지기 시작한 것이다.
오픈 소스와 온라인 플랫폼의 활성화는 사회적 가치를 증대하는 역할을

---

43) 3차 산업혁명으로 발전한 기술들은 현실을 가상화하는 기술들로, '디지털 트랜스폼(digital transformation)'이라 명칭한다.

해왔다. 에드워드 글레이저$^{Edward\ Glaeser}$는 도시의 경쟁력이 곧 국가의 경쟁력이며, 인구가 10% 증가할 때 소득은 30% 상승한다는 연구결과를 내놨다. 그는 국가의 경쟁력을 하락시키며, 도시가 성공하기 위한 성공 방정식을 〈사람*연결*기회*돈〉으로 제시했다. 또한 위대한 도시의 조건은 인구의 집중을 막는 것이 아닌 문제해결 역량이라며 도시의 인위적 분산이 도시의 경쟁력을 하락시키고, 결국에는 국가의 경쟁력을 하락시키는 것이라 언급했다. 그러나 한국의 혁신도시와 같은 도시 발전 정책들은 도시를 인위적으로 분산시키고 있다.

리처드 플로리다$^{Richard\ Florida}$는 도시가 발전하기 위해서는 인재유치 능력이 핵심이며, 창조적 산업이 부상하면서 인재유치 능력이 곧 경쟁우위가 되었다고 말했다. 그리고 도시가 이러한 창조인재를 유치하기 위해서는 3T$^{Technology,\ Talent,\ Tolerance}$가 필요하다고 제시했다. 한국은 이중 Tolerance(관용도)가 가장 부족하다고 지적되고 있다. 사람을 유인하는 장소, 기업을 유인하는 장소가 글로벌 도시 경쟁의 핵심요소이다.

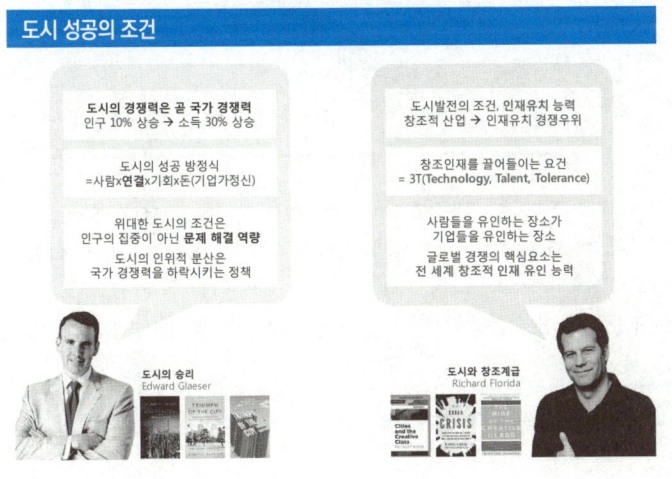

제프리 웨스트Geoffrey West 산타페 연구소Santa Fe Institute 소장은 도시는 인간의 상호작용과 상호작용의 합으로 이루어지기 때문에 네트워크에 의해 제어된다고 보았다. 이러한 현상으로 어떠한 도시냐에 관계없이 도시의 크기가 2배 커지면 수입, 부, 특허 수, 대학 수, 창의적 인재 수, 경찰 수, 범죄율, 에이즈 발생 건수, 쓰레기양 등이 체계적으로Systematically 15%에 가깝게 증가함을 확인했다. 대도시들은 서로 독립적으로 진화했으나 그와 관계없이 동일하게 15% 증가를 보였으며, 이것이 소셜 네트워크에서 발생하는 보편적 현상이라 할 수 있다.44)

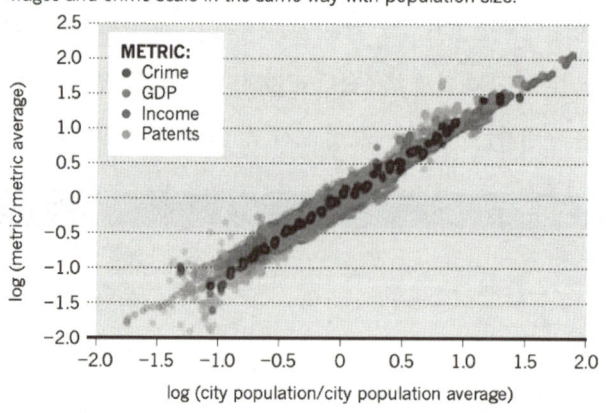

자료: Drawn by Michael E. Smith after Figure 44 on p. 343 of West(2017)

또한 도시는 초선형적Super-linear으로 성장하는데, 동시에 자원의 고갈로

---

44) KCERN에서 스마트시티의 미래 가치창출을 200조 달러로 추정한 것은 정보와 물질의 네트워크 효과가 15%를 넘어 30%에 달할 것으로 보았기 때문이다.

어떤 시점에서 붕괴할 위기가 있다. 이에 대한 해결방법은 그때마다 주요한 혁신이 발생하여 성장을 다시 시작하는 것이고, 이것이 반복되면서 도시가 지속적으로 성장할 수 있게 된다.

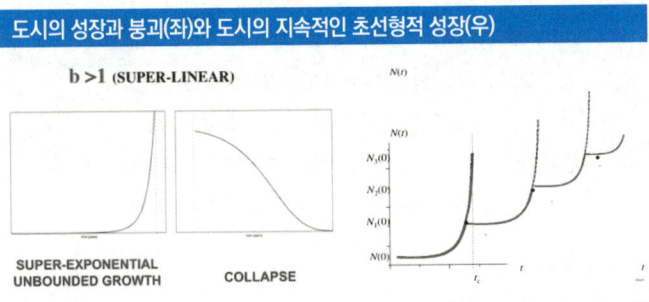

자료: TED by Geoffre B. West(2011)

　제프리 웨스트는 도시의 초선형적 성장은 혁신의 계속적 반복이 핵심이며, 동시에 혁신이 일어나는 주기가 점점 빨라져야 한다고 말한다. 도시의 신진대사가 지속적으로 가속화되면서 커짐에 따라 점점 필요한 자원의 양이 증가하게 되고, 그 결과 도시의 지속성장에 필요한 혁신의 주기가 점점 빨라져야 한다는 것이다.
　이러한 도시 발전의 이론들은 3차 산업혁명에 기반 한 것이다. 그렇다면 4차 산업혁명으로 도시는 어떻게 진화하게 될까?

연결되면서 거대해지는 도시

4차 산업혁명의 아날로그 트랜스폼으로 현실(오프라인)과
가상(온라인)이 융합하는 O2O 플랫폼이 등장하면서
O2O의 영역이 급속도로 확장되고 있다.
온라인과 오프라인이 연결되어 O2O 플랫폼이 등장하기까지
인터넷과 플랫폼의 진화 단계를 먼저 살펴보자.

인터넷과 플랫폼의 진화

인터넷이라는 웹^{Web} 기술의 등장은 플랫폼의 등장을 촉발했다. 인터넷은 연결비용의 문제를 해결하며 연결의 웹에서 공유의 웹을 거쳐 의미의 웹으로 발전했다. 플랫폼은 인터넷이 만드는 연결의 결과로, 인터넷이 새롭게 진화하면서 연결을 촉진함에 따라 연결의 한계비용이 제로가 되는 분야마다 새로운 형태의 플랫폼이 등장해왔다.

이러한 인터넷과 플랫폼의 공진화 현상은 유선인터넷, 무선인터넷, 사물인터넷, 산업인터넷까지 진화해왔다. 유선인터넷은 PC와 인간을 연결하면서 10억 명의 사용자를 창출했고, 이를 통해서 콘텐츠를 공유하는 온라인 플랫폼이 만들어졌다. 무선인터넷은 인간을 SNS로 연결하면서 20억 명의 사용자들이 온라인과 오프라인이 결합한 소셜 플랫폼에서 콘텐츠와 서비스를 공유하게 한다. 사물인터넷은 인간을 사물과 연결하면서 280억

개의 사물이 온라인과 오프라인이 결합된 O2O 플랫폼에서 제품과 서비스를 공유하게 한다.

특히 2010년 전후로 이루어진 스마트시티의 급격한 발전은 인터넷의 발전, 특히 O2O 기술의 등장과 연결된다. 연결 기술(인터넷)의 발전은 플랫폼의 진화와 확산을 촉발시켰다. 유선 인터넷의 등장으로 정보의 연결 비용이 한계비용[45] 제로화되면서 온라인 플랫폼이 확산되었고, 그 결과 구글, 네이버, 위키피디아 등 다양한 콘텐츠 공유 플랫폼이 등장했다. 유선 인터넷에 이어 스마트폰 기반의 무선인터넷이 등장하면서 물질의 영역으로 퍼지기 시작했다. 유선 인터넷이 정보를 연결했다면 무선인터넷은 정보와 물질을 연결하였고, 그 결과 아마존, 알리바바, G마켓과 같은 거대한 O2O 플랫폼이 등장했다.

이어서 사물 인터넷[IoT]이 등장하면서 제품과 서비스가 융합하는 PSS Product Service System가 등장하였다. 소비자의 행동이 제품과 결합하고 애프터서비스가 사전 예지 서비스로 전환되기 시작했다. 그리고 산업 IoT가 등장하면서 생산과 유통 프로세스의 연결 비용도 한계비용 제로화가 시작되었다. 방대한 실시간 생산과 유통 데이터들이 IoT를 통해서 저비용으로 연결되면서 산업 전체가 플랫폼 형태로 재편성되기 시작했다.

스마트폰과 3D 프린팅, AR/VR 등 아날로그 트랜스폼을 위한 기술들이 발달하면서 4차 산업혁명이 실현되었다. 기존의 경제가 하드웨어와 소프트웨어로 이루어진 제품의 경제였다면, 데이터와 서비스가 순환하는 융합경

---

[45] 한계비용(marginal cost)은 재화나 서비스를 한 단위 더 생산하는 데 들어가는 추가 비용을 의미하며, 산출방법은 고정비용을 제외하고 총비용 증가분을 생산량 증가분으로 나누어 산출함(제러미 리프킨, 2014)

제의 시대가 열렸다. 다만, 오프라인의 기득권자가 존재하는 O2O 세상이기 때문에 온라인과 오프라인이 융합하는 공유경제 영역에 대한 이들의 반발이나 충돌을 해결할 수 있는 사회적 의사결정 구조가 뒷받침되어야 한다.

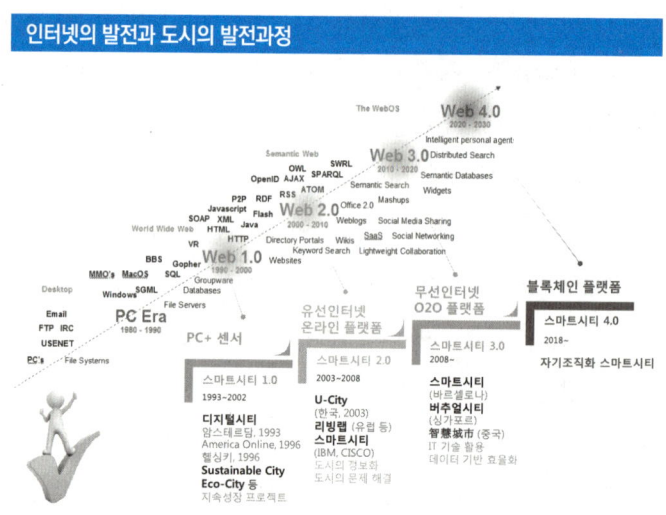

인터넷의 발전과 도시의 발전과정

이러한 인터넷과 플랫폼 발달 단계에 따라 스마트시티 역시 1.0에서 4.0까지 진화할 것으로 예측된다. 저자들은 앞으로 다가올 스마트시티 4.0은 블록체인 플랫폼을 기반으로 한 자기조직화 스마트시티로 정의하고자 한다.

블록체인 플랫폼은 4차 산업혁명의 2단계로, 플랫폼이 연결과 공유를 위한 허브의 역할을 담당하였다면, 블록체인은 개개인을 직접 연결하여 중앙 허브가 있는 플랫폼에서 블록체인 기반의 분산화 된 구조로 진화시킨다. 블록체인은 데이터를 중앙 서버에 모으지 않고 네트워크 참가자가 개별적으로 분산 저장하므로 중앙관리자가 필요하지 않다. 또한, 자산등록기술과 스마트 계약을 활용한다면, 단순히 데이터의 공유만이 아니라 실물자산의 공유 및 서비스 분야에서도 이를 확산하여 활용할 수 있다.

이용자의 과거내역이나 평판도 블록에 저장되어 확인할 수 있으므로 신뢰도 확보할 수 있다. 즉, 4차 산업혁명으로 도시는 정보의 온라인 세계를 넘어 물질의 오프라인 세계의 공유 플랫폼화가 가능하게 되었고, 이를 통해 도시의 저비용, 고효율화가 가능해졌으며, 블록체인 플랫폼이 구현되면 네트워크의 민주적 운영과 자원의 효율적 활용을 달성할 수 있을 것이다.

4차 산업혁명과 O2O 공유 플랫폼의 확장

이제 도시는 생산과 소비를 아우르는 인간 삶의 플랫폼으로 접근해야 한다. 도시 생활의 공통 요소Component를 어떠한 룰Rule로 공유하느냐가 정책의 관건이 된다. 그렇다면 공유 플랫폼 정책을 위해서 4차 산업혁명과 스마트시티의 관계를 보아야 한다.

앞서 살펴본 바와 같이, 1, 2차 산업혁명은 물질세계의 오프라인 혁명으로써 소유의 세계였다. 이때는 복제가 되지 않는 세상에서 소유가 중요했다. 3차 산업혁명의 온라인의 정보의 세상은 복제가 쉬운 비트의 세상으로 공유가 원칙이다. 이 두 개의 다른 세상이 융합되는 4차 산업혁명의 문제는 기술보다 제도다. 융합의 기술로는 현실을 가상으로 보내는 디지털 트랜스폼과 가상을 현실로 보내는 아날로그 트랜스폼이 있다. 이런 기술을 통해 우리는 교통, 업무, 집, 건물, 기후, 환경 등 스마트시티의 요소들을 융합할 수 있다. 즉, 현실의 도시와 가상의 도시가 융합하게 된다. 그런데 현실의 소유와 가상의 공유의 가치 충돌을 조정하지 못하면 4차 산업혁명은 불가능하다. 차량 공유와 원격 의료가 대표적인 사례다.

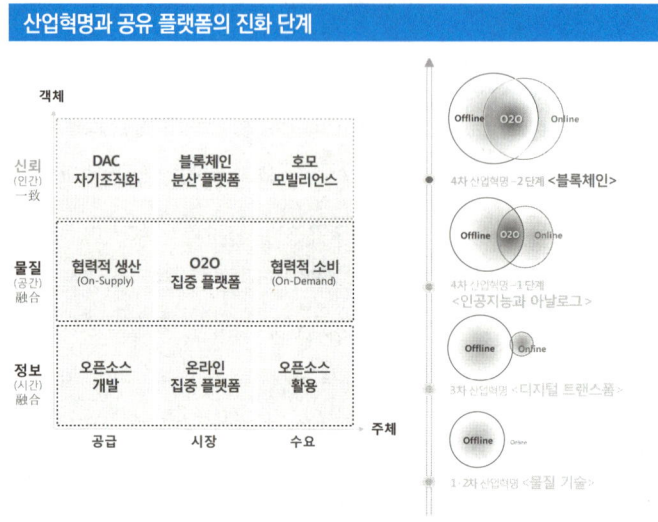

KCERN은 4차 산업혁명은 '인간을 위한 현실과 가상의 융합'으로 정의한다.

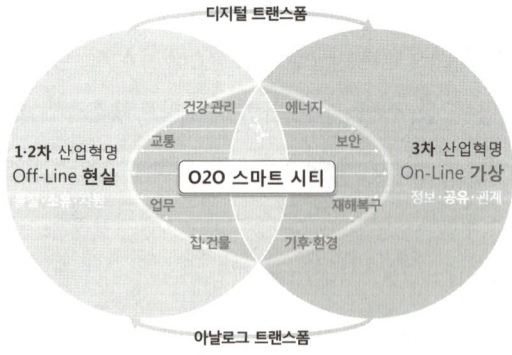

이런 관점에서 미래 스마트시티는 '시민을 위한 현실 도시와 가상 도시의 융합'으로 정의되어야 한다. 인간 삶(생산과 소비)의 플랫폼인 도시가 4차 산업혁명의 현실과 가상의 융합을 통해 정보의 온라인 세계를 넘어 물질의 오프라인 세계까지 공유 플랫폼화 되고 있다. 온라인과 오프라인의 융합인 O2O의 영역이 지속해서 확대되면서, 미래 스마트시티는 성장의 한계 없이 지속적으로 확대되어 거대 스마트시티로 거듭날 것이다. 4차 산업혁명의 융합을 통하여 도시의 비용은 감소하고 편익은 증대되는 것이다.

스마트시티를 완성시키는 플랫폼

이제 도시는 생산과 소비를 아우르는
인간 삶의 플랫폼으로 접근해야 한다.
도시 생활의 공통 요소를 어떠한 룰로 공유하느냐가
정책의 관건이 된다. 그렇다면 공유 플랫폼 정책을 위해서
4차 산업혁명과 스마트시티의 관계를 보아야 한다.

공통 역량을 공유하는 플랫폼

플랫폼은 공유와 협력의 표준과 룰이 있는 체계화된 공간으로, 반복되는 공통 역량을 공유하고, 공유로 얻어지는 효율을 분배하여 개별 사업자는 혁신 역량에 집중할 수 있게 하는 기업생태계이다(KCERN, 2015.4). 반복되는 요소를 공유하면 비용을 줄여 효율을 높일 수 있다. 반복되는 요소를 재사용하면 새로운 혁신이 촉진된다. 바로 플랫폼의 역할은 반복되는 요소를 공유하여 시스템 전체의 효율을 올리고 재사용으로 혁신을 촉진하는 것이다.

플랫폼을 이해하는 가장 좋은 방법은 인수분해이다. $aX+bX+cX=(a+b+c)X$로 인수분해하면, 3개의 X를 한 개로 대체하여 두 개의 X 비용을 줄일 수 있다. 예를 들어, 공항을 공유하면 비행기 노선마다 공항을 새로 만들 필요가 없어 새로운 노선들이 쉽게 만들어진다.

정부의 규제가 풀리면서 공항을 비롯하여 각종 설비와 서비스를 공유하면서 저가 항공사들이 혁신적 노선을 제공하기 시작했다. 윈도우나 안드로이드와 같은 OS의 각종 모듈을 공유하면서 응용 프로그램 만드는 것이 쉬워졌다. 이러한 공통 요소의 반복 사용을 통하여 불필요한 소프트웨어 개발은 줄일 수 있게 되어 비용은 줄고 혁신은 촉진된다.

그러나 정부의 규제 비용으로 인하여 항공사의 공통 서비스와 설비 사용이 어려워지거나, 윈도우나 안드로이드의 오픈 API가 제대로 제공되지 않을 때는 공유를 위한 연결 비용이 급격히 증가한다. 인수분해 과정에서 ( )의 비용이 X보다 크다면 플랫폼은 촉진되지 않는다. 결론적으로 플랫폼은 연결 비용과 공유 요소 비용의 함수이다.

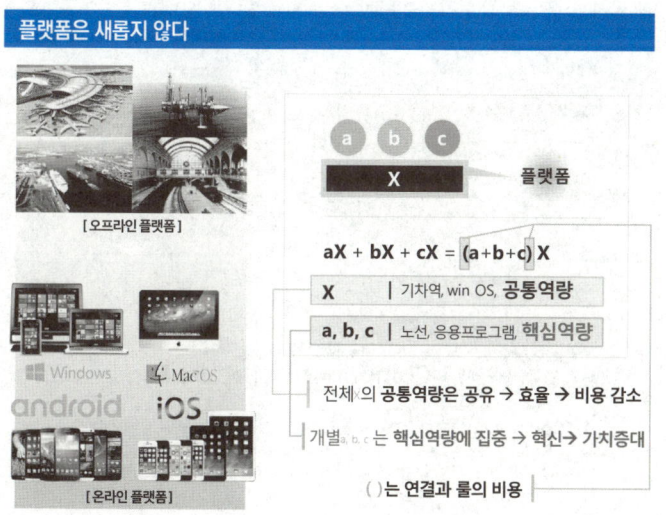

플랫폼의 컴포넌트Component와 룰Rule

플랫폼의 구조Architecture는 구성요소Component와 규칙Rule로 이루어져 있다. 앞서 설명한 플랫폼의 방정식 (a+b+c)X에서 X가 컴포넌트, ( )가 룰로서, 이를 잘 설계하는 것이 플랫폼의 핵심이다. 공항을 예로 들어보면, 구성요소^{Component}는 공항을 이루고 있는 인프라와 자원, 제도 등이며, 규칙 ^{rule}은 공항을 이용하는 절차나 탑승수속 등과 같은 규칙이다.

컴포넌트^{Component}란 하드웨어, 소프트웨어, 서비스 모듈과 이를 포괄하는 아키텍쳐를 포함하는 개념으로 플랫폼과 연결될 수 있는 단말(스마트폰 등), 단말을 작동시키는 OS, 각종 SW와 HW 기술 등을 의미한다. 룰^{Rule}은 플랫폼 참여자들을 조정하는 규칙이다. 룰은 플랫폼 공급자가 구성한 컴포넌트를 재사용 또는 응용해서 활용함으로써 새로운 이해관계자들이 부가가치를 창출할 수 있게 하기 위한 일정한 규칙과 프로세스를 의미한다.

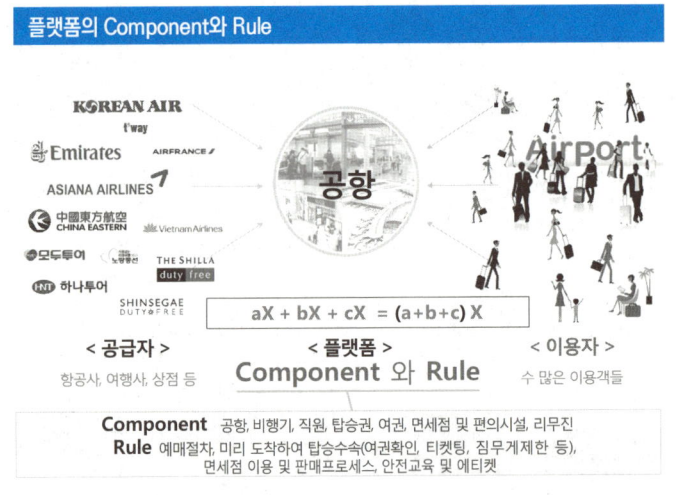

플랫폼을 구성할 때 컴포넌트도 중요한 요소이지만, 룰의 설계가 성공의 관건으로서, 룰 설계의 핵심은 소위 '물 관리'라고 지칭할 수 있다. 좋은 룰은 이해 관계자들에게 선순환 될 수 있는 가치창출과 가치분배의 룰을 가지

고 있다. 구글의 의료정보플랫폼으로 2008년 개시한 '구글 헬스' 서비스는 표준화 관리에 실패하여 서비스를 중단한 사례가 있다.

3rd Party를 키우는 플랫폼 전략

플랫폼을 구축한 뒤에는 참여자(혹은 그룹)들의 임계질량 확보를 위한 전략이 필요한데, 이것이 플랫폼 네트워크 확대 전략이다. 스마트시티 플랫폼의 참여자를 키우는 전략은 1) 참여자를 늘리는 Freemium 전략 2) 플랫폼 크기를 키우는 M&A 전략 3) 3rd Party를 늘리는 기업가정신 전략이다.

Freemium(공짜미끼) 전략은 교차보조전략 중 하나인 '가격보조'를 통해 참여자 그룹의 참여 비용을 줄이는 전략으로, 구글, 애플, 아마존, 페이스북 등은 인수합병을 통해 확보된 기술을 Open API 형태로 고객들에게 환원함으로써 프리미엄 형태로 교차보조를 제공하고 있다.

M&A 전략은 플랫폼의 크기를 키울 뿐 아니라 플랫폼에 새로운 기능을 추가하고 혁신을 부여한다. 구글과 애플이 지속적으로 M&A를 통하여 플랫폼에 새로운 기능을 추가하는 것은 새로운 가치를 제공하여 더 많은 가입자를 모으고 더 많은 공급자를 유인하기 위한 것이다.

효율과 혁신의 결합은 오픈 플랫폼으로 이루어지지만, 플랫폼 자체도 오픈 이노베이션인 M&A를 통하여 혁신과 결합하고 있는 것으로, 플랫폼의 개방 구조에서 새로운 혁신이 창발된다.

마지막으로 기업가정신 고취를 통해 플랫폼에 참여하도록 유도하는 전략으로, 이를 통해서 수많은 3rd Party들이 등장하여 사회에 가치를 창출할 것이다. 스마트시티 플랫폼을 활용한 사회적 가치창출을 통하여 기업과 사회가 선순환하게 되며, 소셜 임팩트 Social impact와 호환된다.

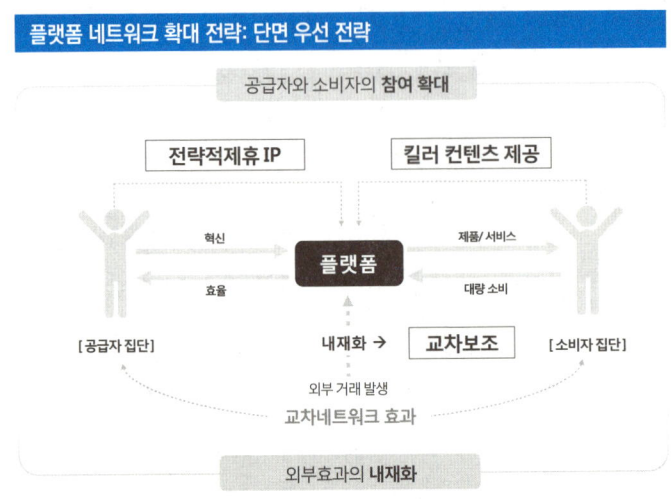

스마트시티의 플랫폼적 진화

과거에 인터넷이 시작하면서 플랫폼이 등장하고, 플랫폼이 연결과 공유를 위한 허브의 역할을 담당하였다. 즉, 지금까지 연결을 위해 3자의 도움을 받았으며, 이러한 역할을 플랫폼이 담당하면서 플랫폼 사업자에게 주요 데이터가 집중되고, 시장을 독점하게 되었다. 우리가 친숙한 구글, 아마존, 텐센트와 바이두 등이 모두 이러한 플랫폼 사업자들로서 시장에서 공급과 수요를 연결하고 최근에는 축적된 데이터를 통하여 시장에 신뢰를 제공하고 있다.

그러나 이들에게 모든 데이터가 집중되면서 권력의 집중, 해킹의 위험, 과부하비용과 같은 문제가 발생한다. 블록체인은 이러한 흐름에서 기존의 개별적인 객체 간의 거래를 직접 연결 Peer to peer 해 줌으로써 새로운 변화를 촉진하고 있다. 소리바다와 토렌트처럼 개인 간의 거래는 예전부터 존재하였지만, 익명성으로 인한 신뢰의 문제와 시스템의 안전성에 대한 의문이 있었다. 블록체인은 앞서 언급한 암호화, 해쉬, 합의^{Consensus}를 통하여 이러한 문제점을 해결하면서 새로운 가능성을 제시한다. 즉, 플랫폼은 기존의 집중된 구조에서 블록체인 기반 분산 플랫폼으로 진화하게 될 것이다. 그러므로 저자들은 미래 스마트시티 4.0의 모델로 '자기조직화'를 제시하고자 한다.

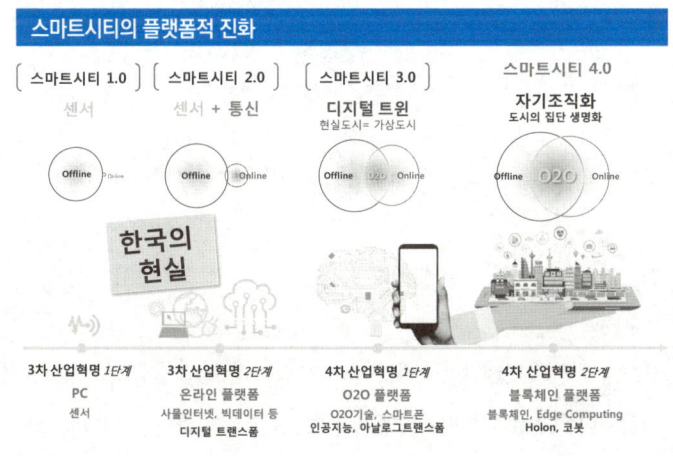

스마트시티의 비용-편익 모델

스마트시티에 대한 본질적 질문을 던져보자.
왜 우리는 도시를 분산하려고 하는가.
왜 우리는 혁신도시 등 새로운 신도시를 건설하는가.
그 이유는 일정 규모를 넘으면 도시의 성장에 따른 편익보다
비용이 더 빨리 증가하기 때문이다. 환경이 나빠지고,
범죄가 증가하고 교통이 정체된다.
그렇다면 미래의 스마트시티에서는 도시 규모와
비용 편익의 관계가 어떻게 변화하는지 살펴보자.

도시는 인간의 삶을 위한 플랫폼으로써 도시민들의 삶의 요소를 공유하여 더 적은 비용으로 더 나은 삶을 제공하는데 존재 의미가 있다. 그러므로 플랫폼으로서 도시는 그 편익과 비용을 먼저 살펴보아야 한다. 스마트시티의 편익은 도시의 생산성과 삶의 질이고, 비용은 범죄, 환경오염, 주거비용, 교통정체 등으로 볼 수 있다.

지금까지는 비용의 측면에서 도시의 비용 감축에 집중했고 그 결과, ICT 기술의 적용을 통해 비용을 감축하려는 노력을 수행해왔다. 이는 도시의 편익을 간과한 것으로, 도시를 플랫폼의 측면에서 보았을 때 4차 산업혁명을 통한 연결기술의 진화로 도시의 편익 증대 전략이 앞으로의 핵심이 될 것이다. 따라서 비용이 아닌 편익에 집중한 플랫폼 전략이 스마트시티의 액션플

랜이 되어야 한다. 도시의 규모에 따른 편익과 비용의 함수 관계가 스마트시티 전략의 핵심요소이며, 이에 따라 스마트시티 모델을 도출하고자 한다.

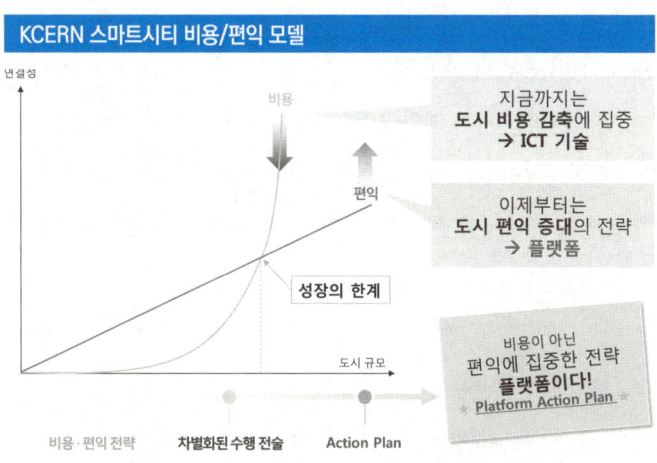

KCERN에서는 앞서 제프리 웨스트가 언급한 혁신을 도시의 공유 대상의 확대의 측면과 도시 내 연결의 강도의 두 가지 측면에서 다음 세 가지 요소로 제시한다. 공유 대상은 정보, 물질, 인간으로, 연결의 강도는 사아노프 법칙, 메트칼프 법칙, 리드의 법칙으로 구분된다. 이를 3*3 Matrix로 그려보면 요소별 각각의 혁신이 나타난다. 이는 앞서 설명한 4차 산업혁명의 진화단계의 그림과 일치하고, 마지막 단계인 인간의 요소에서 리드의 법칙으로 나타나는 혁신은 바로 인간의 자기조직화 단계이다. 이러한 과정을 산업혁명과 도시의 비용/편익 곡선의 비교를 통해 다시 살펴보고자 한다.

산업혁명과 도시의 비용/편익 곡선

1, 2차 산업혁명의 물질로 이루어진 현실 세계는 소유의 가치체계이므

로 플랫폼의 공유가치 창출이 어려웠으며, 오프라인 도시의 네트워크 효과는 매우 미약했다. 편리함, 생산성 등과 같은 도시의 편익은 규모에 비례하는 사아노프 법칙에는 적용된다. 그러나 범죄와 교통 정체 등 도시의 비용은 규모보다 더욱 빨리 증가했고, 그 결과 도시에는 적정 규모가 존재한다는 도시 분산론의 근거가 되었다.

3차 산업혁명에서 디지털 트랜스폼으로 구축된 온라인 정보 플랫폼은 도시의 창조성을 증대시켰고, 정보화 혁명으로 도시의 창조성이 메트칼프의 법칙과 같이 도시 규모의 제곱에 비례하게 된다. 앞서 설명한 제프리 웨스트는 도시의 규모가 두 배 증가할 때 도시의 창조성은 115% 증가하며, 초선형적 성장을 하게 된다고 한다.

리처드 플로리다는 〈창조도시〉에서 3T$^{Technology, Talent, Tolerance}$를 도시의 창조성의 3대 요소로 꼽았으며, 도시 발전조건이 창조인재의 유치 능력으로 '창조성'을 핵심으로 평가했다.

에드워드 글레이저는 1인당 국민소득은 국민의 50% 이상이 시골 지역에 사는 국가들보다 도시지역에 사는 국가들이 약 4배 높으며, 평균적으로 도시 인구의 10%가 상승할 때 소득은 30% 증가한다고 함. 또한, 도시의 성공 방정식으로 인구*연결*기회*돈을 제시했다.

3차 산업혁명의 온라인 혁명은 정보의 연결을 쉽게 하여 창조성에 영향을 미쳤다. 이를 통해 오프라인 세상에서는 플랫폼이 매우 미약했으나 온라인 세상에서는 큰 효과를 가진다는 것을 확인할 수 있다. 즉, 3차 산업혁명의 스마트시티 3.0에서는 편익이 증가하고, 비용은 정보화 부분에 대하여 감소하게 되면서 편익이 메트컬프의 법칙을 따라가게 되는 것이다.

4차 산업혁명에서 도시는 정보의 온라인 세계를 넘어 물질의 오프라인 세계의 공유 플랫폼화까지 가능하게 되었으며, 현실의 도시와 1:1로 대응하는 가상의 도시를 디지털 트랜스폼으로 구축할 수 있게 된다. 스마트폰과 사물인터넷으로 사람과 사물의 연결비용은 제로에 수렴하고, 플랫폼의 네트워크 효과에 의해 도시의 편익은 지수적으로 증가하게 된다. 도시의 비용은 스마트 환경 모니터링과 지능형 CCTV 등의 지능화로 인해 도시 규모보다 낮게 증가할 것이다. 이제 현실과 가상의 융합으로 스마트시티 4.0은 도시를 저비용 고효율화하는 단계에 돌입하게 될 것이다.

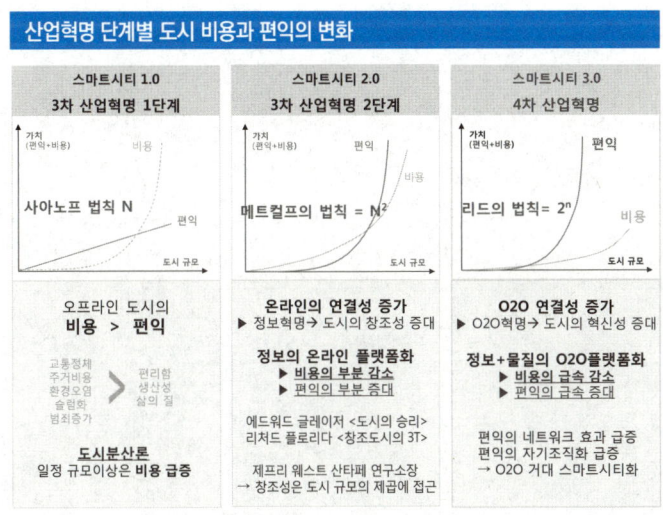

정보의 공유가 물질의 공유로 확장됨에 따라 앞서 메트컬프 법칙으로 증가했던 도시의 편익이 4차 산업혁명에서는 네트워크 효과에 의하여 리드의 법칙으로 증가하게 될 것으로 예측된다. 거대 도시의 문제인 범죄증가, 교통 정체, 환경오염 등이 지능화도시에서는 저비용 구조로 변화하게 되며, 이것이 2010년 이후 스마트시티가 전 세계적으로 급격히 증가한 이유이다.

즉, 2차 산업혁명으로 인한 도시의 거대화에서는 빛과 그림자가 병행 증가하였으나, 정보화 단계인 스마트시티 3.0에서는 빛이 그림자보다 빨리 증가하기 시작했다. 이제 지능화 단계인 스마트시티 4.0에서는 빛이 그림자를 압도하게 될 것이다. 초연결 네트워크 효과로 생산성이 급증하고, 지능화로 문제 해결 비용이 감소하게 되며, 문제를 스스로 파악하고 해결하는 자기조직화 단계를 거치면서 도시가 생명을 가지는 스마트시티 4.0으로 진화하게 될 것이다.

자기조직화하는 스마트시티 4.0

도시의 편익을 키우려면

1, 2차 산업혁명 시기를 넘어서
3차 산업혁명 시기에 등장한 대표적인 저서가
앞서 소개한 Edward Glaeser의 〈도시의 승리〉와
Richard Florida의 〈창조계급〉이다.
이들은 비용이 증가하는 것보다 편익이 더 빠르게 증가하므로
도시가 커질 수 있다고 주장한다. 도시 내의 생산성이
N에 비례하는 사아노프의 법칙에서 제곱에 비례하는
메트컬프 법칙을 따라가는 것이다.

플랫폼의 가치는 참여자의 수인 플랫폼의 크기와 참여자의 끈끈함과 3rd Party의 참여도로 결정되며, 끈끈함에 따라 직선 형태의 Sarnoff의 법칙에서 급격한 증가를 하는 초 지수함수의 Reed의 법칙에 이르기까지 다양하게 존재한다. 플랫폼 참여자 간 상호작용이 없는 방송플랫폼의 경우는 사노프 Sarnoff 법칙이 적용되어 규모에 비례하는 가치가 창출된다. 사노프의 법칙 Sarnoff's law 은 방송과 매스미디어 같은 전통매체에서 네트워크의 가치는 시청자 Viewer 의 수에 비례하여 직선을 그리며 함께 상승한다는 이론이다.

통신 플랫폼은 인터넷을 발명한 메트컬프 Metcalfe 의 법칙을 따라, 가치가 제곱에 비례하게 된다. 메트컬프의 법칙 Metcalf's Law 은 Com의 창시자이며 이더넷 Ethernet 을 발명한 메트컬프가 주창한 이론으로, '네트워크의 가치

는 네트워크에 연결된 사람 수의 제곱에 비례'한다는 이론(n2 법칙)이다.

그러나 소비자들이 왕성히 상호작용하는 SNS 플랫폼의 경우에는 참여자의 n승에 비례하는 리드^{Reed}의 법칙을 따르게 된다. 중요한 것은 리드의 법칙은 임계질량을 넘으면 네트워크의 가치가 폭발적으로 증가한다는 것이다. 리드의 법칙$^{Reed's\ law}$은 네트워크의 가치는 노드의 수가 n이라고 했을 때 2의 n 승에 비례한다는 법칙으로 네트워크의 서브그룹 효과를 설명하는 이론이다.

플랫폼은 공급자와 소비자, 참여자 수가 증가할수록 기하급수적으로 네트워크 가치가 증가하는 양면시장의 특성을 보이며, 이를 네트워크 효과라고 지칭한다. 네트워크 효과는 규모의 수요 경제로, 소셜 네트워크의 효율성, 수요 결집, 앱 개발, 기타 네트워크가 크면 클수록 사용자들에게 더 많은 가치를 가져다주는 현상에 따라 움직인다.

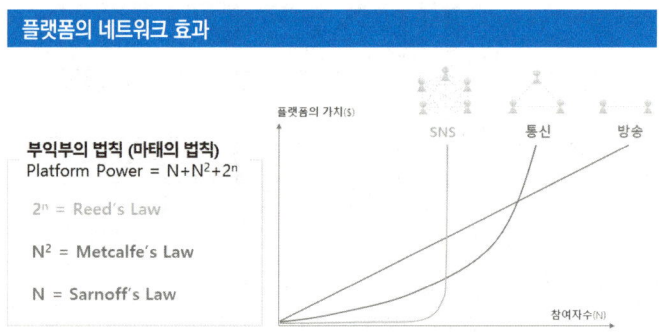

참여자 수가 일정 수준의 임계질량$^{Tipping\ point}$에 도달한 순간 점화가 일어나듯 플랫폼(참여자 수)이 급성장[46]하게 되고, 자연스럽게 확대 선순환

---

46) David S. Evans(2008.09.), "HOW CATALYSTS IGNITE: THE ECONOMICS OF PLATFORM-BASED START-UPS"

하는 '공진화Co-evolution'가 발생하여 더 많은 참여자가 더 왕성하게 상호작용하고, 더 많은 3rd Party가 참여하게 되면서 플랫폼의 가치가 확대된다.

참여자가 증가할수록 부익부의 법칙(마태의 법칙: Matthew effect), 중력응축의 법칙, 적익부The fit get rich의 법칙으로 인해 참여가 확대되는 효과가 있다. 중력응축의 법칙은 충분한 질량을 가진 물질이 모이면 스스로 빛을 내는 항성(恒星)으로 진화한다는 이론이다. 적익부The fit get rich의 법칙은 열려있는 역동적인 네트워크에서는 적합도가 높은 쪽으로 더 많은 것이 몰린다는 법칙이다.

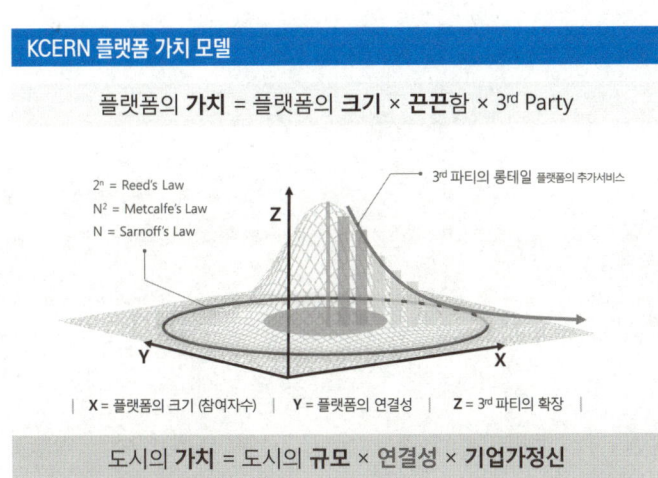

규모의 수요 경제는 한 플랫폼 시장에서 가장 몸집이 큰 기업에 네트워크 효과 우위를 제공하므로, 네트워크 효과 우위에 있는 기업을 경쟁업체들이 따라잡기란 극히 어렵다. 즉, 플랫폼의 진정한 가치는 연결비용 감소보다 네트워크 효과에 있다. 임계질량을 넘었을 때 폭발적으로 증가하는 플랫폼 가치가 사회에 새로운 가치창출의 원천이며, 여기서 부익부의 법칙인

마태의 법칙이 적용된다.

　중요한 것은 플랫폼의 가치는 플랫폼의 크기, 즉 참여자의 숫자와 플랫폼의 끈끈함이다. 참여자들이 얼마나 상호작용을 하는가와 제삼자가 여기에 얼마만큼 많은 가치를 제공하는가에 달려있다. 앱스토어 위에 앱이 올라옴으로써 소비자들은 더 많은 가치를 받게 되는 것과 같다.

도시, 스마트시티 4.0으로 진화

*이제 4차 산업혁명에서는 정보뿐만 아니라
물질이 연결된 O2O 플랫폼이 등장한다.
네트워크 효과가 Edward Glaeser, Richard Florida가 말한
창조성을 넘어서 물질의 네트워크화까지에 적용되면
비용은 감소하고 편익은 Reed의 법칙에 따라
기하급수적으로 급속히 증대될 것이다.*

 이러한 플랫폼 가치 모델을 기반으로 하여 스마트시티 모델을 도출해보면, 스마트시티의 가치는 도시의 규모(S), 도시 인간과 사물의 연결성(N), 수많은 기업가의 기업가정신(E)이라는 변수로 나타낼 수 있다. 즉, 이는 앞서 설명한 도시의 가치(V)와 도시의 비용(C)의 관계를 기반으로 하며, 도시 플랫폼은 연결성을 담당하게 된다. 4차 산업혁명의 O2O 플랫폼을 통해 도시 플랫폼의 가치가 급격히 증가하게 된다.

 플랫폼의 가치는 플랫폼의 크기*끈끈함*3rd Party로 이루어지므로, 스마트시티 플랫폼이 창출할 도시의 가치는 도시의 규모*연결성*기업가정신으로 정의할 수 있다. 다시 설명하면, 과거 지능화되지 않는 스마트시티 1.0 단계에서는 비용 대비 가치 증가가 현저하지 않았고, 그 결과 많은 정책 담당자들이 도시의 분산화를 추구했다. 오프라인의 도시는 일정 규모 이상이

되면 비용이 편익보다 급격히 증가하였으며, 그 결과 도시의 규모가 제한적일 수밖에 없었다.

그러나 3차 산업혁명의 유선인터넷을 통해, 일정 규모를 넘어선 스마트시티 2.0의 가치가 기하급수적으로 증가하게 되었다. 이는 창조성에 의하여 편익이 증대된 것이다. 비용은 정보의 공유에 해당하는 부분만큼 감소하게 되었고, 이에 따라 도시의 규모 역시 과거보다 증대되었다.

4차 산업혁명의 O2O 플랫폼은 물질과 정보의 연결을 확장하기 시작하였고, 그 결과 네트워크 효과를 통해 편익이 급증하는 리드의 법칙이 적용되었다. 혁신성에 따라 도시의 편익이 증대되고, 무선인터넷과 사물인터넷^{IoT}을 비용이 급감하게 되었다. 더불어 온라인과 오프라인의 융합 영역이 확장되면서 도시 규모의 제한이 없는 도시의 거대화가 이루어지기 시작했다.

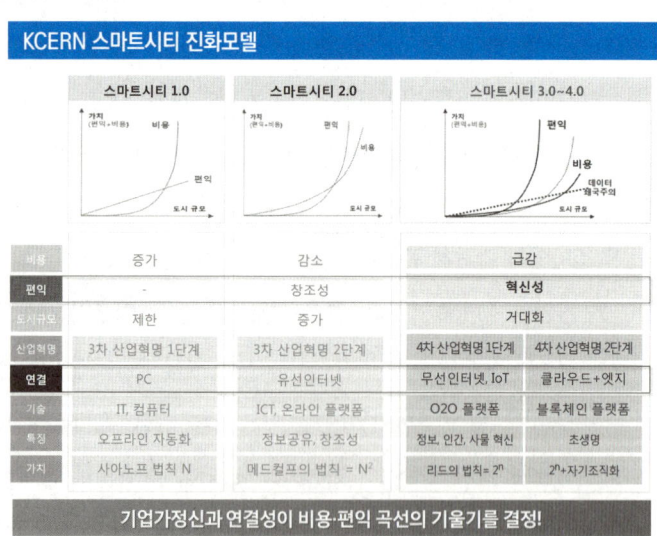

결과적으로 네트워크 이론에 의하면, 자기조직화 되는 지능화 도시는 SNS에 해당하는 리드^{Reed}의 법칙을 따를 것으로 추정되며, 그래프의 기울기는 연결성과 기업가정신에 달려있다. 즉, 스마트시티 4.0의 모델은 도시의 규모와 연결성과 기업가정신을 변수로 한 도시의 편익과 비용의 관계로 정의할 수 있다.

<u>도시의 가치 = 도시의 규모*연결성*기업가정신</u>

아직 스마트시티 4.0은 구축 초기 단계이므로 실증적 분석은 나올 수 없다. 그러나 네트워크 이론에 의해 확실하게 추론되는 것은, 스마트시티 내부 연결성을 강화하고 개방 플랫폼을 구축하여 다양성에 기반을 둔 기업가정신을 발현하면, 도시는 스마트시티 4.0으로 새로운 진화를 할 것이라는 결론이다. 데이터 쇄국주의로는 네트워크 효과가 나타나지 않을 것이다.

스마트시티 3대 원칙

마지막으로, 대한민국의 스마트시티 정책은 스마트시티 4.0 모델과 위 4대 전략에 기반을 둔 세 가지 원칙으로 추진되어야 한다.

> ① 연결성 극대화를 위한 클라우드 데이터 규제 개혁: 연결성의 강화를 위해서는 현실의 데이터화가 선행되어야 하며, 이에 앞서 클라우드와 데이터 활용의 규제가 개혁되어야 한다.
> ② 개방플랫폼의 공통 요소와 협력의 룰: 플랫폼의 크기를 키우기 위해서는 개방 플랫폼 구축이 필요하며, 이는 클라우드 기반으로 이루어져야 한다.
> ③ 기업가정신 기반 개방 혁신 생태계 구축: 클라우드 플랫폼의 데이터가 활발한 매쉬업 활용을 통해 가치를 창출하기 위해서는 기업가정신 강화가 필요하다.

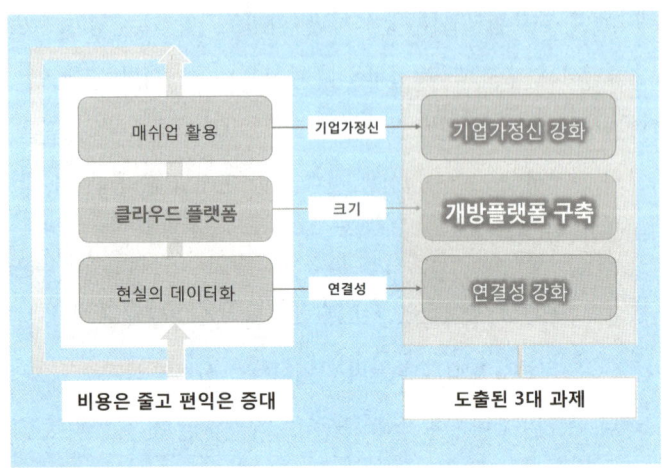

스마트시티 4.0 4대 전략

이제 기존의 스마트시티 전략을 넘어 설 KCERN의
스마트시티 4.0 4대 전략을 제시하고자 한다.
지금까지의 글로벌 스마트시티 정책은 소비, 분산, 신도시와
부분적 요소에 중점을 두고 있었다. 스마트시티 4.0에서는
새로운 스마트시티 모델에 따라 기존의 정책을
완전히 바꿀것을 제안한다. 소비에서 생산으로,
분산에서 집중으로, 신도시에서 기존 도시 중심으로,
부분에서 전체로 스마트시티 패러다임의 대전환이 필요하다.

지금까지의 스마트시티 전략은 도시의 생산 경쟁력보다는 소비의 문제 해결에, 도시 집중 방안보다는 분산 도시 분산 정책에, 대도시의 혁신보다는 신규 도시의 건설에, 도시 전체보다는 도시의 부분에 집중하고 있었다. 그러나 4차 산업혁명으로 전 세계 스마트시티 전략은 대전환의 시기를 맞이하고 있으며, 스마트시티 4.0에서는 기존 전략의 일대 전환이 요구된다. 기존의 바르셀로나, 암스테르담, 런던, 헬싱키와 같은 대표적인 스마트시티 전략은 이제 4차 산업혁명을 맞아 근본적 한계를 드러내고 있다. 한국의 스마트시티 전략은 기존의 스마트시티의 한계를 뛰어넘어야 한다는 점에서 이상의 4대 문제들을 하나씩 살펴보고자 한다.

전략 1. 소비에서 생산의 주체로

지금까지 전 세계 주요 스마트시티 전략은 에너지 문제, 교통 문제, 범죄의 문제와 같은 도시의 문제 해결 중심으로, 삶의 질의 향상에 있었다. 특히, 스마트시티의 대표적인 정의로 '도시에 ICT, 빅데이터 등 신기술을 접목하여 각종 도시 문제를 해결하고, 삶의 질을 개선할 수 있는 도시 모델'을 언급할 정도이다.

그러나 이제 도시는 소비의 중심에서 생산의 중심으로 변모하고 있으며, 앞으로 국가 생산의 대부분을 담당하게 될 것이다. 산업이 서비스화 되면서, 기존의 생산의 주체 역할을 했던 공장이 아닌 도시가 생산의 주체로 변화하게 되었다. OECD 국가들의 제조업의 비중은 평균 20%대로 하락했으며, 농업과 같은 1차 산업은 3% 미만에 불과하다. 이제 산업의 70%는 도시에서 발생하고 있으며, 더 나아가 소비와 생산이 결합하는 소셜 이노베이션의 주 무대가 되면서 실제 생활을 통하여 도시의 문제를 해결하는 리빙랩이 등장하게 되었다. 스마트시티의 핵심은 공급 차원의 시장이 아니라 스마트시티 자체가 생산의 주체로써 국가 총생산의 60%를 차지할 것이고, 스마트시티의 자기조직화로 생산성이 50% 이상 증가할 것이라는 점이다.

지금까지 스마트시티가 소비의 중심으로서 도시 문제 해결에 주력해 왔다면, 스마트시티 4.0은 국가 생산성 향상을 위한 주된 전략으로 전환되어야 한다. 스마트시티 4.0은 시민을 위한 현실과 가상의 융합 도시이다. 현실의 도시가 데이터화 되어 디지털 트윈으로 가상도시를 만들고, 가상도시 플랫폼에서 다양한 매쉬업 서비스들이 등장한다. 이는 현실을 스마트하게 변모시키면서 인간의 삶의 영역은 현실과 가상을 넘나들 것이다. 스마트 워크, 학습도시, 스마트 상가 등이 대표적인 사례들이 될 수 있으며, 이를 마지막 플래그십 프로젝트로 제시하고자 한다.

전략 2. 분산에서 집중으로

생산의 주체로서 스마트시티 정책은 플랫폼 시티로 집약되며, 도시가 플랫폼화 되면서 생산성은 규모의 제곱 이상에 비례하게 될 것이다. 에드워드 글래이저는 도시의 생산성을 규모*연결성*돈*기회로 설명하였다. 그러나 돈과 기회는 결국 기업가정신으로 귀결되어 규모*연결성*기업가정신으로 도시 생산성 공식을 정의할 수 있으며, 이것이 바로 스마트시티 4.0의 3대 요소이다.

이때 비례의 정도는 도시 구성원의 연결성의 강도에 달려 있으며, 시민들이 강하게 연결된 도시에서는 도시 규모의 N승에 비례하는 가치가 창출될 것이다. 창조는 연결성의 함수로, 연결성이 강화될수록 도시의 창조성은 급증하게 된다. 이제 도시는 플랫폼의 법칙에 따라 창조적 생산성의 극대화 관점에서 재조명되어야 한다.

플랫폼은 규모와 연결성이 만드는 효율에 기업가정신이 새로운 혁신을 결합하는 데서 궁극적 가치가 발생한다. 플랫폼으로 스마트시티는 효율과 혁신을 결합하는 공통요소인 컴포넌트^{Component}와 협력 방식인 룰^{Rule}을 잘 설계해야 한다. 가장 중요한 공통 요소는 도시 시공간의 정보로, 이를 버추얼시티라고 명명할 수 있다. 수많은 현실을 도시의 요소로부터 데이터를 수집하여 거대 플랫폼화하고, 수많은 기업가가 활용할 수 있도록 개방 플랫폼 오픈 API를 제공하는 것이 플랫폼 설계 핵심이다. 데이터를 제공하는 기여자와 활용자 모두에게 합당한 보상이 선순환하는 구조를 만드는 것이 룰 세팅의 핵심이다.

도시에서 공공과 민간이 분리될 수 없는 것과 마찬가지로, 에스토니아의 X-Road와 같이 민간과 공공의 데이터가 분리되지 않고 하나의 플랫폼으로 융합되어야 하며, 도시의 90% 이상의 데이터는 개방되어야 한다. 단, 개인의 비밀과 국가안보에 관련된 정보는 별도 분리해야 한다. 이를 위해 데이터 분리 작업이 공공데이터 정책에 최우선이 되어야 한다. 데이터는 플랫폼에 모이더라도 블록체인과 같은 기술적 요소로 안전한 활용이 될 수 있는 구조를 갖추어야 한다.

전략 3. 신도시에서 기존 도시 중심으로

스마트시티 3대 분야는 신도시 건설과 도시재생과 기존 도시 스마트화로 나뉘는데, 이 중 가장 중요한 것은 기존 도시의 스마트화이다. 연결성과 기업가정신의 뒷받침된 스마트시티는 규모가 확장될수록 가치가 증대된다. 따라서 스마트시티 4.0의 가치는 거대화될수록 증가하는 반면, 비용은 급속도로 감소한다.

지금까지 주요 스마트시티 정책이 위성도시 혹은 분산화 혁신도시의 개념이었다면, 앞으로는 도시들을 연결하여 온라인상에서 거대화하는 집중 정책이 필요하다. 즉, 지금까지 주요 스마트시티 정책이 ICT 기술을 활용하여 자동화된 신도시 중심 정책으로 추진되어 온 것이 4차 산업혁명의 O2O 플랫폼 관점에서는 반대가 되어야 함을 의미한다.

거대화된 스마트시티 구축을 신도시 건설로 접근하는 것이 기존 거대도시를 스마트화하는 것보다 비용 대비 효과가 합리적이라고 보기 어렵다. 사물인터넷과 스마트폰과 같은 ICT 기술들이 저비용화 되면서 기존 도시 플랫폼화하는 비용 대비 효과가 타당성을 보유하게 된다. 이 점에서 부산 에코델타시티와 같은 신규 도시의 건설은 4차 산업혁명에서 합리성이 결여되었다.

기존 도시 스마트화는 우선 도시 공공정보의 개방에서 시작되고, 이어서 GIS(지리정보)에 의한 도시 공간 정보를 바탕으로 BIM(빌딩정보관리)을 활용한 도시 공간 전체의 데이터화가 필요하다. 버추얼 싱가포르가 대표적인 사례로, 다쏘시스템이 주축이 되어 구축된 싱가포르의 가상도시인 버추얼 싱가포르의 경우 3D-GIS를 활용하여 구축된다. 한국의 공간정보 오픈 플랫폼인 V-world에 BIM의 건물 내부 정보가 추가되면 충분히 구현할 수 있을 것이다. 건물 내부정보는 3D 레이저 스캔과 스마트 스캔 등 목적에 따라 다양한 수단을 활용할 수 있다.

이러한 공간 데이터 확보는 도시 안전 향상에 결정적 역할을 할 수 있다. 그러나 현재 대부분의 기존 도시 건물에는 건물 내부 3D 정보가 없어 재난이나 화재와 같은 위험 상황이 발생할 경우 최적으로 대비하기가 어렵다. 이를 개인이 스마트폰을 통해 건물 전체의 내부구조와 위험 발생 시 이동 경로를 받을 수 있으면, 향후 발생할 수 있는 많은 재난 사고 피해를 최소화할 수 있을 것이다.

공간정보에 이어 각종 거래 정보들이 융합되면, 도시의 생산성은 더욱 증가하게 된다. 이때 시장 비용은 합당한 거래상대방을 탐색하는 비용과 선택하는 비용과 신뢰 비용으로 구성된다(Cafe24, 크몽, 위시캣, 캐시노트 등의 민간 기업을 활용). 이런 비용들이 거래 데이터 플랫폼을 통하여 통합 제공되면서 시장에서 효율화가 촉진되고, 거래를 포함한 기업의 정보 공유로 도시의 생산성은 더욱 증가한다. 기업 정보는 공공정보로 볼 수 있으며, 스타트업과 기존 기업들의 연결이 혁신과 효율을 결합하게 된다.

시민들 간의 자발적 연결망은 도시의 정보를 완성하는데, 시민들의 조세 정보는 북구에서는 공공 정보로 취급되고 고액 납세자는 존경의 대상이 되고 있다. 시민들의 평생 교육을 위한 지식 연결망 역시 중요하다.

전략 4. 부분에서 전체로

지금까지 대부분의 스마트시티 정책들은 스마트 가로등, 스마트 그리드, 스마트 휴지통과 같은 부분의 자동화와 효율화에 집중해왔다. 그러나 부분적 솔루션의 사회적 가치는 투입 비용 대비 성과가 그다지 크지 않았고, 그 결과 과거의 스마트시티가 급속히 확산되지 않았다. 스마트시티 4.0의 가장 중요한 키워드는 자기조직화이다. 부분이 전체를 반영하는 홀론Holon 구조를 갖는 자기조직화는 스스로 생명을 얻고 스스로 최적화하는 역량을 갖추게 된다.

부분이 전체를 반영하는 자기조직화는 이미 스마트폰과 인간의 결합인 호모 모빌리언스에서 발현되고 있다. 내비게이터가 도시 전체를 반영하고 있는 것으로 홀론을 설명할 수 있다. 개인의 위치 정보는 전체의 정보의 일부이나, 전체의 정보는 개인의 스마트폰 내비게이터에 투영된다. 부분이 전체를 반영함으로써 개인은 내비게이션을 통해 이동의 최적화를 구현하고, 전체 교통 역시 개인의 최적화로 전체 교통의 최적화를 이룰 수 있다. 내비게이터 같은 개념으로 각종 거래의 최적화, 업무에 최적화, 놀이의 최적화, 관광의 최적화, 가정의 에너지 최적화, 만남의 최적화 등이 가능하다.

도시도 마찬가지로 도시 부분의 정보가 클라우드에 모여 플랫폼이 되고, 클라우드의 정보는 시민들의 스마트폰에서 재현되면서 부분인 개인의 스마트폰이 전체 도시 클라우드의 정보를 반영하게 된다. 이제 스마트시티 정책의 핵심은 사람을 중심으로 스마트폰과 도시 전체를 홀론적Holon 융합을 하는 것이며, 이를 통해 도시 전체의 창발적 가치인 최적화가 이루어질 수 있다.

가장 중요한 홀론적 융합은 도시 거버넌스이다. 도시의 의사결정은 시장과 시의회의 역할을 넘어 시민들의 참여로 완성된다. 현재 대부분의 의사결정은 시장과 시의회에 위임하는 것이 원칙이다. 그러나 대리인의 한계로 인하여 100% 위임하는 것이 모럴해저드의 원인이다.

일정 기간 내 결정하지 못하는 사안과 시민의 일정 비율 이상이 청원하는 조례는 시민 투표에 부여하는 것이 최적의 시민참여의 길이며, 이 과정에서 스마트폰으로 숙의 과정을 거치는 것이 바람직하다. 기존의 오프라인 참여는 고비용 저효율 구조였으나, 스마트폰을 활용하여 블록체인 기술로 실시간 무비용의 시민참여 가능하게 되었다. 가장 중요한 부분과 전체 통합은 도시 거버넌스의 홀론화로, 여기에 블록체인이 기밀성과 통합성을 해결하는 열쇠가 될 것이다.

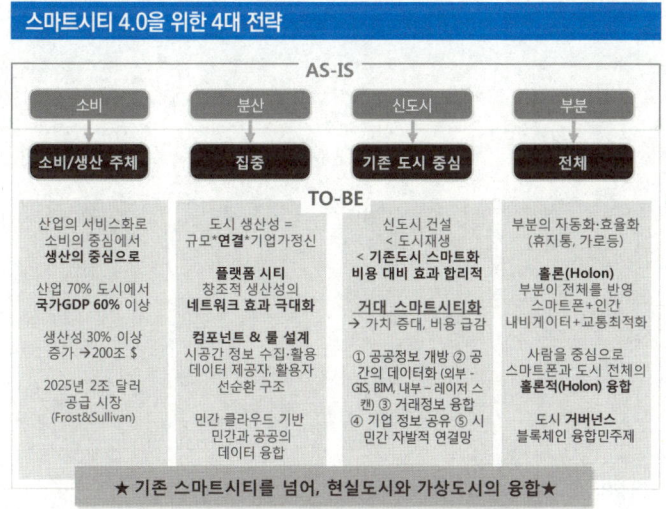

Self-organizing Smart city 4.0

4장

도시, 자기조직화로 생명을 얻다

도시의 주요 기능은 파워를 형체로,
에너지를 문화로, 무기물을 예술의 상징으로,
생식을 사회적 창조성으로 바꾸는 것이다.
The chief function of the city is to convert power
into form, energy into culture, dead matter into the living
symbols of art, biological reproduction
into social creativity.
루이스 멈퍼드(Lewis Mumford),
미국 역사가, 사회학자, 철학자, 건축비평가

뇌를 닮은 도시

*실제 우리의 삶은 열린 세상으로, 시장 경제와 같이
외부에서 지속적인 에너지가 유입·유출되는 열린 시스템의
복잡계의 이해가 필요하다.
닫힌 계획경제에서는 계획과 통제가 가능하기 때문에
과거 도시는 계획과 관리가 가능했으나,
미래 도시는 열린 시장 경제와 같기 때문이다.*

신경생물학자 Mark Changizi(2009)는 도시가 혼란스러워 보이나 항상 필요한 곳으로 도착하고, 매일 지속되는 것이 두뇌와 유사하다는 점에서 둘 사이 유사성을 연구하여 복잡성 Complexity 저널에 발표했다.[47] Mark Changizi(2009)는 도시와 두뇌가 비슷하게 조직되어 있고, 보이지 않는 진화의 손이 뇌를 형성한 것과 같이 사람들이 간접적으로 도시를 형성한 것과 같다고 밝혔다.

연구진들은 뇌와 도시에 대한 일반적인 척도로 '스케일링 법칙 Scaling laws'을 제안하였는데, 뇌 또는 도시의 표면적(부피)이 커지게 되면 그게 상응하는 커넥터(뉴런, 도로)의 수가 비슷한 속도로 증가하는 방식이다. 즉, 뇌와 도시는 커질수록 최적으로 기능하기 위해 밀도 높게 상호 연결되어 있

---

[47] Mark A. Changizi & Marc Destefano (2009). Common Scaling Laws for City Highway Systems and the Mammalian Neocortex. DOI 10.1002/cplx.20288

다는 것으로, 규모가 커지면 도시와 두뇌가 비슷한 경험법칙을 따른다고 한다. 연구진은 이것이 제대로 작동하기 위해서는 두뇌나 도시의 물리적 크기와 관계없이 연결 수준을 효율적으로 유지해야 한다고 제시했다.

보스턴에 위치한 Massachusetts General Hospital의 Van Wedeen(2012)은 기존 인간의 뇌가 수십 억 개의 신경 섬유로 구성되어 있다는 통념에서 MRI를 통해 뇌의 구조가 단순한 기본 구조에서부터 발생한다는 사실을 밝혀냈다.[48] Wedeen에 의하면, MRI를 통해 관찰한 뇌 주름을 교정하면 두뇌가 3차원 격자 구조로 이루어져 있음을 확인할 수 있는데, 배아 발달의 가장 초기에서 생성된 3차원 격자 모양이 그 베이스가 되어 이를 통해 생화학 신호로 간단한 발달 규칙에 따라 신경 섬유가 발달한 것이다. 이는 뉴욕 거리의 도시 그리드가 특정 대상에 방향을 제시할 때와 같은 양상을 띠고 있다. 또한, 그리드 구조에서 행동 적응력에 변화를 만드는 발달은 자신의 집 지하실에서 고장 난 배선 구조를 재배치하는 것과 같다고 한다. 즉, 복잡한 줄 알았던 뇌 구조가 간단한 3차원 그리드에서 시작하여 성장한 것이며, 그 성장 과정은 도시발달의 과정과 같음을 확인할 수 있다.

네트워크 과학과 집단생명

생태학자 데브라 고든박사는 개미의 구조를 연구하면서 개미집단이 먹이를 찾는 과정의 효율성을 위해 페르몬을 활용한 의사소통을 하며, 이들의 의사소통을 도식화하면 인터넷의 네트워크 구조와 인간의 뇌 구조와 유

---

[48] Van J. Wedeen 외 7(2012). The Geometric Structure of the Brain Fiber Pathways. Science, 30 Mar 2012: Vol. 335, Issue 6076, pp. 1628-1634 DOI: 10.1126/science.1215280

사함을 알렸다. 데브라 고든 박사는 인터넷은 데이터를 전송하기 위해 사용하는 알고리즘과 수확개미들이 채집개미들의 이동을 통제하는 것과 유사하다고 밝혔다.

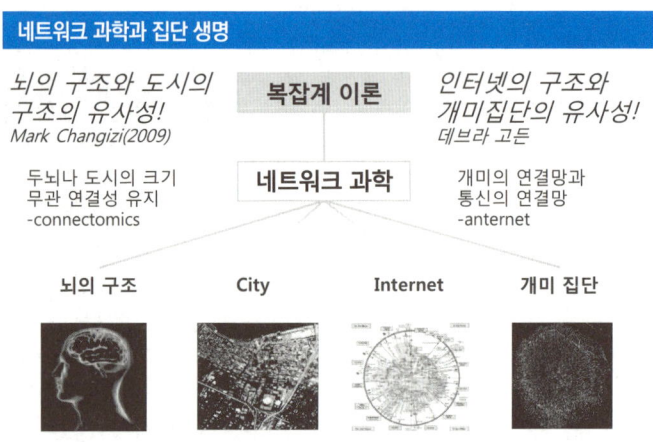

이처럼 수많은 요소들로 구성되어 있고, 비선형적 상호작용으로 집단성질을 가지는 현상을 복잡계 이론의 네트워크 과학이 설명하고 있다.

스마트시티는 복잡적응계

도시는 뇌와 같이 복잡적응계의 자기조직화 과정을 거친다.
도시에서 인간들이 끊임없이 적응하고 환경을 변화시키는
복잡적응계의 관점에서 미래 스마트시티는
자기조직화 도시로 이해되어야 한다.

생명현상과 자연현상은 단순한 수식으로 표현되지 않는데, 학교에서 주로 다루는 단순계는 닫힌 시스템이다. 그러나 실제 우리의 삶은 열린 세상이다. 시장 경제와 같이 외부에서 지속적인 에너지가 유입 유출되는 열린 시스템을 설명하는 복잡계의 이해가 미래의 스마트시티 4.0의 이해에 필수적인 요소이다.

닫힌 계획경제에서는 계획과 통제가 가능하기 때문에, 과거 도시는 도시계획도 관리가 가능했다. 그러나 열린 시장 경제와 같이 미래 도시는 자기조직화라는 새로운 개념으로 접근해야 한다. 복잡계 이론에서는 혼돈/비선형성, 자기유사성/프랙탈, 소산구조와 자기조직화, 임계점 그리고 자기조직화 된 임계현상, 홀론, 창발성 등이 중요 개념들이다. 이를 이해하면 복잡계를 이해할 수 있다.

> "열역학적 평형상태로 귀착하는 닫힌 시스템과는 달리, 열린 시스템들은 지속적인 흐름과 변화로 특징지어지는데, '정상상태' 속에서 평형과는 거리가 먼 방식으로 스스로를 유지한다." - 윤영수 외(2006)

Y=aX에서 a가 상수가 아닌 비선형 방정식에서는 복잡계가 된다. 복잡계는 열린 시스템에서 구성요소들은 비선형적 상호작용을 한다. 비선형성이란 민감성이고 혼돈 현상을 촉발한다. 혼돈 현상과 같은 비선형적 현상에도 외부 에너지 유입에 따라 동적인 질서가 형성되며, 이를 연구하는 학문이 복잡계 이론이다.

반복되는 프랙탈과 자기유사성은 복잡계의 대표적인 창발 현상으로 자기조직화 된 임계현상 Self-organized criticality 으로 연결된다. 복잡계는 열린 시스템으로, 외부 에너지와 내부 요소들과의 비선형적 상호작용으로 새로운 창발적 질서를 만드는 과정을 자기조직화 Self-organization 라고 한다. 복잡계에서 시스템의 변화가 임계점에 접근하면 구성요소들이 새로운 규칙을 가지고 조직되는 현상이 나타나게 되고, 이러한 상전이 현상을 임계현상이라고 한다.

임계점을 넘어 자기조직화 되면 복잡계는 다시 단순계가 된다. 이는 멀리 전체를 보면 단순하고 가까이 부분을 보면 복잡한 것과 같은 원리이며, 이 과정에서 등장하는 새로운 가치를 창발 현상이라 한다. 인간의 세포들을 하나, 하나 분석하면 복잡계이지만, 개체로서 인간은 단순계이다. 인간들이 모인 거대 스마트시티도 부분으로 보면 복잡계이고 전체를 보면 단순계가 된다.

복잡계 시스템은 특별한 외부 영향 없이 자신의 자기조절 과정을 통하여

서 조직화한 임계현상 SOC, Self-organized criticality 으로 발전해간다. 이는 우리 인체의 60조의 세포들이 외부에서 계획 통제한 것이 아니라 스스로 머리 세포가 되고 발가락 세포가 된 것과 같은 원리이다.

 스마트시티에서 인간들이 끊임없이 적응하고 도시 환경을 변화시키는 활동들은 대표적인 복잡계의 현상이다. 이제 스마트시티 4.0은 이러한 자기조직화 하는 복잡계의 관점에서 이해되어야 한다. 이렇게 살아있는 생명 요소들을 가지는 복잡계를 복잡적응계라고 부르는데, 이러한 복잡적응계는 개미와 같이 생명체들이 집단 생명을 이루어 가는 과정으로 이해할 수 있다.

 2050년까지 한국 인구의 90% 이상이 도시에 거주하리라 예측되는 지금, 진화된 스마트시티의 경쟁력이 곧 국가의 경쟁력이 될 것이다. 자기조직화 스마트시티로 가기위해서는 Edge(인간-스마트폰, 사물-IoT 칩, 연결성은 블록체인)와 클라우드가 Fractal적 유사성을 지니는 홀론이 이루어져야 한다. 자기조직화 되는 지능화 단계에서 스마트시티는 인간과 사물과 정보가 초연결 구조로 자기조직화 되는 구조로 구현될 것이다. 이러한 자기조직화의 스마트시티 4.0을 복잡계 이론을 통해 설명하고자 한다.

혼돈

 1960년대 기상학자 로렌츠 Edward Norton Lorenz 는 초기 값의 아주 미세한 차이가 결과에 큰 차이를 내는 '나비효과'를 발견하고 이를 〈대기과학 저널〉에 '결정론적인 비주기적 유동'으로 발표하면서, 혼돈이론의 시작으로 평가받고 있다. 로렌츠가 제시한 기이한 끌개는 프랙탈이라는 반복적 구조를 가진 혼돈운동의 양상을 보이며, 끌개에서 출발한 난류에 대한 이론은 외환시장의 가격변동 등을 설명하는 대안으로 이용되고 있다. 이는 외부 에너지 출입이 지속되는 열린 생태계의 질서 현상을 설명하는 이론이 등장한 것으로, 붉은 악마와 촛불 운동과 같은 사회 현상도 설명할 수 있다.

프랙탈

복잡계는 열린 시스템으로 외부 에너지와 개별요소들의 상호작용을 통해서 새로운 질서를 창발시킬 수 있다. 열린 시스템의 혼돈 현상에는 나름대로 반복되는 자기 유사성이 있다. 린덴마이어와 만델브로트가 제시한 프랙탈과 자기유사성은 앞에서 설명한 혼돈 이론과 자기조직화 된 임계현상^{Self-organized criticality}과 밀접한 관련이 있다.

프랙탈의 복합 구조를 단일 프랙탈과 대비되는 개념인 다중 프랙탈^{Multifractal}이라고 한다. 프랙탈의 차원은 유클리드 기하학의 1, 2, 3차원이 아닌 0.6, 1.3, 2.5 등의 비정수 차원이다(참고로 우리나라 해안선은 1.3차원임). 주 도심과 부 도심의 유사성과 고층 빌딩의 구조 유사성 등 스마트시티는 2차원과 3차원을 넘어 프랙탈 차원으로 진화할 것이다. 복잡계에서는 자기유사성을 지니는 프랙탈 구조가 여러 곳에 겹쳐 있다. 이는 복잡한 금융시장의 변동을 설명하는데 좋은 방법으로 알려져 있다.

자기조직화^{Self-organization}

자기조직화는 열린 시스템의 비평형상태에서 일어나는 자발적인 질서 창출로, 화학자인 일리야 프리고진^{Ilya Prigogine}은 '평형상태와는 거리가 먼 안정된 상태에서 자신을 유지할 수 있는' 소산구조^{Dissipative structure}라는 개념을 제시했다. 소산구조란 시스템의 구성요소들이 외부로부터 새로운 에너지를 유입하고 그로부터 생성된 엔트로피를 외부로 방출할 때 새로이 창출되는 구조다. 이는 열린 시스템이 닫힌 평형상태는 아니나, 스스로 질서를 유지하므로 안정과 불안정성이 동시에 출현하는 구조이다. 미시적으로 복잡하지만, 거시적으로는 안정적 질서 구조인 소산구조는 비평형상태에서 에너지의 끊임없는 출입을 통해 구성요소들의 자발적 비선형적 상호작용을 만들어 내는 안정적 개방 구조이다.

월프램과 카우프만은 질서와 무질서 상태의 중간 영역이 자기조직화에 가장 적합한 상태인 것을 밝혀내고, 이를 '혼돈의 가장자리 Edge of chaos'라고 명명했다(생명은 혼돈의 가장자리에서 창발된다.).

복잡적응계

복잡계는 '수많은 구성요소들의 비선형 상호작용을 통한 거시적인 창발현상'을 의미한다. 생명체인 인간들의 삶인 스마트시티를 설명하기 위해서는 복잡계의 기본적인 특성들뿐만 아니라 다양한 적응/학습 능력 등을 고려하는 복잡적응계의 개념이 필요하다. 복잡적응계 안에서의 각각의 구성요소들은 경험을 통해 학습하고 적응한다. 복잡적응계를 강과 강물의 관계로 가정하면, 복잡적응계의 행위자들은 생활을 통해 제도들을 변화시키면서 현실에 적응하는 것이다.

홀랜드Holland는 복잡적응계의 네 가지 속성과 세 가지 메커니즘을 제시하였다. 네 가지 속성은 집합성Aggregation, 비선형성Nonlinearity, 흐름Flows, 다양성Diversity이며, 세 가지 메커니즘은 꼬리표달기Tagging, 내부 모형Internal models, 구성단위Building blocks이다.

- 집단화는 복잡적응계에서 단순한 행위자들이 어떻게 대규모의 창발현상을 일으키는가에 대한 열쇠가 된다. 한번 형성된 집합체는 더 높은 수준의 행위자로 작용할 수 있는데, 이러한 것을 "메타 행위자"로 규정할 수 있다. 메타행위자들이 모여서 또 다른 메타행위자를 구성하면 전형적인 복잡적응계의 계층구조가 만들어지게 된다. 세포와 인간과 스마트시티의 관계로 설명할 수 있다.
- 비선형성 상호 작용은 언제나 선형적 합산이나 평균으로 예측되는 것보다 더 복잡한 집합적 행동을 포함하고 있으며, 복잡적응계는 이러한 전형적인 비선형성을 속성으로 가지고 있다. 도시의 스마티즌들은 상호작용을 통하여 도시의 복잡도를 증가시키고 있다.
- 네트워크 효과에는 승수효과와 피드백 효과가 있다. 점(node)과 선(link)로 이루어진 네트워크에서 승수효과는 상품, 돈, 메시지, 즉 자원의 종류와 상관없이 어느 곳에서나 일어난다. 이러한 승수효과는 새로운 자원의 효과를 평가 하거나 어떻게 새로운 자원이 퍼져나가는가 등을 이해할 때 더욱 요긴하게 쓰일 수 있다. 여러 차례 순환을 거듭할 때 일어나는 피드백 효과는 개별 결과와는 크게 차이가 날 수 있다.
- 다양성은 복잡적응계에서 일부 행위자들이 소멸하여서 상호작용의 패턴에 혼란이 생긴다 하더라도 새로운 행위자들이 그 공백을 메우며 상호작용의 패턴을 복원하는 결과다. 일자리의 생성과 소멸 과정이 그러하다. 다양성은 적응의 산물이며 복잡적응계의 패턴은 진화하게 된다. 스마트시티의 다양성은 복잡계적 진화의 산물로 보아야 한다.
- 꼬리표는 복잡적응계의 숨어 있던 속성을 보여 주어 선택적 상호작용에 널리 이용된다. 꼬리표에 의한 상호작용은 선별, 전문화, 협동을 위한 좋은 토대가 되고, 이러한 상호작용은 궁극적으로 구성 요소들이 변해도 지속하는 메타행위자와 조직의 창발을 이끌게 된다. 즉, 꼬리표는 복잡적응계에서 계층적 조직화를 조절하는 메커니즘이라고 할 수 있다.
- 지능화된 모형은 예측을 통해서 생명체의 생존 가능성을 높인다. 모형들 간의 선택과 적응을 통해 진화가 촉진된다. 복잡적응계는 제한된 자원으로 환경에 최적화된 모형을 구성하여 지속적 진화한다. 박테리아는 유전적 변이로 인간은 학습으로 모델을 진화시키고 있다.
- 구성단위는 자기조직화 된 전체의 일부이다. 자기조직화 과정에서 전체의 구조적 정보가 부분인 구성단위에 투영되는 홀론 현상이 등장한다. 기계는 부분과 전체는 다르나, 생명은 부분의 세포가 전체의 유전정보를 반영하고 있다.

자기조직화하는 스마트시티 4.0

엣지가 모여 전체 클라우드를 만든다.
그리고 전체 클라우드의 핵심 데이터는 엣지(부분)에 반영된다.
현실 세계에서 사람은 스마트 폰을, 사물은 칩으로
전체 클라우드의 핵심 정보를 갖게 된다.
부분과 전체가 통합하는 홀론 현상에서 스마트시티는 전체,
스마트시티즌은 부분으로 융합하는 것이다.

도시의 발전과정이 인구와 자원의 유입이며, 쇠퇴하는 과정이 유출이다. 도시가 발전하면서 시민들의 성향과 특성은 다원화되고, 그들 간의 상호작용으로 나타나는 특성을 무질서하게 섞여 있는 것처럼 보인다. 그러나 그 가운데 새로운 질서를 형성하는 '창발'하는 시스템을 구축하며, 이를 자기조직화Self-organization라고 한다.

도시가 유연하게 진화하기 위해서는 계획과 분산의 문제를 융합하는 자기조직화의 역량이 요구된다. 상점, 상가, 도로 등 도시의 각 부분들이 필요에 따라 역할을 유연하게 변경하는 구조가 필요하며, 그 전제 조건이 부분과 전체의 융합하는 홀론Holon 49) 구조이다. 클라우드는 가상에 존재하면서

---

49) 케스틀러(Koestler A.)가 제창한 홀론(Holon)은 그리스어인 홀로스(Holos, 전체)와 온(On, 부분입자)을 합쳐서 만든 신조어로서 홀론은 부분으로서 전체의 구성에 관여하는 동시에 각각이 하나의 전체적·자율적 통합을 가진 것 같은 단위임

전체 정보를 보유하고 있고, 엣지는 현실에 존재하면서 부분의 정보를 반영하고 있다. 즉, 부분의 정보인 엣지가 모여 전체 정보를 구축하는 클라우드를 만들지만, 전체 클라우드의 핵심 데이터는 엣지(부분)에 항상 반영되고 있다. 이는 현실에서 사람은 스마트폰, 사물은 칩을 통해 전체 클라우드의 핵심 정보를 보유하고 필요할 때마다 이를 활용하는 것과 같다. 분산된 현실인 엣지와 통합된 전체인 클라우드가 서로를 반영함으로써 홀론구조를 이루게 되면서 복잡적응계Complex Adaptive System 50)가 이루어진다. 부분과 전체가 통합하는 홀론 현상에서 스마트시티는 전체가, 스마트시티즌은 부분이 되며, 전체의 클라우드가 반영된 스마트폰과 초소형 칩으로 이들이 결합한다.

하나의 수정란이 60조의 인체 세포들로 분열하는 과정에서 이를 총괄 지휘하는 외부 역할은 존재하지 않고 스스로가 자신을 만들어 내는데, 이를 창발성이라고 한다. 그 결과, 부분의 세포에는 없는 인간의 특성이 발현된다. 스티브 존슨은 이머전스Emergence라는 명저에서 수많은 개체가 단순한 신호로 왕성한 상호작용을 하면 자기조직화를 통한 생명현상이 등장한다고 했다. 이를 창발적 현상, 이머전스Emergence라고 한다.

이러한 자기조직화를 가능하게 하는 것이 바로 4차 산업혁명의 2단계로 구현될 블록체인 플랫폼이다. 플랫폼이 연결과 공유를 위한 허브를 담당하였다면 블록체인은 개개인을 직접 연결하여 중앙 허브가 있는 플랫폼에서 분산화된 구조로 진화시킨다. 스마트시티 4.0은 분산의 블록체인 플랫폼으

---

50) 홀랜드(Holland)는 복잡적응계의 네가지 속성으로 집합성(aggregation), 비선형성(nonlinearity), 흐름(flows), 다양성(diversity)을, 세 가지 메커니즘은 꼬리표달기(tagging), 내부 모형(internal models), 구성단위(building blocks)를 제시했다.

로 자기조직화하는 스마트시티가 될 것이며, 리드의 법칙에 자기조직화의 효과가 더해지는 가치가 창출될 것이다. 이는 초연결 네트워크 효과로 생산성이 급증하고, 지능화로 문제 해결 비용이 감소하게 되며, 문제를 스스로 파악하고 해결하는 자기조직화 단계를 거치면서 도시가 생명을 가지는 단계로 진화하기 때문이다.

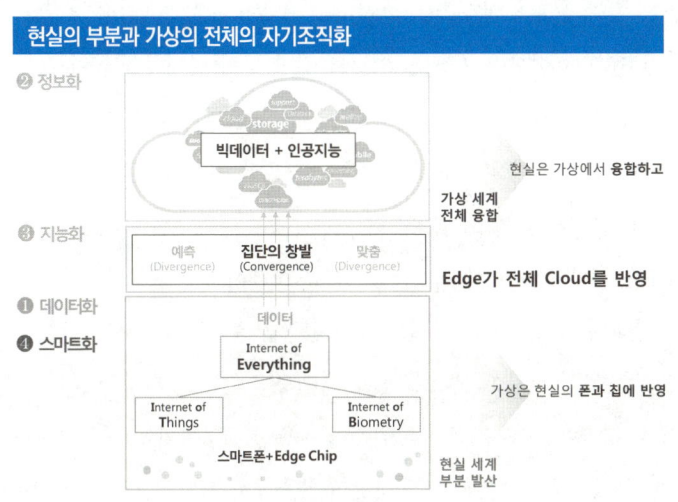

도시의 교통도 이와 같은 과정으로 자기조직화하면 스마트 교통이 이루어진다. 3차 산업혁명 시대에 단순한 어느 길이 막히는지 안 막히는가 하는 정보를 제공하는 교통방송은 경우에 따라 오히려 도시의 정체를 유발하기도 했다. 그 이유는 사람들이 막히지 않는다는 길로 몰려가기 때문이었다. 이제 내비게이터는 도시의 상황을 공유하고, 안 막히는 길을 실시간으로 예측한다. 더 나아가 모든 운전자에게 동일한 길을 알려주지 않고, 분산 예측하고 있다. 그리고 개인들에게 모든 정보는 융합되어 개별적인 최적화를 추구한다. 모든 것이 미래의 시간에 최적화된 미래의 공간을 맞추

어 주는 것이다.

지금 내비게이터가 촉발한 교통의 혁명은 이러한 창발적 진화Emergence 에 해당하는 현상을 보이는데, 별다른 통제 없이 부분과 전체가 정보를 공유함으로써 도시교통은 최적화되어가고 있다. 우리의 주머니 속에는 도시 전체의 교통상황이 들어와 있다. 나의 차량 정보는 그 도시 전체 정보에 들어가는 것이 부분이 전체가 되고, 전체가 부분이 된다. 그리고 왕성한 상호작용을 통해서 각 개인은 최적의 길을 찾아 도시 전체의 교통이 자기조직화 된다. 그 결과, 이제 도시의 교통은 기존 교통 체계하의 운영 수준을 넘어 교통 신호와 도로와 같은 구조적인 인프라를 혁신하여 자기조직화 시키는 단계로 진화할 것이다.

누적된 내비게이터 정보는 인공지능을 통해서 병목현상의 신호 체계 분석을 통하여 최적화된 교통 신호 체계 변경을 촉발할 수 있다. 따라서 막대한 도로 인프라 투자 대신 교통 신호 체계 변경만으로, 차량의 흐름이 원활해진다. 과거에 부분 최적화를 위해서 동원한 교통체계가 전체 흐름을 막을 수 있다는 것도 부분과 전체의 통합을 통해서 인지하게 되며, 이것이 자기조직화 된 미래의 도시 교통의 모습이다. 미래의 최대 산업은 공부하고 즐기는 산업, 즉 창조와 협력(협력하는 괴짜)의 산업이다. 도시 생활은 이를 뒷받침할 수 있어야 하므로 점점 학습과 놀이의 공간인 과거 광장구조가 O2O 융합 구조로 퍼질 것이다.

이렇게 플랫폼 기반의 연결된 도시를 커넥티드 스마트시티라고 한다면, 커넥티드 스마트시티의 가장 중요한 인프라는 바로 클라우드이다. 즉, 클라우드와 데이터, 제도가 스마트시티의 가장 중요한 3대 인프라이다. 광대역 Wifi가 연결되면, 연결된 데이터가 클라우드에 모이고, 클라우드에 모인 데이터가 빅데이터가 된다.

　빅데이터를 인공지능이 해석해서 개인에게 예측과 맞춤 서비스를 제공하는 것이 스마트도시의 궁극적 모습이다. 개인에 편리성을 제공하는 가치 제공과 개인의 보안을 보장하는 두 가지 상반된 목표를 동시에 달성하는 보안시스템, 블록체인과 스텔스(보안) 기술 등이 도시의 정보통신의 쌍두마차가 될 것이다. 개인정보는 보호되면서 동시에 전체를 위해 활용되어야 한다.

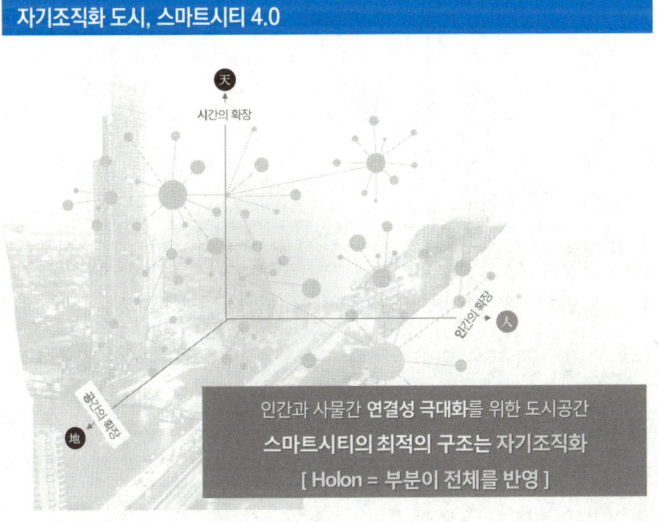

도시, 자기조직화로 생명을 얻다

블록체인 기반 시민참여

플랫폼의 문제는 권력 집중과 실물과 정보의 불일치이다.
그러나 이 문제는 블록체인으로 해결할 수 있다.
신뢰의 기술인 블록체인이 권력을 분석하고
실물과 정보를 일치시킨다. 그 결과, 세상은 자기조직화되고
개인은 집단 생명으로 새롭게 진화한다.

블록체인의 탈중앙화구조

도시가 부분과 전체가 융합하는 홀론적 현상을 가지면서 도시의 의사결정 시스템도 과거의 중앙집권적 방식에서 벗어난 탈중앙화 구조가 필요하다. 과거에는 이러한 시스템을 뒷받침하기 어려웠으나, 블록체인이 등장하면서 새로운 국면에 들어섰다. 3차 산업혁명으로 온라인이라는 새로운 세상이 만들어지고 온라인 플랫폼은 연결과 공유를 위한 허브의 역할을 담당했다. 이로써 플랫폼 사업자에게 주요 데이터가 집중되고, 시장을 독점했다. 구글, 아마존, 텐센트는 모두 이러한 플랫폼 사업자들로서 시장에서 공급과 수요를 연결하고 축적된 데이터로 시장에 신뢰를 제공하였다. 그러나 이들에게 모든 데이터가 집중되면서 권력의 집중이 발생했다.

블록체인은 이러한 흐름에 새로운 변화를 촉진하고 있다. 기존에 개별적인 객체 간의 거래를 직접 연결 Peer to peer 하면서 익명성으로 인한 신뢰의 문제와 시스템의 안전성을 암호화, 해쉬, 합의^{Consensus}를 통하여 해결했다. 특히 블록체인은 데이터를 중앙 서버에 모으지 않고 네트워크 참가자가 개별적으로 분산 저장하므로 중앙관리자가 필요하지 않다.

독일의 스타트업 슬로킷은 블록체인을 활용하여 공간 공유를, 이스라엘의 라주즈는 블록체인 기술을 적용한 차량공유를 시작했다. 이들은 스마트 계약으로 당사자 간의 거래가 진행되며, 이와 관련한 데이터는 블록에 저장된다. 공급자와 수요자를 충족시킨 경우에 결제가 이루어진다. 동시에 이용자의 과거내역이나 평판도 블록에 저장되어 확인할 수 있으므로 신뢰도 확보할 수 있다.

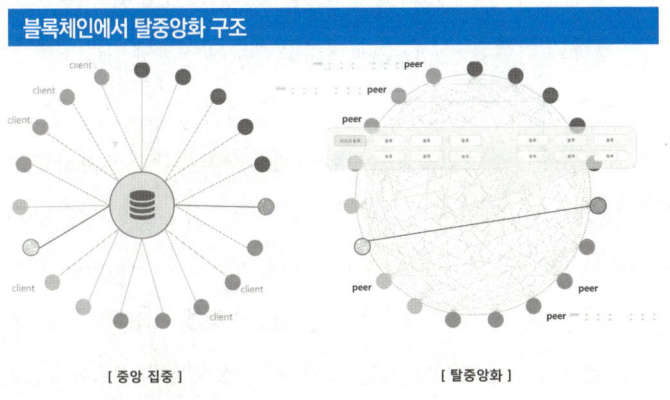

[중앙 집중]   [탈중앙화]

블록체인은 신뢰와 안전성을 위해 데이터를 분산하고 참여자 간의 합의를 통하여 운영되지만, 이러한 과정에서 상당한 부분의 비효율이 발생한다. 예를 들어, 비트코인(퍼블릭 블록체인)은 거래에 참여하지 않은 모든 사람이 데이터를 공유함으로써 각각의 개인들이 보유해야 하는 데이터가 시간이 지남에 따라 급격히 증가한다. 이러한 한계점을 극복하기 위해 R3의 코다나 EOS 등 3세대 블록체인은 합의를 위임하고 있다. 이는 현실 세계에서 대의민주주의를 채택하는 과정과 같은 개념적 진화이다. 단, 현실 세계가 갖는 시공간의 제한은 극복할 수 있다는 점에서 매우 유연한 구조가 될 것이다. 이는 3세대 블록체인 기술에서 자기조직화 형태로 등장하고 있다.

소량의 거버넌스 데이터는 네트워크의 모든 노드에 분산되어 공유, 저장하되 대용량의 운영 데이터는 소수의 중앙 노드에 통합 운영한다. 이를 통해서 네트워크의 민주적 운영과 자원의 효율적 활용이라는 두 마리 토끼를 잡는 구조적 대안이 될 수 있다.

블록체인 기반의 융합민주주의

이러한 블록체인 거버넌스에 적용한다면 거버넌스의 혁신이 가능할 것이다. 지금의 대의 민주주제는 다수 국민의 의견을 반영하지 못한다. 즉, 부분이 전체를 반영하지 못한다.

대의 민주제가 가지는 한계를 돌파하기 위해 블록체인 기반 융합민주제를 제시한다. 간접 민주제는 대리인의 문제로 인한 순응 비용이 많이 든다. 직접 민주제는 대리인의 문제는 극복되나, 투표비용 등의 거래비용이 비싸다는 딜레마가 있다. 그러나 블록체인 기반 융합민주제는 정치인들이 반영하지 못하는 일반 시민들의 다양한 생각 중에서 일정 이상의 지지를 얻으면 실제 법안이나 정책으로 반영된다. 특히 스마트폰을 통하여 직접, 비밀 투표를 통하여 실시간, 저비용 의사결정이 가능하여 핀란드와 에스토니아 등에서 급속히 확산하고 있다.

한편, 블록체인 기반을 둔 직접민주제는 거래비용과 순응비용이 낮지만 포퓰리즘, 왜곡, 편향성이라는 한계가 있다. 이러한 직접민주제의 한계를 극복하기 위해 전문가 참여형 숙의 민주제로 보완이 필요하다. 이미 국내에서 원자력 발전소에 관한 첨예한 갈등을 숙의직접민주제를 통한 공론화 과정으로 해결한 사례가 있으나, 고비용 구조가 문제였다.

전체와 부분의 융합, 도시 거버넌스와 홀론

가상의 **클라우드는 전체**, 현실의 **개인은 부분**
부분이 전체이고, 전체가 부분화되는 Holon 현상
스마트 **시티는 전체**, 스마트 **시티즌은 부분**
개인은 스마트폰으로, 사물은 초소형 Chip(Artik등)으로

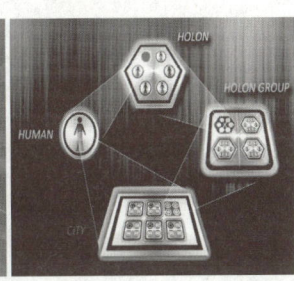

블록체인 기반 스마트폰 숙의 민주제로 저비용의 소셜 이노베이션이 가능한 미래 사회 거버넌스 대안을 제안한다. 실제 프랑스는 국가혁신을 위한 디지털공화국정책 République numérique 을 정부조직의 70여 차례의 워크샵과 두 차례의 온라인 크라우드 소싱한 결과로 설계했다. 블록체인 기반의 숙의 직접민주제로 입법의 투명성과 다양한 이해집단의 의견수렴 등 보편적 대의 민주제의 한계를 보완할 수 있는 로드맵 제시가 필요하다.

지속가능한 일자리는 혁신 생태계로부터

혁신의 본질은 연결이다.
스티브 잡스는 '창조성은 연결'이라고 말했다.
도시를 완성시키기 위해 '연결'은 절대적 조건이다.
지역의 대학, 연구소, 산업체, 공공기관, 금융을 연결하는
혁신 생태계의 구축이 스마트시티의 첫 단추다.

혁신의 원천은 연결비용과 창조적 가치의 차이인 사회적 가치Social impact 에 있다. 스마트시티의 혁신의 원천은 지역의 혁신 생태계에 달려있다. 혁신 생태계는 서로 반대의 성격인 산업 클러스터(효율)와 혁신 클러스터(혁신)의 선순환을 통해 완성된다.[51] 균형이 가능하도록 작동되는 인체 시스템처럼 혁신과 개방의 Knowledge economy(지식경제; 혁신 사이클)와 효율과 보안의 시장 중심의 Commercial economy(상업경제; 산업 사이클)가 선순환 된다면, 건강한 혁신 생태계를 조성할 수 있다.

과거에는 정부가 정부출연연구원을 통하여 선진국으로부터 기술 도입을 지원하는 과학기술정책을 추진하는 동시에 기업의 기술고도화와 산업구조의 선진화를 직접적으로 지원하는 산업정책을 추진하면서 빠른 추격자들을 효과적으로 지원하였다. 그러나 이제는 과거의 추격형 전략으로 지속적

---

51) 산업 클러스터는 질서가 중요한 반면, 혁신 클러스터는 재미가 중요하다.

인 혁신과 생존이 불가능한 시대가 되었다. 많은 국가들은 지속가능한 혁신을 구현하기 위해 혁신 생태계를 구축하고 있다. 혁신생태계가 건강하려면 대학, 연구기관, 기업의 적극적인 상호작용을 통해 혁신 활동이 활발히 이루어질 뿐만 아니라 자금과 기술, 인재의 조달과 정부의 제도적 지원이 뒷받침되어야 한다.

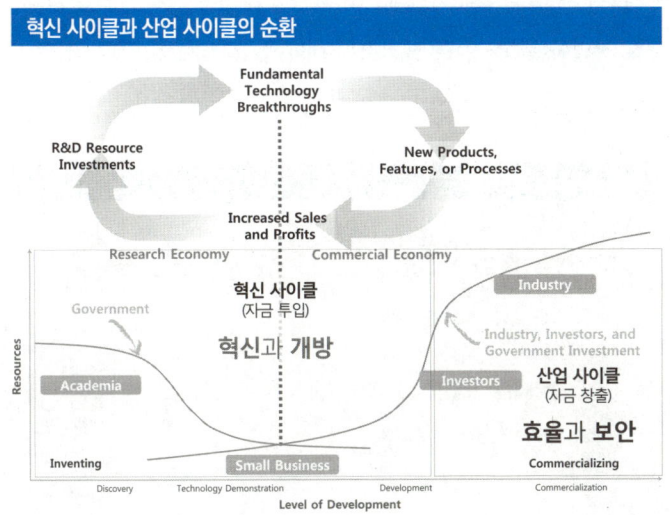

혁신의 본질과 혁신 클러스터

혁신의 본질은 연결을 통해 완성된다는 것이다. 이것은 '창조성은 연결'이라고 스티브 잡스가 주장했듯이 도시를 완성시키기 위해 '연결'은 절대적 조건이다. 연결을 통한 혁신은 경제적 성과를 보장하는데, 실제로 임계점 이후 클러스터 지역 내부의 연결성이 높아질수록 1인당 GDP가 증가한다[52]는 연

---

52) Christian H.M. Ketels(2013), Cluster Policy: A Guide to the State of the Debate

구결과가 나타났다. 이의 원인으로는 클러스터 내에서 인력의 활용 및 이동이 다양한 산업에서 활발하게 이루어져 생산성을 향상시키기 때문이다. 또한 관련 있는 다양한 산업의 클러스터 Diversification에서는 지식과 역량을 공유할 수 있으며, 특정 분야에 특화된 산업의 클러스터에서는 생산성이 향상될 수 있다. 그리고 참여 주체 간의 경쟁이 촉진되어 혁신적이고 효율적으로 목표를 달성하게 되며, 혁신적 역량과 아이디어를 가질 수 있도록 유도할 수 있으며, 새로 창업하는 회사들은 클러스터 내에서 효과적으로 외부 자원을 얻거나 활용할 수 있어 혁신 및 창업 활동에 유리하다는 이점이 있다.

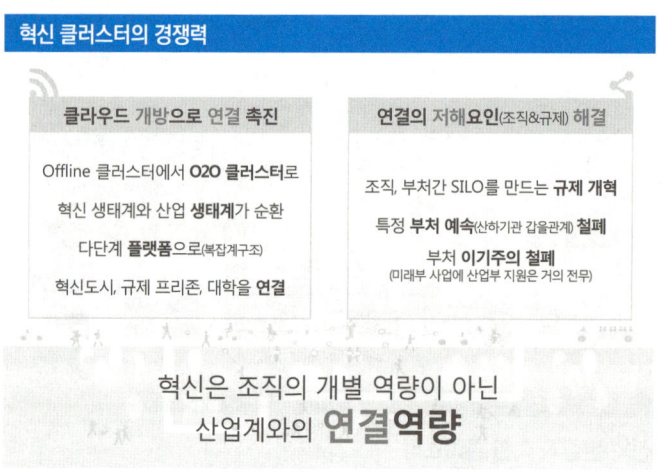

이렇게 연결된 혁신 클러스터의 장점들로 인해 에드워드 글레이저는 도시의 성공방정식으로 연결*사람*기회*돈을 제시한 것이다. 이러한 혁신 클러스터의 경쟁력을 향상시키기 위해서는 연결을 촉진하는 정책과 연결의 저해 요인을 해결하는 두 가지 방법으로 가능하다. 첫 번째는 클라우드를 개방하여 O2O 클러스터를 조성하고, 혁신 클러스터와 산업 클러스터의 순환을 활

성화 하는 것이다. 두 번째는 연결을 저해하는 조직, 부처 간 이기주의와 사일로 문화를 철폐하고, 이를 위한 관련 규제 개혁이 필요하다.

런던의 혁신 클러스터, 테크시티[53]

영국은 런던을 글로벌 혁신 플랫폼 발전시켜 고용 창출과 생산성 향상을 통한 영국의 새로운 도약을 견인하는 중심지로 만들고자 테크시티를 조성했다. 런던[54]은 글로벌 혁신 플랫폼의 요충지로 성장할 가능성이 매우 높다. 런던은 문화, 교통, 교류의 중심지이며, 금융허브인 'City of London'과 지리적으로 인접하여 금융 조달이 편리하다. 또한 가까운 거리에 대학, R&D 센터, 창업보육센터 등이 밀집해 있어 혁신 클러스터의 대표적인 형태이다. 이러한 특성으로 런던에 1990년대 후반부터 자생적으로 하이테크 클러스터가 형성되었다. 이상의 조건들을 종합해 봤을 때, 런던은 문화, 교통, 교류의 인프라와 지식-금융-시장의 삼각편대가 존재하여 이상적인 테크시티 및 글로벌 혁신 플랫폼을 조성하기에 최적의 지역이다.

테크시티의 성공 동력은 공공과 민간의 상호 존중과 협력하는 성숙한 문화라고 할 수 있다. 카메론 총리는 2011년 11월 'Tech City' 전략 추진하면서, 런던의 테크시티가 실리콘밸리에 버금가는 고성장, 혁신형 기업들을 위한 기술센터가 될 것으로 기대했다. 정부는 자신들의 역할을 명확하게 설정하지만, 시장의 자발성을 침해하지 않는다는 원칙을 분명히 세웠으며, 동시

---

53) 손수정(2014), 유럽의 실리콘밸리를 꿈꾸는 혁신도시 설계와 도전: East London Tech City
54) 미국의 실리콘밸리를 벤치마킹하여 실리콘 라운드 어바웃으로 불리는데, 본 보고서에는 언급되는 런던은 중동부 외곽의 Old Street과 Queen Elizabeth Olympic Park 사이인 런던의 East End 파트 전역이 해당됨

에 'The Tech City events'를 개최하여 정기적으로 공공과 민간의 상호 의견을 교류하고 이를 정책에 반영했다. 또한 정부는 무역투자부UK Trade and Investment; UKTI 산하 Tech City 전담 투자기구를 별도로 설립했다.

현재 테크시티에는 기술 중심의 기업, 교육기관, 금융지원 기관, 공공기관 등 다양한 기관들이 활동하고 있다. Google, Cisco, Intel, 페이스북, Qualcomm와 같은 글로벌 기업을 유치하였고, 테크시티에서 창업한 Halio, MindCandy 등의 다수의 스타트업이 빠르게 성장하고 있다. 또한 테크시티는 Imperial College London, Loughborough University, City University London 등과 파트너를 맺어 다양한 프로그램을 운영하고 있다. 특히 런던대학교-캠브리지 대학교-옥스퍼드 대학교의 삼각지역은 영국의 최첨단산업발전 핵심 지역으로서, 미래 지향형 지식 클러스터로 도약할 수 있는 발판이 될 것이다. Passion Capital, Seedcamp, Techstars 등과 같은 액셀러레이터 및 창업 스쿨이 활동하고 있다. 투자 활성화를

위해서는 공공기관인 Tech City Investment Organization[TCIO]이 설립되어 기술 지원, 투자 확보, 해외 VC와의 연계 및 거래 활성화 지원하며, Barclays, Mckinsey & Company, Silicon Valley Bank 등의 금융사들도 활발하게 활동하고 있다.

그리고 이들을 연결하는 커뮤니티로 테크시티의 참여자 간의 네트워킹을 위해 주체들이 이용할 수 있는 LDN.io(이벤트, 뉴스, 창업소식 공유), CityMeets Tech(투자 정보 제공), Tech City News(뉴스, 이벤트, 기술 개발자 등 정보 교류), Capital Enterprise(비즈니스 자문, 신규 창업자 정보 교류) 등 다양한 네트워킹 플랫폼이 있다. 다양한 비영리 조직들도 클러스터 내 커뮤니티 형성을 위한 Independent Shoreditch, Digital Shoreditch 등을 설립했다.

이러한 노력들이 성과를 보이면서 테크시티는 영국의 성장엔진으로서 런던 경제 활성화를 주도하고 있다. 하이테크를 포함한 약 3,000개 이상의 회사가 입지하여 런던 중심의 창업 플랫폼으로 자리 잡았으며, 해외 투자자들의 유입도 꾸준히 증가하고 있다. 테크시티는 2010년 이후 꾸준히 성장하여 2009~2012년 동안 약 16.6% 성장을 달성하고, 기술 및 디지털 분야의 고용 상승률은 영국 전체의 총 고용 상승의 40%, 582,000개의 일자리를 창출하였다.

위에서 살펴본 바와 같이 영국의 테크시티는 대학, 연구소, 산업체, 공공기관, 금융의 5대 요소를 골고루 갖춘 대표적인 혁신 클러스터이다. 이러한 5대 요소에서 가장 중심이 되는 것이 바로 혁신의 산실로 불리는 '대학'으로, 대학의 디지털 트윈화를 최우선으로 추진할 필요가 있다. 그렇다면 대학의 디지털 트윈은 어떻게 구축하는 것일까?

대학의 가상화, 버추얼 유니버시티

지금까지 대학의 연구는 교수들의 연구와 학부생들의 교육이 시너지 없이 분리되어 있으며, 사회와도 분리되어 있었다. 그러나 이제는 교육과 연구와 산학협력은 서로 분리된 독립적인 활동이 아니라 상호시너지를 내는 삼위일체 활동이 되어야 한다. 이를 위해서 갖추어야 할 인프라는 대학 전체를 가상 대학Virtual university화하는 것이다. 창조적 연구는 연결을 통해서 확대된다. 과거 연결비용의 감소를 위해 현재 분리·폐쇄된 대부분의 대학과 연구실들을 가상의 대학 공간에서 항상 연결되는 구조로 만들면 연결을 극대화될 수 있다. 이러한 대학의 가상화 프로젝트는 지지부진한 산학협력 문제의 대안이 될 수 있다.

4차 산업혁명 구현을 위한 산학협력이 안 되는 이유는 대학과 산업체의 사업화 역량 역전, 대학 내 교수들의 산업 경험 부족으로 요약된다. 그런데 이 두 가지 문제는 현재 대학에서 하루아침에 개선되기 어려운 구조적 문제다. 따라서 문제의 해결 방향은 대학의 강점 분야를 산업체의 강점 분야와 결합할 수 있는 혁신적 산학협력의 대안 모색이 되어야 한다. 대학의 강점을 보면, 대학은 산업체가 가지지 못한 다양한 학과의 전문화된 연구진을 보유하고 있다. 아직은 미비한 학제 간 융합 역량을 갖추게 되면 대학의 지식 경쟁력은 한 차원 다른 진화를 하게 될 것이다.

현실의 대학에는 개별 단과대학이 있고 그 안에 학과, 연구실과 교수, 학생들이 존재한다. 가상대학 프로젝트는 이들을 데이터화해 가상의 대학을 현실의 대학과 1대1로 대응시키는 가상 대학을 만드는 것이다. 가상 대학 프로젝트는 먼저 대학의 실험실 단위에서 시작할 수 있다. 가장 기본적인 모듈은 개별 연구실과 개별 학과목으로, 개별 연구실에 주요 연구 실적(정보), 주요 인력(사람), 주요 설비(공간)를 데이터화하면 현실과 1대1로 대응되는 가상 연구실을 만들 수 있다. 가상 연구실을 통해 현실에서 극복하기 어려운 시공간을 초월한 학제 간 협력 연구가 진행될 수 있다.

개별 연구 논문들은 진행 과정에서 필요한 사람들과 선택적으로 원격 공유가 가능하고 인터넷 기반의 실시간 원격 회의로 소통을 촉진할 수 있다. 연구원 개개인의 전문 프로파일도 소셜 네트워크로 공유하면 학내 전문가 네트워크가 구성될 것이고 이는 추후 학교 간 네트워크로 확대될 수 있다. 개별 연구실 단위로 구성된 연구실별 기본 모듈을 우선 구축해보자. 여기에 기존 연구실별 홈페이지를 활용하는 것도 좋은 대안이다.

한편 학과목의 경우에도 매번 비슷한 내용을 반복해 강의하는 구조에서 벗어나 참고 문헌, 강의 내용, 토론 내용, 질문 내용, 홈워크 등이 여러 학년에 걸쳐 축적·공유되는 시스템을 구축할 수 있을 것이다. 실제로 필자가 수년간 페이스북 공유로 대학 강의를 해본 결과 놀라운 반응이 있었다. 온라인 토론의 확산과 더불어 교수의 강의보다 더 많은 참고 자료를 학생들이 크라우드 소싱으로 제공하면서 강의 참여도와 만족도는 극적으로 상승했다. 가상 교실을 통한 공유로 수동 학습Passive learning이 능동 학습Active learning으로 변화한 것이다.

개별적인 연구와 학과목이 가상화되면 다음은 이들을 연결하는 계층 플랫폼 구조를 만들어야 한다. 플랫폼과 인공지능(AI)의 발달로 대학을 플랫폼 구조로 변모시킬 수 있게 됐다. 즉 단과대학은 개별 학과의 플랫폼이고 개별 학과는 연구실의 플랫폼, 연구실은 개별 연구의 플랫폼이다. 그리고 이 전체를 아우르는 플랫폼은 대학 플랫폼이다. 산업인터넷 구조를 벤치마킹한 대학 계층 플랫폼 구조를 만들 수 있다. 여기서 경제협력개발기구

(OECD)의 분권화 원칙에 따라 하부 구조에서 할 수 있는 일들은 최말단 조직으로 이전하고 공통부분을 플랫폼으로 모으는 것이 원칙이 돼야 한다. 구성원의 참여가 없는 혁신은 불가능하기 때문이다.

이러한 가상 대학 프로젝트를 통해 대학 내 소통이 극적으로 향상될 뿐 아니라 대학 외부와의 소통도 강화되고 학제 간 융복합이 촉진될 것이다. 예를 들어 대학과 산업이 두 명의 작은 연결로 협력하는 가상 연구실 Virtual lab의 구현이 가능하다. 한 명의 담당 교수가 기업이 직면한 복합적 문제를 풀기 위해 인문·사회·경제·과학기술의 전 분야에 걸친 가상 협력팀을 가상 대학을 통해 수시로 구성·활용할 수 있는 인프라가 구축되는 것이다. 이를 통해 대학은 산학협력의 강력한 경쟁력을 갖추고 미래 산업에 가장 중요한 창조적 지식의 산실로 부상하게 될 것이다.

혁신 클러스터와 산업 클러스터의 융합

대학의 가상화를 통해 혁신 클러스터의 중심을 구축했다. 그렇다면 이후의 단계는 혁신 클러스터의 연결망으로, 대학을 중심으로 구축하여 악마의 강, 죽음의 계곡, 다윈의 바다를 성공적으로 극복하는 혁신 생태계를 온·오프라인에서 디지털 트윈으로 구축하는 것이다. 이러한 혁신 생태계는 사회의 의미 있는 문제 발굴을 위한 크라우드 소싱과 리빙랩의 활성화가 필수적이다. 그리고 여기에 크라우드 펀딩과 엔젤투자, 벤처투자와 같은 금융 시스템이 융합되어야 한다. 이것이 앞서 언급한 런던 테크시티의 성공의 비결이다. 기존의 산학연 연결이 금융과 공공으로까지 확대되어 시너지가 창출된 것이다.

Deborah J. Jackson(2011)은 자금이 투입되는 혁신 사이클과 자금이 창출되는 산업 사이클의 순환을 통해 혁신 생태계가 구축되어 활발한 혁신 활동이 일어난다고 보았다. 대학과 연구소는 개방 혁신의 주체가 되고, 기업은 시장 플랫폼의 주체가 되어 혁신시장에서 지속적인 경쟁과 협력이 이루어져야 한다. 대학의 교육이 실제 산업현장의 프로젝트를 중심으로 운용되기 위하여 대학 교육에 산업체의 참여가 활성화되어야 한다.

혁신 클러스터가 혁신 생태계가 되기 위해서는 산업 클러스터와의 연계가 필수적이다. 이를 위해 기존 산업단지의 재생이 필요하다면 재구축할 필요가 있다. 이는 서울의 구로공단이 현재 G-밸리가 된 과정을 벤치마킹 할 수 있을 것이다. 여기에서 핵심은 벤처빌딩제도와 같은 직접지원 없는 세금 혜택으로 이 모든 것이 구축되었다는 것이다.

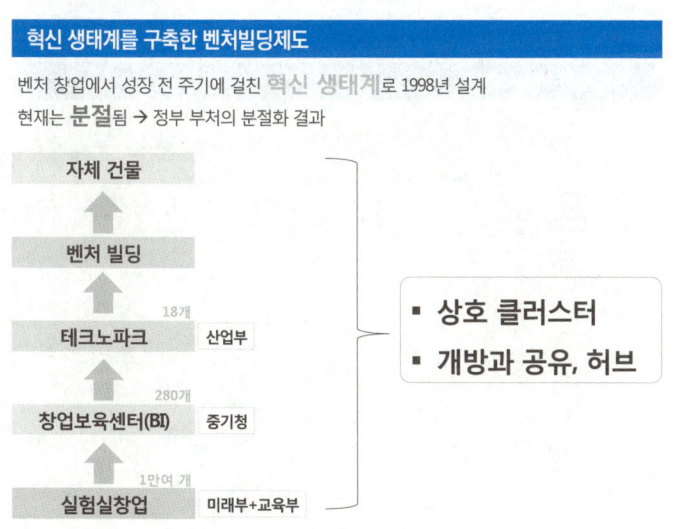

미래의 클러스터는 시간과 공간의 한계가 사라지게 될 것이다. 클러스터 구축을 위해 도시는 클라우드로 연결되고 데이터 개방을 통해 기업들과의

개방혁신으로 테크시티와 같은 세계적인 도시로 거듭나야한다.

혁신 생태계에서 개별적으로 구축된 모든 작은 디지털 트윈^{Micro digital twin} 플랫폼은 가볍게 구축할 필요가 있다. 전체를 통합하는 하나의 디지털 트윈 플랫폼은 거버넌스나 데이터베이스 설계의 문제 등이 따라오며 무거워지고 결과적으로 사일로화 되기 때문에 네트워크 효과가 발생하지 않게 된다. 이를 해결하는 것이 바로 작은 크기로 서비스화한 디지털 트윈 플랫폼들이 REST API의 산업표준을 바탕으로 상호연동성을 갖고 연동되는 것이다. 그리고 이것은 반드시 퍼블릭 클라우드에서 제공되는 인프라를 활용해야 한다. 개별 플랫폼의 비효율과 집중 플랫폼의 경직화를 넘어서는 느슨한 연방 구조^{Loosely coupled federation}가 미래 스마트시티의 거버넌스 구조이다.

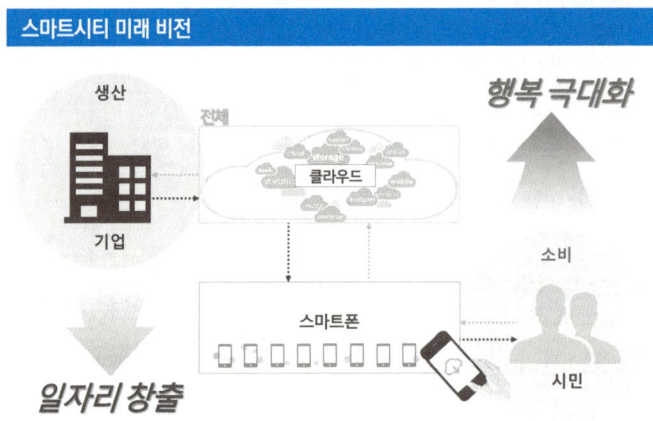

스마트폰 속의 스마트시티 Smart city in smart phone

생산과 소비가 순환하는 지속가능한 스마트시티는
기업과 시민의 참여로서 구현 가능해진다.
이를 위해서 소셜 이노베이션, 리빙랩, 폴리시랩 등의
많은 실험들이 이루어지고 있다. 즉, 기업과 시민의 참여를 통해
스마트시티를 구현하는 수단들이 대거 등장한 것이다.

4차 산업혁명의 본질이 기술에서 욕망으로의 무게중심의 변화에 있다는 점에서 욕망을 파악하기 위한 참여의 중요성은 아무리 강조해도 지나치지 않을 것이다. 그러나 소셜 이노베이션, 특히 리빙랩은 초기 기대치에 비하여 실제 성과는 대단히 부진한 상황이다. 그 이유는 시민 참여를 위한 인프라가 구축되지 않았기 때문이다. 시민참여는 정보의 공유, 가치의 공유, 이익의 공유라는 VIP Value, Information, Profit 의 3대 공유가 전제될 때 확산된다. 가장 중요한 정보의 공유를 위한 수단이 필요하고, 이를 위해서 시민 누구나 가지고 있는 스마트폰이 아바타로서 매개체가 되어야 하는 이유이다.

스마트시티의 자기조직화는 모든 시민들이 언제 어디서나 갖고 있는 스마트폰으로 구현된다. 바로 스마트폰 속의 스마트시티 Smart city in smart phone 다. 그리고 이러한 스마트시티의 구현은 시민들의 참여로 비로소 완성된다. 그러나 현재 시민참여로 대표적인 리빙랩조차 시민들에게 도시의

모든 정보를 개방하고 이를 자유롭게 열람하고 활용할 수 있도록 되어있지 않다. 도시의 정보를 쉽게 파악할 수 없으면 어떻게 도시의 문제를 해결할 수 있을 것인가.

스마트시티의 시민참여는 보여주는 관리로부터 시작된다. 보여주는 관리는 도시의 부분인 스마트시티즌Smart citizen에게 스마트폰을 통해 스마트시티의 전체 정보를 제공하는 데서 출발한다. 예를 들어, 도시의 각종 환경지표나 교통체증 등 다양한 정보들이 스마트폰 속의 GIS 앱 위에 지속적으로 맵핑Mapping되는 것이다. 이를 시민들이 스마트폰을 통해 확인하고 판단할 수 있게 되면 진정한 시민참여가 구현될 것이다.

그렇다면 스마트폰 안의 스마트시티를 구현하는 방법을 강구해보자. 생산, 이동, 소비, 환경, 교육, 제도, 안전이라는 KCERN의 7 Pillar가 스마트폰 속에서 보여 진다면 시민참여는 촉발될 수 있다. 이러한 시민참여를 위해서 스마트폰 안에서 시민들에게 필요한 데이터가 온디맨드On-demand로 제공되어야 한다. 구체적으로 예를 들어보자. 내가 있는 위치에서 택시가 오는 데까지 걸리는 시간, 주변 범죄 현황, 가장 가까운 맛집의 랭킹 등이 도시의 지도 위에서 제공되는 것이다. 즉, 지도라는 공간정보 위에 휴먼 다이내믹스Human dynamics라는 특성 정보Attribute data를 시민들이 이해하기 쉬운 형태로 보여주는 것이다. 아파트 가격의 변화, 인구 전출입의 변화, 창업과 폐업의 변화 등을 지도 위에서 보고, 문제를 파악하고 타 지역과 비교할 수 있게 해주는 것이다.

이러한 GIS지리정보체계, Geographic Information System 정보 공유는 시민들에게 최대한의 정보가 개방되는 것이 전제된다. 지방정부의 정보 구성 체계는 분류상 2등급과 3등급으로, 국가 안보에 관한 정보가 아니다. 2등급에 해당하는 개인정보만 익명화 기준에 맞춰 가공하면 지자체 정보의 거의 모두는 퍼블릭 클라우드에서 민간에 개방할 수 있게 된다. GIS 플랫폼을 제공하고 공공정보를 개방하면 여기에 필요한 특성정보를 결합한 GIS 정보가 제공되고, 이는 수많은 매쉬업 벤처기업들의 밑바탕이 될 수 있다.

GIS 플랫폼은 오픈소스가 대세화 되고 있다. 물론 카카오와 T맵 등의 특정 내비게이터를 활용할 수도 있다. 플랫폼을 구축하고 API를 공유하고 데이터를 공유하면 시민들에게 보여주는 관리가 가능해진다. 교통 정체, 미세먼지 농도, 공사 현황 등 온갖 생활 정보들이 시민들에게 공유되는 도시는 시티즌에게 한 걸음 더 다가가는 도시가 될 것이다.

이제 보여주는 도시를 넘어 참여하는 도시가 가능해진다. 스마트폰으로 길을 가다가 발견한 낙서를 찍고, 파손된 도로를 찍어 GIS 플랫폼에 올리면 즉각적으로 시의 관리센터에 등록되고, 처리 현황을 시민들과 공유할 수 있다. 도로 파손의 경우 파손 정도를 인공지능을 통해 파악하고, 우선순위를 결정하는 것도 당연히 가능하다. 일본의 시바현에서는 시바 리포트Chiba Repo라는 어플을 활용하여 시민들이 도로의 파손이나 낙서 등을 사진으로 공유하면 앱 내의 GIS에 맵핑된다. 그리고 인공지능을 통해 파손의 정도를 판단하여 알리면 시에서도 쉽게 수리 여부를 판단할 수 있게 된다. 앱을 통해 발견된 사고는 기존 시에서 발견한 건수보다 3배 가까운 수치를 보였다. 이처럼 이제 시민들은 생활권 내에서 발생하는 모든 문제를 다른 시민들과 공유할 수 있게 된다. 보여주는 관리에서 보이지 않는 관리로 승화하게 되면 도시의 관리비용이 절감되고 투명해질 것이다.

스마트폰 속의 스마트시티는 보여주는 관리와 보이지 않는 관리라는 현상적인 차원을 넘어서게 된다. 본질적으로 생명현상은 복잡계를 자기조직화 하는 질서를 만드는 현상이다. 이를 위해서 모든 생명은 부분이 전체를 반영한다.

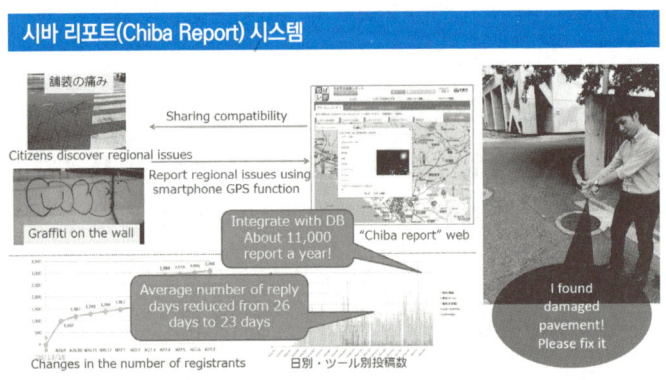

자료: Yoshiki Ogawa(2018)

부분인 스마트폰이 도시 전체의 클라우드인 스마트시티를 반영하는 것이다. 스마트폰은 제한된 메모리와 CPU를 갖고 있으나, 시간 축과 공간 축의 이동에 의해 전체 데이터에 접근할 수 있다. 현실의 엣지Edge 부분은 스마트폰의 부분지능이다. 클라우드의 전체는 집단지능으로 이들이 상호작용을 통해 자기조직화 하는 스마트시티를 구현하는 전제조건은 스마트폰 속의 스마트시티이다. 이것은 프랙탈이며, 홀론이다. 복잡계가 자기조직화 되는 전제조건이다. 개인이 개인으로 그치지 않고 집단지능의 일부가 되고 그 전체 정보는 다시 개인에게 귀속된다. 단순하면서도 근원적인 스마트시티의 자기조직화가 스마트폰 안의 스마트시티이다.

개방 플랫폼으로 사회적 가치 창출

*4차 산업혁명의 스마트시티즌은
매우 복잡하고 다양한 욕망을 발산하고 있다.
이처럼 다양한 욕망을 기존의 관 주도 방식으로
충족한다는 것은 불가능하다고 보아야 한다.
스티브잡스는 미충족 욕망은 사람들도 표현할 수 없으나,
아이폰과 같은 구체적 형태로 주어지면 욕망 충족의 길이
새롭게 나타난고 말했다.*

시민들의 욕망을 파악하기 위해 등장했던 VOC^{Voice of Citizen}의 조사방식으로는 미 발현 욕망을 조사할 수 없다. 이에 따라 현실의 생활 속에서 새로운 욕망을 찾고 문제를 풀어나가는 리빙랩이 확산되었으나, 투입비용에 비해 실제적인 성과는 만족스럽지 않았다. GIS 정보시스템과 같은 보여주는 관리로서 리빙랩과 같은 소셜 이노베이션의 참여도를 높일 수는 있으나 고비용 구조를 극복하기는 쉽지 않다. 그러므로 각종 리빙랩의 플랫폼 구조가 요구된다. 리빙랩의 플랫폼이다. 여러 종류의 리빙랩의 공통 요소를 모아 플랫폼화 하는 것이다.

결국 인간이 시공간 속에서 어떻게 행동하느냐는 것은 대부분의 경우 동일한 매커니즘으로 이루어진다. 개별 시민들이 착용하는 웨어러블 트래

커, 동의하에 활용되는 CCTV, 스마트폰 기반의 위치추적, 그리고 사물인터넷 기반의 사용자 데이터 획득 시스템이 공통 플랫폼이 될 수 있다. 이러한 리빙랩의 플랫폼을 데이터 기반 리빙랩 플랫폼이라 명명하기로 하자. 휴먼 다이내믹스의 데이터 플랫폼 구축이 사회적 가치창출을 위한 인프라가 되는 것이다.

리빙랩 플랫폼으로 시민들의 반응을 조사하는 한편, 시민들이 필요한 서비스를 제공하는 것은 가상 도시에서 데이터를 공유하는 가상도시 플랫폼으로부터 비롯된다. 도시의 7대 요소(생산, 소비, 이동, 환경, 교육, 제도, 안전)을 데이터화 한 가상도시 플랫폼이 구축되면 이 데이터를 활용하여 예측과 맞춤의 서비스를 숱한 벤처기업들이 제공할 수 있을 것이다. 예를 들어, 익명화된 건강관리 정보를 바탕으로 보건소는 사계절에 따라 지역별로 어떤 의약품을 준비해야하는가에 대한 최적의 예측을 해나갈 수 있다. 도시의 교통 시스템은 교통 정체와 시민들의 대기시간을 최적화하는 배송 시스템을 구축할 수 있다. 더 나아가 시민 개개인에게 맞춤 서비스를 제공하는 것도 가능해진다. 건강관리나 재무관리 역시 맞춤 서비스를 할 수 있다. 단, 맞춤서비스는 철저히 Opt-in(사전동의)하에 획득된 개인정보를 바탕으로 제공되고, 개인정보의 오남용에 대해서는 엄격한 책임을 물어야 할 것이다.

4차 산업혁명은 데이터를 매개로 현실과 가상이 융합하는 혁명이다. 시간, 공간, 인간의 데이터는 클라우드에 빅데이터로 모이고 인공지능이 예측과 맞춤의 가치를 만들어 현실화시키는 4단계 프로세스가 4차 산업혁명의 스마트 트랜스폼이라고 앞에서 제시하였다. 여기에 필요한 아이디어는 개별 기업이, 익명화 데이터는 가상도시 공유 플랫폼에서 결합하여 시민들에게 더 나은 서비스를 제공하는 것이 스마트시티이다. 이러한 서비스는 도시민뿐만 아니라 방문자에게도 적용된다. 건물의 정보와 특성정보와 결합한 GIS 시스템을 활용하면 도시의 관광객들은 건물명이나 가게 명을 몰라도 지역의 유명한 먹거리, 젊은이들의 광장, 예쁜 카페 등을 찾아갈 수 있게 되고, 그 장소에서 내 친구가 1년 전에 남긴 메시지를 볼 수도 있게 될 것이다.

　스마트시티에서는 모두가 시간, 공간, 인간을 초월하는 삶을 살 수 있게 된다. 원격 공간에 있는 사람들이 회의를 하고, 다른 시간대에 있는 사람들이 메시지를 교환한다. 여기에 증강·가상 현실 기술들과 3D 프린터, 로봇이 동원되면 스마트시티는 시간, 공간, 인간이 융합하는 생명을 가진 도시로 진화하게 될 것이다.

도시, 자기조직화로 생명을 얻다

느슨한 연방 구조의 조직 거버넌스

4차 산업혁명의 거버넌스는
초연결 현상에 의한 복잡성을 띄게 된다.
특히 스마트시티와 같은 다양한 이해관계자가 있는 경우에는
의사결정 시스템은 난맥상을 이루게 된다.
그 구체적인 문제들을 살펴보고 대안을 강구해보자.

도시의 여러 요소들을 일사분란하게 지휘·통제할 수 있는 일원화된 집중 거버넌스는 필연적으로 관료화의 경직성의 길을 가게 된다. 변화에 대한 무딘 반응, 시민보다는 관료 우선주의 혁신의 회피 등 집중형 관료체제의 문제는 이미 널리 알려진 바와 같다. 더구나 변화가 가속화 하는 4차 산업혁명에서 문제의 심각성은 더욱 두드러진다. 그 반대의 경우를 살펴보자.

생산, 소비, 이동, 교육, 환경, 제도, 안전과 같은 도시의 주요 요소별로 개별적 의사결정 구조를 갖게 되면 변화하는 산업 환경에 적합해야할 교육 시스템은 이를 따라가지 못하게 되고, 시민들의 삶에 최적화된 제도는 기대하기 어렵게 된다. 분산화 된 구조는 분야별 시너지를 내기 어렵고 집중화된 구조는 경직성을 띄게 된다. 바로 조직이 갖는 원천적 패러독스가 집중과 분산의 문제다.

그렇다면 여기에 도시의 행정자치 레벨과 지역별 편차를 고려하면 문제는 더욱 복잡해진다. 도시에서 개별 구와 동, 그리고 동서남북의 부유한 지역과 다소 그렇지 않은 지역은 최적화를 위해 각기 다른 구조를 가져야 하나 이 또한 거버넌스의 패러독스에 직면하게 된다. 그렇다면 이러한 문제를 돌파할 수 있는 대안은 없는가. 불행이도 오프라인의 도시에서 집중과 분산에 대한 제 3의 길을 찾기란 쉽지 않다는 것이 대답이다. 이는 지난 250년 산업혁명 역사에서도 답을 찾지 못한 문제이다. 그런데 현실과 가상이 융합하는 4차 산업혁명에서는 현실의 분산과 가상의 통합으로 거버넌스 패러독스의 극복이 가능해진다. 새로운 느슨한 연방 형태의 거버넌스 구조를 살펴보기로 하자.

개별적으로 자율적으로 구현되는 도시의 요소들이 필요에 따라 데이터를 공유하고 이동하고 수정할 수 있다면 오프라인 조직과 같은 가두리 양식형 사일로 구조는 극복할 수 있을 것이다. 오프라인 세계에서는 데이터의 교류와 공유는 대단한 고비용 구조이나, 가상세계의 클라우드에서는 실시간으로 한계비용 제로에 가깝게 구현이 가능해진다. 개별적인 서비스들이 클라우드에서 표준화된 소통방식(REST API 등)으로 소통하게 되면 온라인 세계에서 모든 요소들은 상호 연결 구조를 갖게 된다. 그렇다면 요소에 따라 이동과 교육이 안전과 연결된 서비스가 필요한 경우 동적으로 각각 세 개의 마이크로 서비스가 상호 융합된 매크로 서비스로 구현될 수 있다. 이러한 매크로 서비스는 온디맨드로 필요에 따라 만들어지고 없앨 수 있다. 분할되고 연결된 마이크로 서비스들의 느슨한 연방구조 Loosely coupled federation, 이것이 스마트시티의 궁극적 거버넌스 구조이다.

스마트시티에서는 생산, 소비, 유통, 환경, 교육, 안전망, 제도 등의 요소들이 있다. 이러한 문제들을 개별적으로 각개약진으로 해결하고자 노력해

온 것이 지금까지의 스마트시티 프로젝트였다. 결과적으로 상호협력이 부족한 가두리 양식형 결과를 초래하게 되었다. 그렇다고 기존의 오프라인 시티와 같이 하나의 수직적인 통합 구조로 스마트시티를 추진하면 너무 무겁고 경직된 프로젝트가 되어 엄청난 자원을 투입해도 성과를 내기 어려울 것이다. 집중은 무겁고 분산은 시너지가 없다. 이것이 싱가포르가 추진하는 스마트시티의 문제이기도 하다.

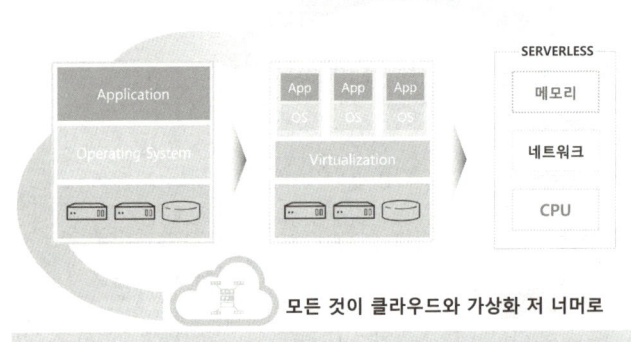

KCERN의 클라우드 정의, 분할과 연결을 통한 가상화

모든 것이 클라우드와 가상화 저 너머로

최소 단위로 분할하고 유연하게 연결되는 구조: On Demand로 서비스를 제공
→ IT를 몰라도 클라우드에서 활용 가능

미래 조직의 키워드는 유연성과 다양성이라는 외부 요소와 창조성과 협력성이라는 내부 요소의 4가지 문제를 푸는 것이다. 초연결 사회는 필연적으로 조직 내부를 분할하게 된다. 연구, 개발, 생산, 품질, 영업, 관리의 조직의 개별 요소들이 이제는 핵심 역량을 제외하고는 외부와 협력하는 개방생태계로 진화해야 한다. 기업 내부에 경쟁력이 취약한 조직을 품게 되면 궁극적으로 조직 전체의 경쟁력이 저하되기 때문이다. 그 결과 개방생태계

에서의 개방혁신은 대세가 되었다. 외부와 협력은 공유경제의 확산을 초래하게 되었다. 조직들은 핵심 역량을 제외하고는 외부와 공유한다. 소프트웨어는 오픈소스로 IT자원은 클라우드로 각종 장비는 메이커 스페이스에서 공유한다. 기업이 점점 가벼워지고 있다.

그렇다면 핵심 역량 중심의 개별 조직들에게 어떻게 상호협력을 촉진시킬 것인가가 질문의 초점이 될 것이다. 그리고 그 답이 바로 느슨한 연방 구조이다. 개별적으로 독립된 조직들이 필요에 따라 유연하게 이합집산을 할 수 있는 빠른 유연성을 가진 협력 메커니즘이 필요하고, 이것이 바로 개방조직 거버넌스의 핵심 과제이다.

현실과 가상이 융합하는 4차 산업혁명은 클라우드 기반의 혁명일 수밖에 없다. 통합과 분산이라는 조직 거버넌스의 오랜 딜레마를 클라우드의 진화 과정에서 배워 보기로 하자.

이러한 구조는 서버리스Serverless라는 클라우드의 발전과정에서 이미 구현되어 있다. 초기 클라우드의 서비스는 큰 덩어리로 이루어지는 모노리식Monolithic한 매크로 서비스의 형태였다. 이러한 매크로서비스에는 다양한 마이크로 서비스들이 모노리식하게 포함되어 있었다. 또 다른 서비스가 등장하면 많은 마이크로 서비스가 동향 반복되면서 결과적으로 자원은 낭비되고 서비스는 무거워진다. 이처럼 기존의 모든 것을 체계화한 단일 솔루션은 그럴듯하나 경직되어 진화 경쟁에서 도태되었다. 대신 거대 서비스를 작은 마이크로 서비스로 분할하고 필요에 따라 연결하는 구조로 진화하게 되었다. 마이크로 서비스들은 각기 독립적인 진화를 하는 유연성을 가지나, 표준적인 간단한 소통 체계로 유연하게 거대한 서비스를 구현할 수 있게 되었다. 그 결과 작은 단위의 서비스들을 오케스트라 지휘하듯이 필요에 따라 불러내고 사라지게 하는 지휘자가 등장하게 되었다. 클라우드는 분할된 마이크로 서비스들의 연방체로 진화하고 있다. 미래 조직은 오케스트라와 같은 독립적이고 전문적인 작은 조직들이 시장의 요구에 따라 실시간으로 이합집산을 하는 구조로 진화하게 될 것이라는 것이 클라우드의 IT기술이 제공하는 시사점이다.

마이크로 서비스들은 도시의 개별적 요소들을 서비스하는 모듈이라 생각하면 된다. 한 서비스는 환경 오염측정, 한 서비스는 도시 교통 체계, 다른 하나는 에너지 소비라고 가정해보자. 이들을 조합하면 교통 운영체계에 따른 도시의 환경오염 정보가 에너지 소모와 함께 GIS 상에 표현될 수 있다. 다양한 마이크로 서비스들은 이들을 불러오는 REST API로 소통된다. 마치 마이크로 서비스들은 오케스트라의 숱한 악기와 같다. 이 악기를 어떻게 결합하느냐에 따라 베토벤 교향곡이 나오기도 하고 차이코프스키의 바이올린 협주곡이 나오기도 한다. 그렇다면 오케스트라의 지휘자가 필요하게 된다. 이러한 지휘자의 역할을 하는 마이크로 서비스 컨테이너의 오케스트라이제이션 Orchestration이 등장했고 구글이 개발하여 일반 공개한 쿠버네티스 Kubernetes 등이 대표적인 예이다.

이제 최소 단위 요소로 분할된 서비스별로 플랫폼을 만들자. 이들 플랫폼은 디지털 트윈의 연결고리다. 생산과 소비와 유통 등은 각각 독립적으로 현실과 가상을 연결하는 디지털 트윈으로 구현하되, 표준적 상호소통은 유지해야 한다. 그리고 필요에 따라 생산 디지털 트윈에 유통 디지털 트윈이 데이터를 요청하거나, 서비스를 제공할 수 있게 되면 더 큰 서비스가 구현될 수 있다. 작은 단위로 나누어질수록 거대한 서비스가 쉽게 만들어지는 것이다. 현실의 데이터들이 클라우드에 모여 빅데이터가 된다. 이들이 필요에 따라 소통하고 융합하는 형태가 미래 스마트시티의 느슨한 연방 거버넌스이다.

 소통의 표준이 제공되어도 협력의 대가가 없으면 협력은 오래가지 않는다. 전기와 수도와 같이 사용하는 만큼 과금하는 지불결제 시스템이 필요하게 된다. 바로 암호화폐가 제공할 기능이다. 이러한 분할과 연결, 유연한 활용과 사후 과금, 상호 소통 능력과 지불결제 등이 바로 클라우드 서비스가 진화하는 과정에서 발현된 창발적 가치들이다.

Self-organizing Smart city 4.0

5장

스마트시티 4.0
기술-사회 모델

도시란 길이와 너비로 측정되는 것이 아니다.
도시를 측정하는 것은 비전의 원대함과 꿈의 깊이다.
A city is not gauged by its length and width,
but by the broadness of its vision and the height of
its dreams.
허브 캉(Herb Caen), 미국 저널리스트

도시는 기술과 사회의 상호작용

*세상은 생산과 소비의 순환으로 이루어진다.
생산을 뒷받침하는 기술과 소비를 뒷받침하는
사회적 욕망이 세상을 변화시키는 양대 요인이다.
즉, 생산기술과 사회적 니즈는 상호작용하면서
세상을 바꾸고 있다. 이러한 기술사회의 공진화의 관점에서
스마트시티를 재조명할 필요가 있다.*

 기술과 사회는 강과 강물과 같이 서로를 의지하면서 서로를 변화시키고 있다. 기술은 기존의 일자리를 파괴한다. 하이패스는 고속도로 검표원의 일자리를 파괴하고 자동검침 시스템은 전기검침원의 일자리를 파괴한다. 그러나 산업혁명 역사상 일자리가 줄지 않은 것은 파괴된 만큼 더 높은 부가가치의 새로운 일자리가 창출되었기 때문이다. 즉, 창조적 파괴과정을 거치며 기술과 사회는 공진화하게 된다. 이러한 공진화과정을 이해하지 못하면 일자리 보호를 위해 기술을 두려워하는 사회가 될 수 있다. 그리고 그 결과는 진화경쟁에서의 탈락이라는 것이 역사의 증명이다.
 일자리의 파괴과정은 비교적 명확하다. 신기술의 생산성 향상이 기존의 일자리를 파괴하였기 때문이다. 그러나 새로운 일자리가 창조되는 과정은 지금까지 대부분의 학자들은 놓치고 있었다. 일자리의 창조의 원천은 기술

이 아닌 욕망이기 때문이다. 인간은 하위욕구가 충족되면 상위욕구 충족을 향해 이동해갔다. 먹고 사는 문제가 해결되면서 안정된 생활을 원하게 되고 안정의 문제가 해결되면서 사회 귀속의 문제를 갈구하게 되었다, 이제 4차 산업혁명은 사회 귀속을 넘어 자기표현의 욕구로 진화하고 있다. 이러한 미충족 욕망의 충족은 생산성 향상이 아닌 욕망 충족의 신기술로 촉발된다. 예를 들어 인터넷과 유튜브는 크리에이터라는 새로운 직업을 만들어냈다. 인터넷을 통해 나의 경험이 저비용으로 강하게 확산되므로, 나를 표현하는 직업이 급속도로 증가하게 된 것이다. 이와 같이 기술과 사회는 한편으로는 네거티브하게, 다른 한편으로서는 포지티브하게 상호작용하고 있다. 정상적인 상태에서는 생산성 향상 기술이 저부가 일자리를 파괴하고, 욕망충족 기술이 고부가 일자리를 창조해낸다. 이러한 기술사회의 복합적 상호작용을 바탕으로 4차 산업혁명의 변화의 방향을 바라보자.

    4차 산업혁명은 1, 2, 3차 산업혁명을 촉발한 기기, 전기, 정보와 같은 개별 기술의 혁명이 아닌 현실과 가상을 융합하는 다양한 기술의 O2O 융합 혁명이다. 현실과 가상이 융합하면서 융합 공유경제의 규모가 전체 경제 규모의 50%를 넘어설 것이라는 것이 2030년을 바라보는 미래학자들의 다수 의견이다. 다시 말해, 현재 일자리의 50%는 파괴되고 새롭게 50%가 창출된다는 의미이다. 그렇다면 일자리 파괴와 일자리 창조의 큰 그림을 보고 스마트시티가 가야할 방향이 제시되어야 할 것이다.

    한쪽 축에는 기술의 변화가 있다. 여기에는 기존 기술인 전기, 화학, 기계, 섬유 등의 기술과 트랜스폼 기술인 6대 디지털 트랜스폼과 6대 아날로그 트랜스폼과 인공지능이 있다. 이러한 기술의 변화방향을 한 축에 두고, 다른 축의 변화는 사회 요소의 변화이다. 현실 도시의 7대 요소가 현실과 가상이 융합하는 스마트한 도시로 진화하게 된다. 이 진화 과정의 동력은 인간의 상위 욕구로의 이전이다. 여기에 필요한 예측 방법론으로 STEPPER Society, Technology, Environment, Population, Politics, Economics, Resource 기법 등이 있다. 이러한 미래예측 기술에 의해 바람직한 미래 모습을 상정하고, 바람직한 미래로의 이전과정을 그려보는 것이 기술사회 공진화에 바탕을 둔 스마트시티의 로드맵일 것이다.

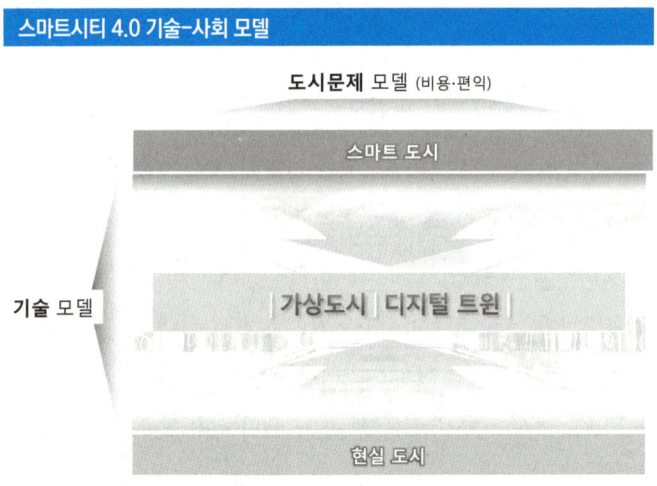

스마트시티를 위한 7 Pillar 사회모델

도시는 인간 삶의 플랫폼으로,
최소한의 자원으로 최적의 시민 삶을 제공해야 한다.
그러므로 스마트시티 4.0을 구현하기 위해서는 먼저
스마트시티의 요소들로 구성된 사회모델을 구축해야 한다.

도시를 가상도시화하기 위해서는 도시의 요소들을 먼저 정의하고, 이를 기반으로 도시 모델을 구축해야 한다. 도시에서 시민의 삶은 경제·사회의 생산, 이동, 소비의 3요소와 지속가능성의 환경, 제도, 교육, 안전의 4요소를 포함한 7대 요소로 구성된다. 우선, 경제-사회 문제는 생산과 소비의 순환으로 구성되며 생산의 요소는 산업과 금융으로, '생산한다'로 명칭 할 수 있다. 소비는 개인의 건강과 도시의 생활로, 생산과 소비를 이동 Mobility이 연결하게 되는데, 여기서 모빌리티를 인간과 시공간의 상호작용으로 재정의 할 수 있다.

이러한 경제-사회의 3대 사회요소가 지속가능하게 발전하기 위해서는 자연환경과 사회, 제도와 교육의 외부 환경 요소와의 지속가능성을 고려해야 한다. 환경은 지속가능한 경제사회 발전을 뒷받침하는 것은 물론, 도시의 환경오염이 증대되고 있는 현안이기도 하다. 안전의 측면에서 안전한 시민의 삶을 제공하는 인프라가 필요하다. 공정하고 효율적인 국가의 시스템이 제도로서 도시를 뒷받침해야 하며, 인프라와 서비스를 통한 관리와 행정의 효율화가 이루어져야 한다. 교육은 시민들의 평생교육과 연결되어 도시의 지속가능한 발전의 가장 중요한 요소라 할 수 있다. 그리고 이 모두의 전략적 방향을 결정하는 원동력은 도시의 거버넌스 구조이다.

이처럼 경제·사회의 생산, 이동, 소비의 3요소와 지속가능성의 환경, 제도, 교육, 안전의 4요소를 포함한 스마트시티 7 Pillar 모델을 제시한다. 경제·사회는 민 주도로, 지속가능성은 관 주도로 추진되어야 한다. 이 7가지 요소들이 최적화되어야 하며, 이를 위해 인간과 사물과의 연결성을 극대화하는 것이 스마트시티의 역할이 되어야 한다.

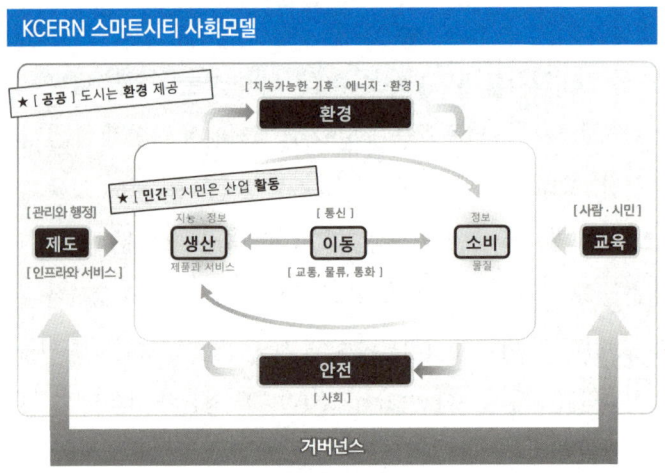

경제·사회의 3대 요소

도시의 생산성은 스마트워크에 달려 있으며, 상호 연결성 극대화를 위하여 도시는 밀집되어야 한다. 그러나 밀집된 도시는 교통과 부동산 비용을 증가시키므로, 이러한 딜레마는 원격 근무와 유연 근무를 가능하게 하는 스마트 워크로 해소해야 한다. 스마트 워크는 클라우드 활용을 위한 조직문화와 규제개혁으로 퍼질 것이며, 이를 통해 민간 조직은 30% 이상, 공공조직은 2배 이상의 생산성을 향상할 수 있다.

우선, 이를 위한 클라우드 인프라 제공이 스마트시티의 대책이다. 스마트워크로 출퇴근의 부담이 줄어들면 도시는 광역화되고, 교통 정체는 줄어들 것이다. 스마트워크는 개인 차원을 넘어 조직간 협업을 촉진하는 수준으로 지속적 진화가 필요하다. 스마트워크로 대면 회의가 원격 회의로 대체되고, 사무실 광역화도 증가할 것이다.

소비의 문제는 협력적 소비의 확대에 있으며, 공유경제 인프라가 스마트 도시의 소비 문제 해결 대안이다. 필요할 때 온 디맨드On demand로 제품과 서비스가 제공될 수 있는 초연결 구조가 스마트 도시의 인프라이다. 제품과 서비스가 결합하고, 소비자와 생산자가 항상 연결되어야 한다. 이를 위해서 공유경제의 각종 규제 개혁이 필요하다. 더불어, 자원의 낭비를 줄이고 환경을 보전하기 위해 각종 공유경제 서비스의 확대가 필수다.

생산과 소비를 연결하는 이동은 물류와 거래 등으로 구성된다. 자율차와 전기자전거와 드론과 같은 라스트 마일Last mile 이동 수단이 지하철과 버스와 같은 대중 이동 수단과 매끄럽게 연결되어야 한다. 이를 위하여 현재 기존 사업자 중심의 진입 규제를 소비자 중심으로 재편하는 규제 혁파가 강력히 요구된다.

지속가능성의 4대 요소

환경 모니터링을 위한 개방 공유 구조가 필요하고 이를 통해 환경 영향을 평가하고 적절한 보상을 하는 크라우드 소싱의 평가시스템을 구축할 수 있다. 도시의 분산 태양광 확산을 위한 스마트 그리드 정책도 필요하며, 도시 농업에도 환경의 긍정적 요소를 감안한 정책이 필요할 것이다.

안전은 도시의 신뢰이다. CCTV 등 각종 안전장치의 스마트화가 필요 요소이며 초연결 구조의 경찰과 방범 시스템이 구축되어야 한다. 범죄지도 등 안전 데이터의 공유 서비스를 하는 매쉬업 사회적 기업의 역할도 강화할 필요가 있다. 블록체인 활용으로 도시의 취약 계층 지원의 효율을 높이고 도덕적 해이를 줄일 수 있다. 더 나아가 블록체인 기반 지역 화폐로 경제 가치와 사회 가치의 교환 구조도 만들 수 있다.

교육은 스마트도시는 학습 도시 Learning city가 됨으로서 시민들의 평생 학습을 뒷받침하는 동시에 도시 자체가 스스로 학습하여 최적의 구조로 진화해야 한다. 사회적 혁신을 위한 리빙랩 Living lab을 통하여 시민들의 참여로 도시가 학습하여 스스로 자기조직화 하는 구조로 진화할 수 있다. 시민들이 참여하는 제도가 스마트시티의 핵심으로, 스마트폰 기반의 블록체인 직접 민주제를 통해 저비용·고효율의 시민참여가 가능해진다.

기업가정신이 키우는 스마트시티

최적의 연결 구조는 자기조직화로, 창조적 돌연변이가 시장 경쟁을 통하여 최적화된 것이 사회적 혁신이다. 이를 혁신의 리더십인 기업가정신이 이를 이끌어 간다. 혁신의 리더십인 기업가정신을 통해 플랫폼의 가치 모델의 3rd Party가 확대되고, 이를 통해 플랫폼이 지속해서 커지고 네트워크 효과가 창출된다. 이러한 합리적 연결 구조를 만들어내는 시스템이 스마트화이므로 스마트시티가 국가 경쟁력이 될 수밖에 없다. 또한, 온라인의 공유경제가 이루어지면서 협력이 경쟁우위를 가진다.

이러한 현실 도시가 가상도시를 거쳐 스마트시티가 되는 거대한 프로젝트는 인류 역사상 가장 의미 있는 프로젝트가 될 것이다. 기술과 제도의 탁월한 결합이 국가 차원의 기업가정신의 리더십과 결합할 때 한국의 새로운 도약이 가능하다.

스마트시티 사회모델 7대 요소

	요소	내용	스마트시티
[민주도] 경제 사회 TO BE	생산	도시 밀집 → 교통·주거 문제 발생 → **생산성 문제**	스마트 산업
	이동	**생산·소비 연결** → 물류, 거래 / 라스트 마일&대중교통 연결	스마트 모빌리티
	소비	소비 문제 → 협력적 소비 → **온디맨드 제품-서비스**	공유경제 인프라
[관주도] 환경 제도 AS IS	교육	평생학습의 스마트화+도시가 스스로 학습하는 구조	스마트 학습도시
	제도	**의사결정 구조**의 민주화	블록체인 융합민주
	환경	환경 모니터링을 위한 **개방 공유** 구조+환경 개선에 보상	스마트 그리드
	안전	CCTV 등 **안전 장치**의 스마트화 → 도시의 안전장치	스마트 세이프티

현재 수준 × { 사회적 혁신 **자기조직화** + 혁신의 리더십 **기업가정신** }

스마트시티를 위한 기술모델

*스마트시티 모델을 구현하는 시스템이 바로
스마트 트랜스폼(Smart Transformation)의 4단계 과정이다.
4단계는 현실을 가상화하는 디지털 트랜스폼과 가상세계
빅데이터를 인공지능이 최적화하는 과정과 그 결과를 현실화하는
아날로그 트랜스폼 과정으로 이루어진다.*

4차 산업혁명은 인간을 위한 가상과 현실의 융합 과정이며, 이 과정에서 두 세계를 융합하는 매개체는 데이터이다. 데이터는 클라우드 위에서 이루어지고 있다. KCERN은 현실세계와 1:1로 대응되는 가상세계에서 시공간을 재조합하여 현실을 최적화하는 일련의 프로세스를 4차 산업혁명의 4단계 융합모델로 정의한다. 4단계는 현실의 가상화인 디지털 전환과 가상세계 빅데이터를 인공지능이 최적화하는 과정과, 그 결과를 현실화하는 아날로그 전환 과정으로 이루어진다.

3차 산업혁명은 빅데이터, 클라우드와 같은 디지털 트랜스폼 기술이 주도하면서, 현실 세계를 가상으로 구현할 수 있게 했다. 4차 산업혁명에서는 아날로그 트랜스폼 기술의 완성도가 높아지면서, 3차 산업혁명에서 구축한 가상의 세계가 현실로 구현되기 시작했다. '인간을 위한 현실과 가상의 융합'인 4차 산업혁명은 데이터화, 정보화, 지능화와 스마트화라는 4단

계로 구현될 수 있다.

현실을 가상화하는 디지털 트랜스폼과 가상을 현실화하는 아날로그 트랜스폼이 순환하는 4차 산업혁명의 4단계 스마트 트랜스폼 과정은 인간의 두뇌에서 이루어지는 4단계와 같다. 인간의 뇌는 현실 세계가 아니고 데이터로 이루어진 가상세계이다. 인간의 뇌와 4차 산업혁명은 현실세계를 가상화하여 구조화된 모델을 만들고 예측과 맞춤을 통하여 현실을 최적화(스마트화)한다는 측면에서 같다. 이 단계는 인간의 뇌와 같은 과정을 거친다. 인간이 오감을 통해 데이터를 획득하여 단기기억은 해마로, 장기기억은 대뇌피질로 저장되어 정보화된다. 이는 빅데이터가 전전두엽에서 구조화되어 지능화의 결과가 현실화되는 것과 같다.

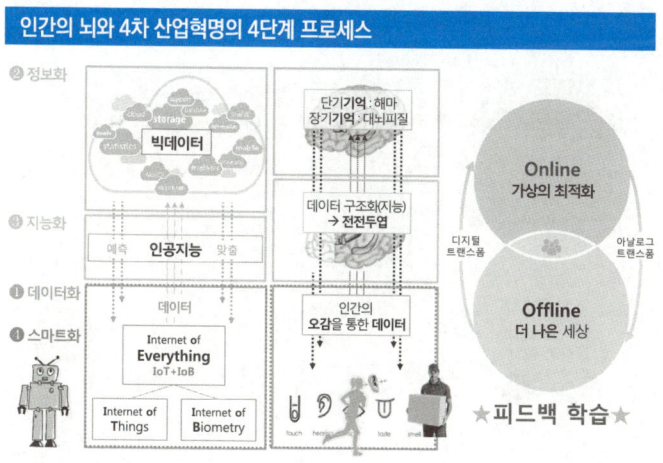

먼저 기술은 현실을 가상화하는 디지털 트랜스폼 기술과 가상세계를 최적화하는 인공지능 기술과 그 결과를 현실로 옮기는 아날로그 트랜스폼 기술로 구성된다. 그 가운데 예측과 맞춤의 인공지능[AI]이 자리하고 있다. 이

를 각각 6대 디지털 트랜스폼 기술과 6대 아날로그 트랜스폼 기술, 그리고 AI로 구성된 D.A.A. 모델로 제시한다.

가상화에 필요한 기술이 디지털 트랜스폼이라면, 스마트화에 필요한 기술은 그 반대 방향 기술인 아날로그 트랜스폼이다. 여기에 중간에서 가상세계의 최적화 역할을 수행하는 인공지능이 추가되면 스마트 트랜스폼의 기술 3종 세트가 완성된다.

4차 산업혁명의 구현 모델로 디지털 트랜스폼+인공지능+아날로그 트랜스폼(D.T.+A.I..+A.T.)의 기술로 이루어진 1) 데이터화 2) 정보화 3) 지능화 4) 스마트화의 4단계 모델이 제시된다.

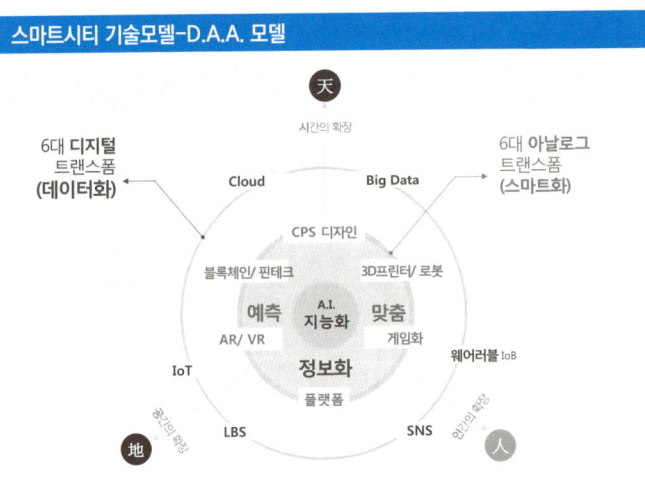

6대 디지털 트랜스폼 기술은 시간을 융합하는 클라우드, 빅데이터, 공간을 융합하는 IoT, GPS, 인간을 융합하는 SNS, IoB 등으로 구성된다. 6대 아날로그 트랜스폼 기술은 서비스 디자인, 3D프린터/로봇, 게임화, 플랫폼, 블록체인/핀테크, 증강/가상 현실 등으로 구성된다.

12대 기술 세부 설명

기술명		세부 설명
디지털 트랜스폼 기술	IoT 사물인터넷	■ IoT는 기기 및 사물들이 네트워크로 연결됨으로써 유기적으로 데이터를 수집·학습·활용하며, 정보의 공유를 통해 상호작용하는 네트워킹 기술 및 환경을 의미
	LBS	■ 길 찾기, 위치기반 광고 등 다양한 LBS(Location Based Service)들이 퍼지고 있음 ■ 실내외 측위 시스템이 결합하여 인간과 사물의 위치를 모두 가상화하게 되면 가상공간이 현실 세계를 공간적 차원에서 완전히 가능함
	클라우드	■ 기술을 지칭하는 클라우드 컴퓨팅과 서비스를 지칭하는 클라우드 서비스가 있음 ■ 효율적인 빅데이터 활용을 위해서는 클라우드를 활용하는 것이 상당히 유리함
	빅데이터	■ 일정규모 이상의 크기와 다양성을 갖춘 데이터를 빅데이터라 지칭하며, 이를 수집·처리·분석하여 가치를 창출해내는 기술
	IoB (웨어러블)	■ 웨어러블 디바이스는 신체에 부착·동화되어 네트워킹과 컴퓨팅을 할 수 있게 지원하는 기기를 통칭
	SNS	■ SNS는 인간과 인간을 강력하게 연결하는 다양한 소셜 네트워크 서비스로 가상화되고 있으며 SNS를 통하여 현재 인간은 과거 의사소통보다 1000배가 넘는 소통을 하고 있음
아날로그 트랜스폼 기술	CPS 디자인	■ CPS는 고객이 서비스를 구체적으로 경험하고 평가할 수 있도록 고객과 서비스가 접촉하는 모든 경로의 유·무형 요소를 구체적이고 물리적으로 창조하는 것 ■ 서비스 디자인은 공공서비스디자인, 사회문제 해결 디자인으로 역할을 수행 중
	3D 프린터/ 로봇	■ 3D 프린팅은 디지털 디자인 데이터를 이용해 제조함으로써, 제조 절차와 생산에 커다란 변혁을 가져오며 가상의 디자인을 현실에서 물질화하는 기술임 ■ 3D 프린터의 등장과 빠른 보급으로 인해 소비자는 직접 제품의 제작·소비·수리 등에 참여하기가 수월해짐
	증강/가상 현실	■ 증강현실은 현실세계에 존재하는 기술사용자에게 시의적절한 가상정보를 제공하여 현실에 대한 사용자의 인식이나 능력 등을 증강시켜주는 기술

스마트시티 4.0 기술-사회 모델

기술명		세부 설명
아날로그 트랜스폼 기술	증강/가상 현실	■ 가상현실은 컴퓨터와 인간 오감의 상호작용을 통해 디지털 데이터로 구성된 가상의 영상, 이미지 등을 현실처럼 느끼기 해주는 기술임
	블록체인/ 핀테크	■ 핀테크는 금융(Finance)과 기술(Technology)이라는 두 단어를 결합한 합성어로 스마트 기술들로 혁신된 새로운 금융 기술을 의미함 ■ 블록체인(Blockchain)은 신뢰할 수 없는 개체 간 합의를 통한 비가역적 정보를 관리 및 처리하는 기술, 중개자 없이 익명의 개인 간 가치를 전달할 수 있는 시스템임
	게임화	■ 게임화는 현실의 개혁으로, 우리의 삶에 가치 있는 이야기를 입히고 지속가능한 동기부여를 하는 유력한 대안이 될 수 있을 것임 ■ 게임화는 단순한 보상과 경쟁의 차원을 넘어서고 있으며, 보상에 기반을 둔 외재적 동기부여는 보상의 효과가 시간에 따라 감소함
	플랫폼	■ 플랫폼이란 공통 역량을 모아 체계적으로 구축한 온라인/오프라인의 공간이자, 다양한 이해관계자들이 모여 네트워크 효과를 통한 가치창출이 일어나게 하는 장임

스마트시티의 기술-사회 모델

현실 도시에서 스마트 도시로 가는 과정에
가상의 디지털 트윈 도시가 있다. 여기에 사회 문제 모델과
기술 모델이 필요하다. 지금까지 스마트시티의 사회 모델이
제시된 바 없이 현상적으로 접근해 왔다.
KCERN은 처음으로 도시의 사회모델과 기술모델을 결합한
스마트시티의 기술-사회모델을 제시하고자 한다.

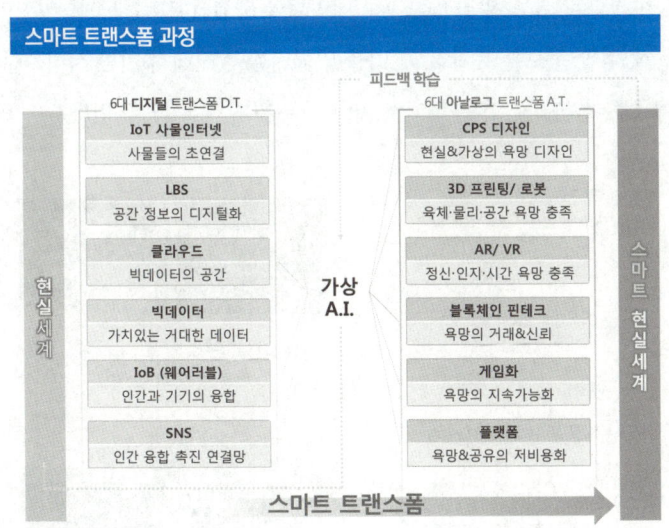

4차 산업혁명은 디지털 전환 과정이 아니라 디지털 트랜스폼과 아날로그 트랜스폼의 순환인 스마트 트랜스폼Smart transformation으로 명명하고자 한다. 스마트 트랜스폼 기술과 4단계 융합 프로세스는 현실 세계와 1:1로 대응되는 가상세계에서 데이터로 시공간을 재조합하고, 인공지능으로 데이터를 분석하여 현실을 최적화하는 과정으로, 다음과 같은 4단계로 이루어진다.

① 데이터화 단계에서 레거시(Legacy) 데이터와 IoT·IoB를 통해 공간과 인간의 데이터를 수집한다.
② 정보화 단계에서 이전에 수집된 데이터들이 클라우드에 보관, 저장되어 빅데이터를 구축한다.
③ 지능화 단계에서 인공지능과 기계지능을 통해 예측과 맞춤이 이루어진다.
④ 스마트화 단계에서 아날로그 트랜스폼 기술을 활용하여 최적화된 현실을 구현

범죄 치안의 경우, 방범 CCTV로 데이터를 수집한 후 클라우드 빅데이터를 통해 생활 정보를 통합하고, 이를 인공지능이 선제적 치안 서비스를 해서 예측하면, 스마트화를 통해서 치안 기능을 첨단화 할 수 있다.

❶ 데이터화 IoT
방범 CCTV를 통한 안면데이터, 열화상 센싱, 차량감지센서 등으로 **데이터 수집**

❷ 정보화 CLOUD/ BIGDATA
실시간 우범지역 데이터 분석
생활 안전 **정보 통합**

❸ 지능화 A.I.
보안상황의 **사전 인지**
우범지역 **선제적 치안 서비스** 제공

❹ 스마트화 아날로그화
경찰 수색 드론 및 자율주행차를 활용한
치안 **기능 첨단화**

결과적으로 도시의 규모보다 범죄 증가 속도가 낮아질 것이다.

재난 관리는 기존 재난 데터를 분류해서 데이터화하고 이를 클라우드의 빅데이터를 만든다. 이를 인공지능이 분석해서 O2O 재난 관리 프로세스를 만들면 부분과 전체가 융합한 스마트 재난 관리가 가능해진다.

❶ 데이터화 IoT
  기존 재난 발생 **데이터 분류**
  GIS와 항공촬영, 모바일을 통한 **데이터 수집**

❷ 정보화 CLOUD/ BIGDATA
  재난 정보의 클라우드화
  실시간 **통합** 및 신속한 **전파**

❸ 지능화 A.I.
  재난 예보 및 실시간 모니터링 **선제적 대응**
  재난 상황 대응 교육 제공

❹ 스마트화 아날로그화
  O2O 재난관리 프로세스를 통해
  경찰, 소방 긴급 출동 지원,
  위험시설물 보호 지원 서비스 제공

교통의 경우, 교통 전체를 데이터화해서 정보화하고, 이를 인공지능이 최적의 중앙 시나리오와 최적의 교통 시스템을 만든다.

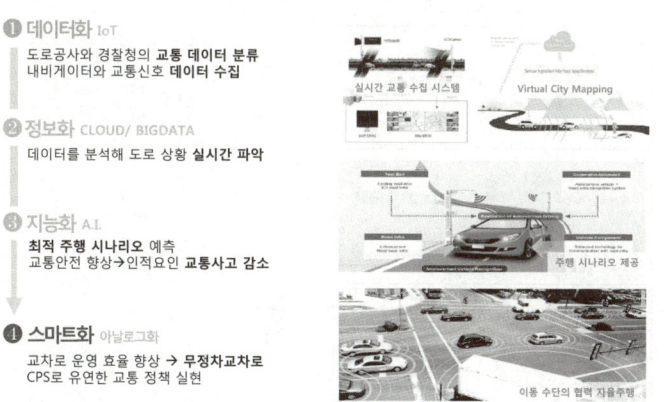

❶ 데이터화 IoT
  도로공사와 경찰청의 **교통 데이터 분류**
  내비게이터와 교통신호 **데이터 수집**

❷ 정보화 CLOUD/ BIGDATA
  데이터를 분석해 도로 상황 **실시간 파악**

❸ 지능화 A.I.
  최적 주행 시나리오 예측
  교통안전 향상→인적요인 **교통사고 감소**

❹ 스마트화 아날로그화
  교차로 운영 효율 향상 → **무정차교차로**
  CPS로 유연한 교통 정책 실현

스마트시티 4.0 기술-사회 모델

이로써 교차로 운영 효율을 향상할 수 있는 유연한 교통 정책을 만들 수 있다. 최종적으로 스스로 문제를 해결하는 교통 시스템이 가능해진다.

헬스케어는 코호트 DB를 통해 생체 데이터를 안전하게 수집해서 이를 빅데이터로 구조화하고 인공지능이 개인별 맞춤 진단을 해줄 수 있고, 건강을 예측할 수 있다.

❶ 데이터화 IoT + IoB
코호트 DB 활용 및 개인 생체 데이터 수집

❷ 정보화 CLOUD/ BIGDATA
수집된 빅데이터의 **구조화**
(비용 청구/결제 데이터, 전자진료기록, 의약품 R&D, 환자 행동 및 감정 데이터 등)

❸ 지능화 A.I.
개인별 건강 이상 및 질환 진단 예측

❹ 스마트화 아날로그화
개인별 **맞춤** 건강 관리
(질병, 운동량, 수면 등 맞춤형 의료서비스 확대)

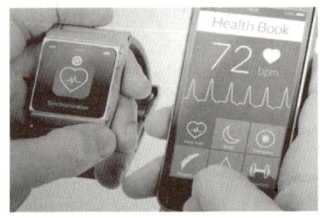

에너지는 빌딩 전체의 에너지를 수집해서 이를 클라우드에 정보화해서 인공지능이 분석하면 스마트화가 가능하다. 한국의 에너톡 같은 기업들이 이런 서비스를 제공하고 있다.

❶ 데이터화 IoT + IoB
IoT(스마트 미터 등)로 빌딩이나 가정 내
실시간 전기량 수집

❷ 정보화 CLOUD/ BIGDATA
실시간 **전기사용량 저장 및 분석**
전기사용량에 따른 요금 계산, 누진 단계 측정

❸ 지능화 A.I.
일일 시간 별 에너지 사용 패턴에 따라
맞춤 솔루션(요금 관리, 누진세 적용 경고, 비정상 작동 기기 안내 등) **제공**

❹ 스마트화 아날로그화
에너지 절감 서비스 제공, 불필요한 에너지 낭비 예방, 고객에게 **자율적 운영, 관리 권한** 제공

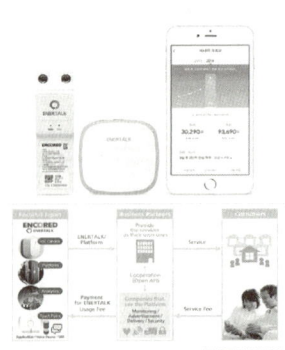

186

이러한 스마트 트랜스폼 과정을 기반으로 하여 스마트시티를 구현할 수 있다. 4단계를 스마트시티에 적용하여 전 과정을 간략히 설명하면 다음과 같다.

1단계는 인간의 오감과 동일한 역할의 단계로서 IoT 기술 등이 인간의 오감에 해당하여 스마트 전환의 역할을 담당하며, 이 단계에서 민간 데이터와 공공데이터로 구분하여 수집할 수 있다.

2단계 정보화 단계에서는 인간의 대뇌피질과 동일한 기억의 역할을 하는데, 정보가 융합되기 이전에 클라우드에 반드시 저장되어야 한다. 이 때 클라우드 상에서 개별 정보 차단과 보호를 위하여 컨테이너라는 개념이 제공되고 블록체인 기술이 도입되고 있다. 이 단계의 궁극적 목표는 현실과 가상이 1:1로 대응되는 것이므로 '디지털 트윈Digital twin' 단계이다.

3단계 지능화는 인간의 전전두엽과 같은 지능의 역할을 한다. 계산을 위한 기계 지능과 예측을 위한 인공지능이 빅데이터를 활용하여 현실화를 위한 모델링을 해야 하므로 예측과 맞춤의 다양한 활용을 만들고, 이를 담당할 제3자의 참여를 촉진해야 하는 단계이다. 클라우드의 오픈소스PaaS와 응용 소프트웨어SaaS를 최대한 활용하여 소프트웨어의 내부 제작도 최소화해야 융합이 촉진될 수 있다.

마지막 단계는 현실 세계를 스마트화하여 아날로그로 전환하는 과정으로, 앞서 클라우드의 빅데이터를 인공지능을 활용하여 예측한 결과를 바탕으로 현실의 문제를 해결하는 아날로그 트랜스포메이션 과정에 해당한다. 그리고 4단계 과정의 결과는 현실 최적화 후 피드백 되어 지속적으로 최적화 되는 과정을 거친다.

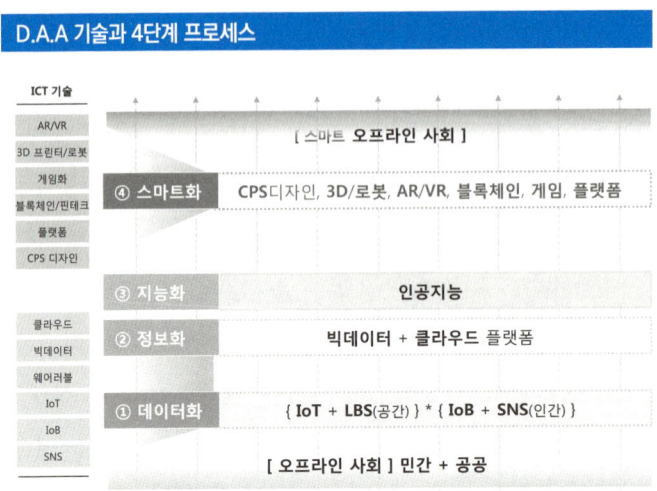

 이러한 스마트 트랜스폼의 4단계를 기반으로 오프라인 도시의 7대 요소를 디지털 트랜스폼으로 가상화시키고 아날로그 트랜스폼으로 다시 스마트화하는 스마트 트랜스폼 4단계 융합 모델을 '스마트시티 4.0 기술-사회 모델'로 제시한다.

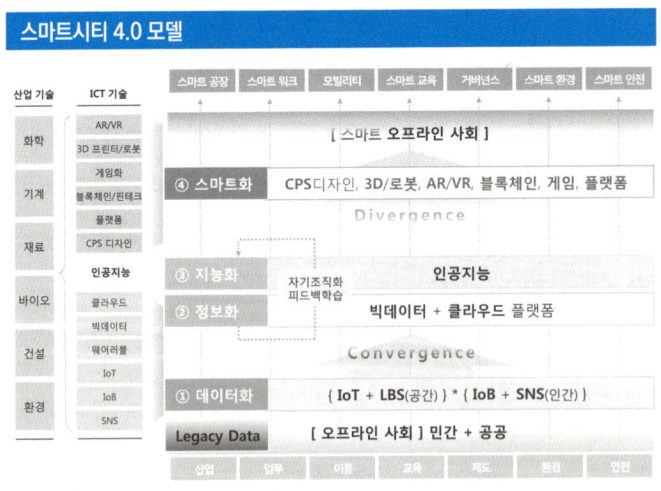

오프라인의 데이터가 가상 도시 플랫폼에 집중Convergence되고, 이것이 인공지능을 통해 최적의 결과를 도출하여 현실 도시로 분산Divergence되는 과정으로 이루어진다.

이를 통해 산업, 업무, 이동, 교육, 제도, 환경, 안전이 스마트 트랜스폼을 통해 스마트 상가, 스마트 워크, 모빌리티, 스마트 교육, 거버넌스, 스마트 환경, 스마트 안전으로 현실의 스마트화를 이루어 낸다. 2~3단계에서 가상도시가 구축되고, 가상도시에서 지속적인 피드백 학습을 통해 자기조직화가 이루어지고 최적의 결과가 현실에 적용될 수 있다.

KCERN의 스마트 트랜스폼 4단계 모델에서 모든 도시문제의 해결 과정은 4단계로 구성된다. 분야별 프로젝트 목적은 다르나, 그 과정은 4단계가 같이 이루어짐을 앞선 분야별 4단계를 통해 확인할 수 있었다. 4단계 과정의 중심은 빅데이터+인공지능의 플랫폼이다. 플랫폼은 많은 데이터가 모일수록 가치가 증대하고, 많은 활용 프로젝트가 창출될수록 의미가 커지므로, 개방 구조를 갖는 것이 중요하다.

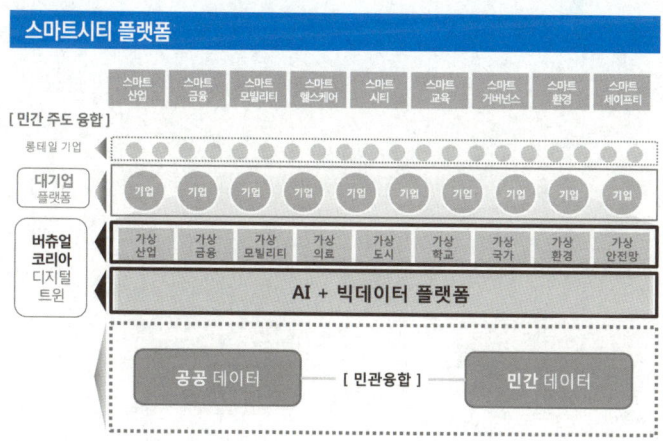

이러한 플랫폼 위에서 수많은 기업가들이 리빙랩과 같은 다양한 사회적 가치를 창출하는 역할을 하게 될 것이며, 여기에 아날로그 트랜스폼 기술들이 동원된다. 이 과정에서 플랫폼 기업과 롱테일 기업들이 합쳐서 수많은 도시의 새로운 문제를 해결하게 된다.

결과적으로 플랫폼 구조는 도시 전체를 아우르는 스마트시티 플랫폼과 분야별 플랫폼, 그리고 개별 기업 플랫폼으로 이루어지는 계층 플랫폼 구조로 진화할 것이다. 디지털 트윈(KCERN의 평행도시)은 현실과 가상을 연결하는 역할로서 스마트시티 전략의 중심으로 부상하고 있다.

스마트 트랜스폼으로 구축되는 스마트시티

스마트시티 모델은 결국 우리가 오프라인 사회를 어떻게 스마트한 오프라인 사회로 만드냐의 문제이다. 1단계는 우리 맘대로 할 수 없는 오프라인 세상을 데이터화하는 것이다. 그리고 이 결과를 클라우드에 빅데이터화 하는 정보화를 거쳐, 인공지능이 지능화하여 스마트 트랜스폼을 통해 현실 세계를 스마트화한다. 이를 통해 우리의 각종 현실 세상이 스마트한 시티로 바뀔 수 있다.

현실도시와 가상도시가 융합하는 스마트시티는 데이터화, 정보화, 지능화, 그리고 스마트화라는 4단계를 프로세스로 구현된다. 이에 스마트시티 4.0의 구축전략은 4단계 프로세스에 맞추어 제시한다.

스마트 트랜스폼 1단계, 데이터화

현실과 가상의 1단계는 현실 세계를 가상화하는 것이다. 이를 위해 사물인터넷^{IoT}과 생체인터넷^{IoB}과 같은 디지털화 기술로써 시간, 공간, 인간의 정보나 활동을 디지털로 기록하는 데이터화가 필요하다. 즉, 현실의 시간,

공간, 인간의 3간^{間}을 다양한 센서로 가상화하는 것이 4차 산업혁명의 첫 단계이며, 이에 활용되는 각종 센서가 4차 산업혁명의 오감이 된다. 데이터화하는 단계를 통하여 현실 세계에서는 우리 마음대로 할 수 없지만, 데이터의 가상 세계는 편집과 복제가 자유롭다.[55]

자연이나 사회현상을 점^{Node}과 선^{Link}이라는 그래프의 데이터로 모델화하는 그래프 이론을 접목한다면, 현실 세상은 정보, 공간, 인간의 3요소를 중심으로 데이터화해서 현실과 같은 가상현실을 구현할 수 있다. 사물인터넷^{IoT}과 위치기반 기술^{LBS}, 생체인터넷^{IoB}과 같은 디지털 전환 기술들을 통하여 생성되는 데이터는 민간 데이터와 공공 데이터로 분류하여 수집될 수 있다.

스마트시티가 지능화로 가기 위한 전제조건이 빅데이터 구축이며, 빅데이터가 형성이 되지 않으면 시작부터 불가능하다. 세계의 주요 국가들이 개인정보보호 규제를 개혁하고 있는 이유이다. 지금의 데이터 수집은 규제로 인하여 사전동의가 원칙이나, 빅데이터는 사후활용을 기본 속성으로 한다. 즉, 개인정보 수집 규제와 빅데이터 활용이 충돌한다.

미국은 사전규제가 아니라 사후징벌 하는 옵트아웃$^{Opt-out}$이란 네거티브 데이터 규제를 하고 있다. 일본은 2017년에 데이터 활용을 촉진하기 위해 전향적으로 개정된 개인정보보호법을 시행하였으며, 유럽도 2018년 5월부터 시행되는 새로운 개인정보 기준인 GDPR$^{General\ Data\ Protection\ Regulation}$에서 조건부 사후 동의를 허용했다. 한국도 4차 산업혁명 특위에서 논의되고 있는 개인정보보호법 관련 개정안이 포괄 동의와 사후 징벌 강

---

[55] 오프라인의 가치(소유)와 온라인의 가치(공유)가 충돌하는 이유임

화로 전환해야 한다.

개인정보의 보호와 활용의 균형 속에서 개인의 행복과 사회적 가치가 최대화될 수 있으나, 아무도 내가 누군지를 모른다면 각종 사회서비스도 불가능하다. 반대로 나의 모든 데이터가 노출된다면 사생활을 보호할 수 없으므로, 보호와 활용을 위해 '안전한 활용'이란 균형점을 찾아야 한다.

개인정보에 관한 규제개혁은 우리의 경쟁상대인 일본을 참고하되 이들을 앞서는 수준으로 선진화되어야 한다. 일본은 이미 유럽보다 미래지향적인 개인 정보 기준을 만들었으며, 그 핵심에 익명가공정보라는 개념이 있다. 개인정보와 익명가공정보에 대한 명확한 기준을 제시하여 데이터 활용의 법률적 리스크를 최소화해야 한다. 동시에 우리의 비식별화에 해당하는 익명 정보를 기준에 맞추어 가공하는 가공업체를 통하여 데이터의 안전한 활용을 촉진한다. 이와 더불어 개인에게 개인정보에 통제권을 부여하여 활용과 보호의 균형이 맞추어야 한다.

개인정보와 더불어 공공정보의 개방도 중요하다. 공공데이터의 활용을 높이기 위해서는, 반드시 민간의 클라우드를 활용한 데이터 개방과 국가기밀에 해당하는 데이터를 제외하고는 모두 공개한다는 원칙에서 데이터 보안과 공유의 균형점을 찾아야 한다. 공공데이터 개방의 목표로서 영국을 참조하여 90% 이상의 공공데이터를 개방해야 한다.

구체적으로 기관이 아니라 데이터 기준의 따른 3단계 데이터 분리가 필요하며, 이러한 데이터 분류작업도 2단계에서 1단계로 단축해야 한다. 또한, 3등급의 공공 데이터는 기본적인 인증을 획득한 클라우드 서비스라면 자유롭게 활용할 수 있어야 한다.

공공데이터 개방을 위해서는 공무원들이 적극적으로 데이터 개방에 임할 수 있도록 인센티브가 주어져야 하고 개방에 따른 불이익이 없어야 한다. 예를 들어, 데이터의 오류 등에 대하여 한시적 면책 특권이 필요하며, 지금의 개방을 승인받는 체제에서 비개방을 승인받는 네거티브 데이터 원칙으로 가야 한다. 또한, 개방 과정은 쉬워야 한다. 공무원들에게 데이터 인터페이스까지 만들라는 것은 개방하지 말라는 얘기와 같다. 가장 중요한 이해관계자들인 공무원에게 개방의 보상은 높고 페널티는 적어야 공공데이터 정책이 활성화될 수 있다.

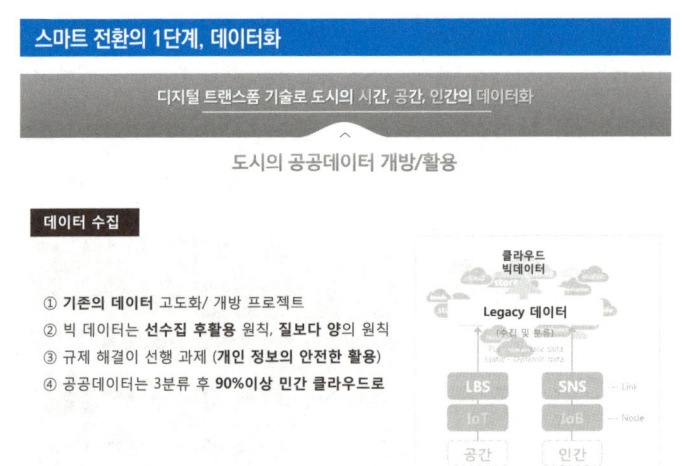

데이터의 수집과 디지털 트윈 구축

가상도시를 구축하기 위해서는 우선 기존 데이터(레거시 데이터)와 현실 세계의 데이터(공간, 인간 데이터)를 수집하여 클라우드에 빅데이터화해야 한다. 단, 빅데이터는 선 수집 후 활용을 원칙으로 수집될 필요가 있다. 이를 위해서는 개인정보의 안전한 활용이 담보되어야 하므로 클라우드 규제, 개인정보보호 규제 등의 제도 개혁을 선결 과제로 삼아야 한다. 더불어 개방 혁신을 위해 수집된 빅데이터의 저장 위치는 공공이 아닌 민간 클라우드가 되어야 한다. 따라서 공공데이터는 반드시 3분류 후 90% 이상을 민간 클라우드에 저장해야 한다.

최근 데이터 수집을 통한 디지털화 tool이 다양하게 등장함에 따라 디지털화가 쉬워지고 있다. 브이월드 3D 지도, 3D 레이저스캔과 빌딩 정보 모델링BIM 등이 그 예이다. 이미 한국은 브이월드라는 오픈 플랫폼을 통해 국내 지형과 건물에 대한 데이터를 수집하여 3D로 제공하고 있다.

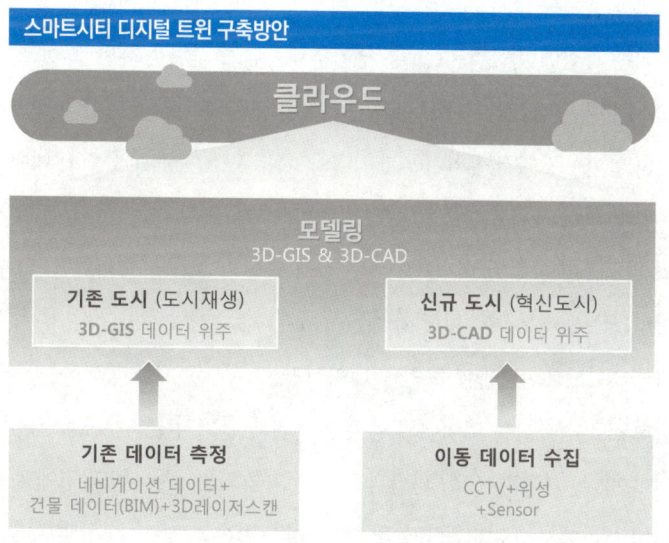

따라서 이를 기반으로 다음과 같이 통합 발전시킬 것을 제안한다. 즉, 브이월드의 지역 단위 가상화(3D 지도) 콘텐츠와 3D 레이저스캔과 빌딩 정보 모델링BIM을 활용한 공간의 가상화 콘텐츠를 융합하는 것이다. 특히 설계도가 부재한 노후 건물의 경우, 3D 레이저 스캔을 통해 건물 내부의 공간을 쉽게 가상화할 수 있다. 또한, 도시의 활동 정보로서 IoT를 활용하여 개

인의 활동 데이터를 수집하고 이를 비식별화된 개인정보(이동정보, 거래정보, 금융정보)로 변환하여 활용할 수 있다. 상기 정보들이 결합된다면 도시의 정적/동적 활동을 시각화정보로 제공할 수 있을 것이다.

스마트 전환의 2단계, 정보화

정보화 단계는 클라우드에 빅데이터를 형성하는 단계로써, 인간의 기억이 형성되는 과정에 비유할 수 있다. 인체(뇌)는 단기 기억은 해마에, 장기 기억은 대뇌피질에 저장되어 정보화되는 것처럼 현실의 사물과 인간의 데이터는 서버와 클라우드에 저장되어 빅데이터화 된다. 현실 세계에 흩어진 데이터가 융복합 되면서 가치를 만드는 것이 네트워크 효과이다. 예를 들어, 개별 자동차의 위치들이 통합된 내비게이터는 전체 교통의 흐름을 보여주며, 더 많은 데이터가 모일수록 예측의 정확성은 높아진다.

결국, 요소 데이터들이 모인 빅데이터가 부분과 전체를 통합하는 역할을 담당하므로 정보화는 데이터의 융복합을 위해 반드시 클라우드를 기반으로 하여야 한다. 기업과 기업, 민간과 공공이 융합되는 4차 산업혁명에서 특정 조직의 서버에서 데이터가 융합될 수는 없다. 결론적으로 4차 산업혁명의 정보화는 필연적으로 클라우드에서 이루어진다. 이미 주요 국가들은 클라우드 퍼스트 Cloud First 정책을 표명한 지 오래이며, 미국 CIA와 국방성 등 비롯한 최고 비밀을 다루는 정부 기관도 민간 클라우드를 활용하고 있다. 나아가 미국은 2017년 클라우드 퍼스트에서 클라우드 유일 Cloud only 정책으로 변경하였으며, 클라우드 사용을 우선할 것을 의무화하는 법률까지 재정했다.

선도국가들은 공공데이터를 민간 클라우드로 개방하여 민간의 데이터가 융합한 빅데이터를 구축하고 있는데, 한국은 이러한 흐름을 역행하고 있다. 정부의 G-Cloud는 자체적 설립안을 제시하는 것으로 공공의 영역에 Cloud를 도입한다는 측면은 미국, 영국, 일본 등과 유사하다. 그러나 민간의 Cloud를 활용하지 않고 자체적으로 설립하는 유일한 사례. 다만, 최근에 정부는 클라우드 기반 차세대 전자정부 플랫폼을 구축을 발표하였으므로 새로운 변화가 있기를 기대한다. 클라우드 활용을 제약하는 클라우드법 4조와 21조의 예외조항 삭제와 20조의 해석은 공공기관만이 아니라 공공기관을 포함한 중앙정부와 지방정부까지 확장이 필요하다.

클라우드에서의 개별 정보 차단과 보호를 위하여 개별 콘텐츠를 보호하는 블록체인과 빅데이터를 보호하는 컨테이너로 데이터의 안전한 활용이 가능하다. 클라우드의 가장 큰 오해는 클라우드는 보안에 취약할 것이라는 잘못된 시각이다. 서버와 클라우드의 해킹 및 랜섬웨어 등의 정보보안 분석 통계는 압도적으로 서버가 더 취약한 것으로 입증된 바 있다. 클라우드를 활용하여 보안역량을 강화한 대표적인 사례가 에스토니아의 X-Road이다. 에스토니아는 지속적인 사이버 테러와 해킹으로 MS의 Azure를 국가의 메타플랫폼으로 도입했다.

공공데이터와 민간데이터가 융합과 활용을 위해서는 데이터의 공유를 통한 효율화와 다양한 참여자[3rd party]를 끌어들이는 것이 중요하다. 이는 플랫폼 구조로서 무엇을 공유할 것인지를 결정하는 구성요소[eComponent]와 이를 어떻게 설계[Rule]하는지가 중요하다.

클라우드 제도개선과 함께 미흡한 국내 클라우드 시장 활성화를 위한 정책의 목표로서 클라우드 트래픽 50%를 제시한다. 더불어 싱가포르의 버추얼 싱가포르, 에스토니아의 X-Road를 넘어선 버추얼 코리아 프로젝트 추진을 제안한다.

스마트 전환의 2단계, 정보화

서버에서 클라우드의 Digital Twin으로

"규제 개혁" 이 전제 조건 (규제완화 X)

전략 방향

① 클라우드 퍼스트 (미국은 클라우드 Only)
  개별 서버의 시대 종말
  생태계 구축, 정보가 융합되기 위한 클라우드 우선
② 규제 해소
  공공 데이터 직접 제공 → 공공 데이터 개방 매쉬업
  → 공공과 민간의 융합 (통전에서 마켓플레이스)
③ 안전한 활용
  리믹스의 공유로 혁신의 확산
  블록체인과 컨테이너로 데이터의 안전한 활용
④ 플랫폼 설계
  플랫폼의 Component & Rule의 설계

- 현실과 1:1 대응되는 **디지털 트윈화**
- 클라우드 선정 → 안전한 활용
  → **블록체인과 컨테이너 활용**
- 개인정보와 클라우드의
  규제 개혁이 전제 조건

런던시는 급격한 인구증가와 이로 인한 사회문제를 기술로써 해결하겠다는 관점으로 스마트 런던 플랜(2013)을 발표했다. 스마트 런던 플랜은 협력과 참여, 기술혁신, 정보공개와 투명성, 효율적인 자원관리 등을 통해 시민의 삶의 질을 향상하고자 7개의 주요 정책의 방향을 제시했다. 7가지의 주요 정책 중의 하나인 공공데이터 개방은 2010년부터 국가 차원에서 추진해온 정책이다. 런던은 당시 런던 데이터 스토어를 개설하였으며, 스마트시티 프로젝트로 더욱 발전했다.

경제, 사회, 환경에 대한 통계를 한눈에 볼 수 있는 '런던 대시보드London Dashboard' 웹 사이트를 개설하여 시민들에게 다양한 정보를 제공하고 있다. 여기에 총 1000여 종의 공공데이터 및 통계자료를 개방과 통합 API로 600개 이상의 애플리케이션이 등장한다. 딜로이트는 이러한 공공 데이터 개방과 통합 API로 매년 1억 3,00만파운드(약 1,900억 원)에 이를 것으로 추정하고 있다.

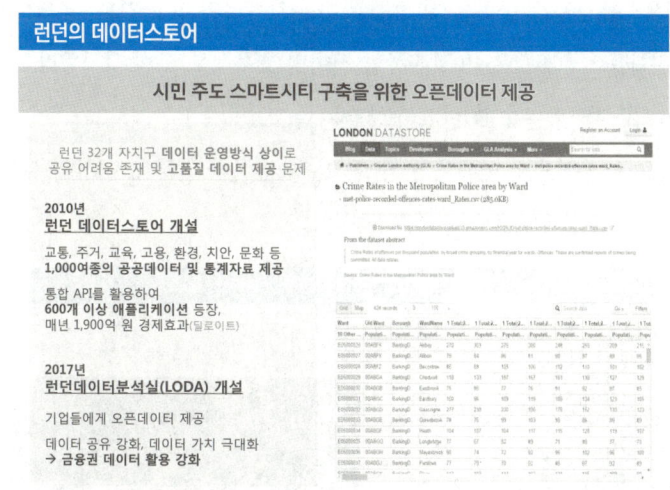

항저우의 시티브레인

2017년 7월, 항저우시는 '항저우 스마트시티' 발전계획을 발표했다.[56] 항저우 시티브레인 프로젝트는 알리바바가 주도하여 교통경찰, 도시 관리, 건설위원회 등의 11개 공공부문에 화삼통신 华三通信, 푸스캉 富士康과 같은 13개사 IT기업들이 협력하여 진행하고 있다. 주요 프로젝트들은 데이터를 활용한 주민 서비스 환경개선을 목표로 하며, 교육, 의료, 사회보장, 커뮤니티, 빈민구제, 체육, 문화, 관광, 농업, 기상 등에서 다양한 프로젝트가 진행된다. 동시에 사회 스마트화 관리로서 모델을 구축하여 도시를 관리한다. 이는 교통, 경찰업무, 도시 관리, 시장 감독, 안전감독, 감사업무, 조직

---

56) 코트라 중국 항저우무역관, 해외시장 뉴스를 참조

체계, 회계감사, 환경보호, 신용 등에서 활용된다.

    스마트 교통 프로젝트로 항저우의 신호등 128개를 관리하여 시범지역 통행시간을 15.3% 줄이는 데 성공했으며, 교통사건 신고 건수도 500번 이상, 정확률이 92%로서 도로교통법 집행의 효율성을 크게 향상했다. 스마트시티 프로젝트는 2020년까지 항저우시 GDP의 10%의 부가가치를 생성할 것으로 예측되며, 이후에 항정우시는 중국 온라인 금융, 물류와 유통의 중심지로 부상할 것으로 전망된다.

싱가포르의 버추얼 싱가포르

    버추얼 싱가포르는 스마트 네이션Smart Nation의 첫 번째 프로젝트로, 새로운 가치를 창출하는 스마트 국가 건설을 목표로 시작했다. 이는 싱가포르 내의 모든 건축 정보, 지형 지반 정보를 가상 세계로 옮기고 스마트폰, 센서, 카메라 등 다양한 데이터 수집 경로를 통해 실시간 정보를 반영하는 등 실제 도시를 가상 세계에 똑같이 옮겨놓은 '디지털 트윈'을 구축하는 것이다. 즉, 도시 내에서 일어나는 다양한 문제들을 디지털 트윈의 융합으로 해결하고, 이를 통해 새로운 가치를 창출하는 스마트시티를 구현한다. 특히 공통의 데이터 교환 플랫폼을 구축하여 시뮬레이팅[57]을 실시하는 등 정부는 국가 내 돌발 상황에 신속하고 효과적으로 대처할 수 있다.

버추얼 싱가포르의 가장 큰 특징은 데이터 접속이 개방적이어서 시민의 접근성이 수월하다는 점이다. 더불어 데이터를 개방하여 시민의 삶의 질을 높이는 다양한 서드 파티 어플리케이션 개발에 도움을 주고, 나아가 정책 개발자나 도시 연구자들이 다양한 연구와 프로젝트를 진행하도록 도와주고 있다는 점이 주목할 만하다.

버추얼 싱가포르의 또 다른 특징은 의사결정 구조로, 기존 도시의 Top-Down 의사 결정 구조가 아닌 bottom-Up 방식이다. 이는 빅데이터의 창출이 시민에게서 비롯된다는 점을 인지하고 이들을 참여시키는 방향으로 재편한 것이다. 한 예로, 국립과학실험NSE 프로젝트는 대학생 참가자들에게 'SENSg' 라는 기기를 나눠주어 온도, 습도, 소음 수준과 같은 데이터를 수집하게 한 후, 모아진 걸음 수, 이동 패턴, 탄소 발자국 등의 데이터를 학생들이 직접 분석하고 적용시키는 과정을 체험케 했다. 이처럼 싱가포르는 시민 주도의 스마트시티 구현을 위해 노력하고 있다.

싱가포르는 주요 대학과 MS, IBM, 다쏘시스템 등의 글로벌 기업들과 IoT, 빅데이터, 3D 모델링, 인공지능을 활용한 버추얼 싱가포르 프로젝트를 추진 중이다. 가상 싱가포르가 구현되면 이후에는 모든 데이터를 개방·

---

57) 시뮬레이팅은 재난 상황, 사고 등의 예상치 못한 상황에서 스마트폰 신호, 도로 교통 정보, 건물 정보 등을 실시간으로 수집하여 3D 예측, 인텔리전트 모델링을 통해 앞으로 일어날 상황들을 미리 예측할 수 있다.

공유하여 정부와 시민, 기업과 연구기관 사이의 벽을 허물고 개방혁신을 추진할 계획이다.

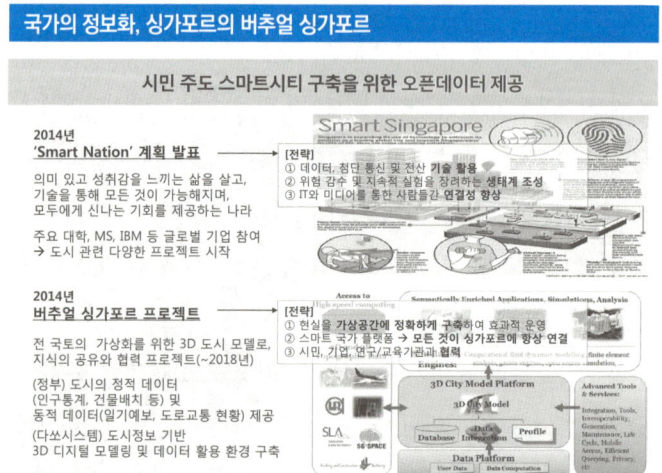

우리나라도 공간정보 오픈플랫폼인 브이월드를 국가 차원에서 구축하여 국가가 보유 중인 공간 데이터를 국민이 활용할 수 있도록 다양한 방식으로 개방하고 있다. 각 부처의 행정 공간정보를 제공하며 영상 데이터, 수치 표고 모형, 3D객체모델과 같은 상세한 3차원 공간정보까지 제공하고 있다.

브이월드는 웹, 데스크톱, 모바일 등 사용 환경에 제한 없이 사용할 수 있도록 제공하고 있으며, 오픈 플랫폼으로써 사용자가 새로운 서비스를 구축할 수 있도록 오픈 API도 제공하고 있다. 이뿐만이 아니라 학술적 분석과 같은 더 광범위한 활용성을 위해 요청 시 원시 데이터 또한 제공 중이다.

버추얼 싱가포르는 국가가 어떤 도시 문제를 해결할 것인지 구체적인 목적이 정해져 있다. 버추얼 싱가포르는 도시 연구와 계획부터 실제 안전, 통제 등 구체적이고 실현 가능한 목표들을 설정하고, 이에 필요한 여러 가지 인프라를 구축 해나가는 중이다. 특히 데이터를 수집하고 이를 공통 데이터 교환 플랫폼으로 정보화한 디지털 트랜스폼을 통해 현실을 가상으로 옮겨 놓은 것뿐만이 아닌, 가상현실에서 시뮬레이팅(지능화)한 결과를 실제 도시 운영에 반영함(스마트화)으로써 아날로그 트랜스폼 서비스를 구상 중이다. 또한 시민 주도의 플랫폼으로써 함께 문제를 발굴하고 해결해나가는 과정이 주목할 만하다.

반면, 브이월드는 국가가 가진 공간 정보를 단순히 제공하는 역할에 그치고 있다. 사용자(국민)가 필요한 공간 정보를 요청하면 이를 국가로부터 받아 전달해주고 사용자에 맞춰 필요한 서비스를 제공한다. 이점에서는 플랫폼의 역할을 하고 있으나 브이월드는 상호 피드백이 부족한 상황이다. 또한, 브이월드는 자신이 제공하는 공간 정보를 통해 다양한 시뮬레이팅이 가능하다고 주장한다. 그러나 이는 브이월드가 제공하는 자체 데이터만으로는 부족하다. 즉, 도로교통 상황 측정, 유동인구 조사 등 부가적인 데이터를 따로 제공받는다면 공간정보 시뮬레이팅이 가능할 수 있을 것으로 판단된다.

스마트 전환의 3단계, 지능화

지능화 단계는 인간의 전전두엽과 같은 기능을 한다. 해마와 대뇌피질에 있는 데이터를 구조화하여 예측과 맞춤으로 최적화란 가치를 창출하는 것처럼, 클라우드에 모인 빅데이터를 분석하고 구조화하여 미래에 대한 시간(時間)의 예측과 개별 사물과 개인에 대한 시공간(時空間)의 맞춤을 제공하는 것이다. 빅데이터를 구조화한 모델로써 예측과 맞춤이란 최적화를 하는 것은 인공지능이다. 이 단계는 딥러닝을 포함한 인공지능의 예측 기술이 주요 역할을 하고, 전통적인 계산능력은 기계지능이 보완한다.

지능화 단계에서 가장 중요한 것은 인력이며, 특히 인공지능 개발 인력보다 활용 인력 육성이 중요하다. 인공지능은 이미 여러 오픈 커뮤니티에서 오픈소스로 제공되며, 무료로 사용할 수 있는 인공지능 커뮤니티가 곳곳에 있다. 동시에 다양한 분야에서 인공지능이 활용될 것으로 예측된다.

앤드류 옹$^{Andrew Ng}$은 AI를 전기와 같다고 비유했다. 즉, 인공지능은 전기처럼 모든 분야에 활용되면서 개발보다 활용이 우선되어야 한다. 따라서 인재육성 정책이 필요하다. 전문 인력 양성을 위해 3~6개월의 집중적인 교육 시스템이 필요하며, 현장인력은 간단한 활용 교육으로 기업마다 간단한 인공지능을 활용할 수 있도록 해야 한다.

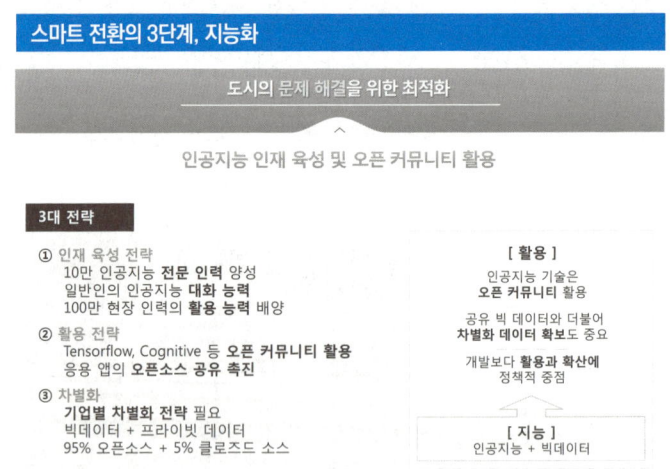

인공지능의 활용 Tool은 클라우드 오픈소스^{PaaS}와 응용 소프트웨어^{SaaS}는

최대한 활용하여 소프트웨어의 내부 제작도 최소화해야 한다. 인공지능 기술은 Tensorflow, Cognitive와 같은 오픈 커뮤니티와 깃허브^{Github}에서 제공하는 오픈소스를 적극적 활용을 유도하는 정책이 필요하다. 특히 공유되는 SW는 전 세계가 활용하고 있으며 예속의 우려가 없다.

대부분은 공유를 통해 효율화를 꾀하더라도 차별화를 위한 전략도 병행되어야 한다. 즉, 95%를 오픈 소스나 공유데이터를 활용하더라도, 5%는 차별화된 데이터나 SW를 활용하는 전략이 필요하다. 추격 경쟁의 시대에는 폐쇄적 비밀 유지가 성공 전략이었다면, 4차 산업혁명의 개방 협력 시대에는 개방과 공유가 성공전략이 된다는 것을 인지해야 한다. 실리콘밸리 소프트웨어의 95%는 오픈 소스이며, 나머지 5%만 직접 개발하면 시장 경쟁에서 차별화된 나만의 제품과 서비스가 가능하다. 그러나 한국은 90%를 직접 개발하면서 18배의 자원을 추가 투입해야 한다. 폐쇄 경쟁에서 개방혁신으로의 패러다임의 전환이 절실한 시점이다.

인공지능 시장의 규모는 약 2000억 달러 내외로 추산되나, 활용시장은 세계시장의 절반인 40조 달러로 추정된다(GE, 2012). 이에 선도국과 글로벌 기업들은 인공지능 활용 인재가 부족하리라 판단하고, 인재 육성을 위해 노력하고 있다. 텐센트는 A.I. 시장에서 80만 명의 인재가 부족하리라 예측하며, 미국, 유럽, 일본, 중국 등은 민관이 협력하여 A.I. 인재양성에 총력을 기울이고 있다.

대한민국의 인공지능 전략에서 가장 시급하게 추진되어야 할 정책이 AI 활용인재의 양성과 이를 위한 시스템을 구축이다. 벤처기업을 대상으로 한 설문조사 결과, 응답자의 76%가 AI 필요성을 인식하고 있으나, 절반이상이 인력이 부족하여 활용전략에 어려움을 겪고 있다고 응답했다(KCERN,

2016). 지금은 현실적으로 부족한 A.I. 인재 육성을 삼성, 포스코, SK, 네이버와 같은 대기업들이 자체적으로 필요한 인력들을 수급하는 수준으로 진행되고 있다.[58]

이에 2018. 5. 16 대통령직속 4차 산업혁명 위원회는 인공지능 인력 양성 계획을 발표했다.[59] AI 인재 육성 정책에서는 AI 원천 기술을 개발할 수 있는 전문 인재와 응용 제품·서비스를 만들어 낼 수 있는 활용 인재를 구분하여 총 5000명의 인재를 양성할 것이라고 밝혔다.[60]

서울시는 서초구와 카이스트와 협력하여 인공지능 분야에 특화된 양재 R&D 혁신허브를 구축했다. 카이스트가 보유한 인공지능 분야의 인적, 기술적 자원이 제공되며, 카이스트 교수진의 강의는 물론 2020년까지 전문가와 실무진을 양성할 수 있는 체계적인 프로그램까지 진행된다. 또한, 인공지능 분야의 혁신 생태계를 만들기 위해 개방형 협업 연구라는 이름으로 전문 연구원은 물론, 아이디어가 있는 일반인들도 참여할 수 있는 인공지능 분야의 새로운 사업모델을 모색하고 개발하는 협업 프로그램도 꾸준하게 진행된다.

정부와 지방정부에서 인공지능 인재육성 정책이 벌어지고 있지만, 아직 현장의 수요에 턱없이 부족하다. 우리나라의 사업체 수는 395만[61]이며, GE의 예측에 따라 10년 이내에 A.I. 활용이 필요한 비율은 30%[62] 이다. 기업 당 한 명의 A.I. 활용인력이 필요하다고 가정하면, 당장 현장에 필요한 A.I. 활

---

58) 이데일리, [A.I. 인재전쟁]②美대학생까지 '입도선매'..해외 연구소 통째 인수도
59) http://www.hani.co.kr/arti/economy/it/844700.html
60) 2019년부터 인공지능대학원 신설하고 2022년까지 1400명의 전문인재를 확보하며, AI 프로젝트 교육으로 새로운 제품과 서비스를 창출할 수 있는 데이터 활용 중심 융복합 인재를 2022년까지 3600명 규모로 양성할 계획
61) 통계청 16년 통계자료 전국 사업체 현황
62) GE(2012) "Industrial Internet" 보고서는 A.I. 활용 시장이 세계 시장의 30%라고 제시함

용 인력은 100만 명이다.

이에 A.I. 프로그래밍이 가능한 10만 명과 현장에서 이를 적용할 수 있는 인력 100만 명을 양성을 제안한다. 카이스트만이 아니라 서울대와 포항공대가 협업한 다양한 인재육성 기관 및 커뮤니티의 확산과 해외에서 제공되는 다양한 콘텐츠들을 번역하고 이를 제공하는 시스템이 구축되어야 한다.

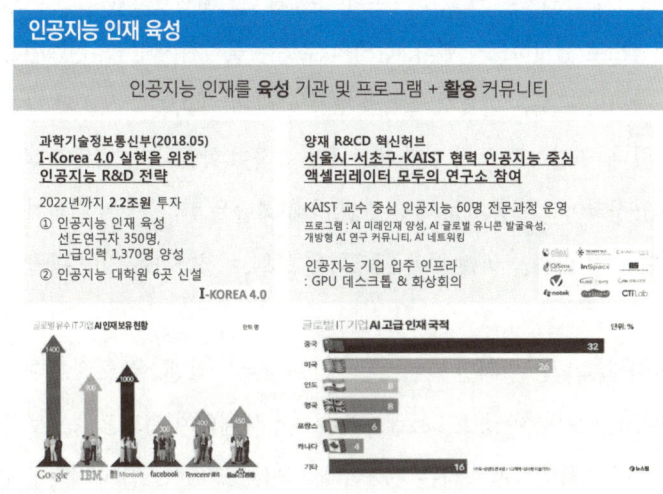

스마트 전환의 4단계, 스마트화

마지막 스마트화 단계는 2단계의 빅데이터를 활용하여, 3단계의 인공지능이 만든 예측과 맞춤의 가상 세계의 가치를 현실 세계로 가져오는 과정으로 정의하고자 한다. 해당 단계는 전체 스마트 트랜스폼 4단계의 화룡점정 단계로서 인공지능이 도출한 예측과 맞춤의 가치를 현실화하는 단계이다. 클라우드의 빅데이터를 오픈 소스인 구글의 TensorFlow 등과 같은 인공지능으로 예측한 결과로 현실의 문제를 해결하는 아날로그 트랜스폼 하는 과정이다. 이는 인간의 행동에 해당하는 단계로서 4차 산업혁명의 기술로는 로봇을 들 수 있다. 즉, 가상세계에서 최적화한 예측과 맞춤의 가치를 현실화하는 것이다.

여기서 인공지능의 예측과 맞춤의 가치를 현실화하는 기술을 광의의 로봇 개념으로 제시하고자 한다. 협의의 로봇은 물리적 행동을 수반한다. 그러나 광의의 로봇은 반드시 물리적 행동일 필요는 없으며, 챗봇과 같은 예시도 있다. 인간은 행동의 결과 피드백을 통하여 학습하며, 로봇의 행위 결과가 긍정적이면 인공지능 내부 모델 강화 학습을 한다. 행위 결과가 부정적이면 수정 학습을 하여 더욱 구조화된 모델로 진화하는 것이 학습 과정이다.

4차 산업혁명은 디지털 트랜스폼에서 아날로그 트랜스폼으로 무게 추가 이동하고 있으며, 아날로그 트랜스폼은 가상세계의 예측과 맞춤으로 현실세계 인간의 욕망을 충족하는 기술이다. 아날로그 트랜스폼의 시작은 현실과 가상을 넘나드는 인간의 욕망을 디자인하는 CPS$^{Cyber Physical System}$ 디자인으로 인간의 미충족 욕망을 육체와 정신의 차원에서 디자인하는 서비스 디자인의 확장이다.

인간의 욕망을 디자인하여 육체적 욕망 충족은 3D 프린팅과 로봇이, 정신적 욕망 충족은 증강/가상현실 기술이 역할을 수행하게 된다. 이어서 욕망을 거래하는 블록체인과 핀텍, 욕망을 지속하는 게임화 기술이 요구되며, 마지막으로 욕망을 공유하는 플랫폼 기술을 제시하고자 한다.

이러한 신기술 보급을 위하여 기술 교육 온/오프라인 교육 체계와 기술

자기조직화하는 스마트시티 4.0

의 지속적 발전을 뒷받침할 집단지능 기반 기술 교육 플랫폼 구축이 필요하다. 스마트화의 구현 단계에서 리빙랩$^{Living\ lab}$과 같은 테스트 베드가 요구된다. 대표적인 사례가 네덜란드의 암스테르담 스마트시티의 리빙랩으로, 자세한 내용은 아래와 같다.

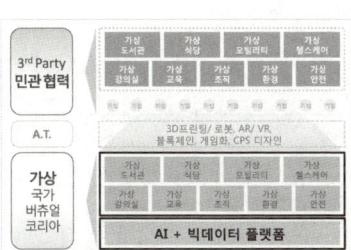

네덜란드의 리빙랩

최근 국가와 시장의 힘으로 해결되기 어려운 도시사회 문제들이 등장하면서 '사회혁신$^{Social\ innovation}$'의 정책적 수단으로 '리빙랩'이 등장하고 있다. 리빙랩은 시민이 혁신활동에 적극적으로 참여하여 지식을 함께 창조하는 주체라는 점이 특징적이다.(송위진, 2012)[63] 이 때문에 리빙랩 실험의 주요 행위자인 Public(정부·지자체)-Private(민간기업·개발자)-People(시민·지역사회) 간의 Partnership(협력)이 핵심 역량으로 작용한다. 리빙랩은 공

---

63) 송위진(2012), "Living Lab: 사용자 주도의 개방형 혁신모델", STEPI Issues&Policy 2012' 제59호

공과 민간, 시민과 지역사회 등이 목표를 공유하면서 실험의 설계부터 해법 도출에 이르는 모든 프로세스에서 '협력생태계'를 조성하는 것이 중요하다.

이미 유럽에서는 도시 문제의 해결 수단으로 리빙랩을 활용하고 있다. 그 예인 네덜란드 암스테르담 스마트시티^{ASC}는 '스마트루프 2.0'이라는 파일럿 프로젝트를 추진 중이다. 이 프로젝트는 암스테르담 마린테린 구역의 건물 옥상마다 자동센서가 달린 원통형 특수장치[64]를 설치하여 기후변화로 인한 홍수, 폭염에 대응하기 위한 것이다. 또한, 사물인터넷IoT 리빙랩 프로젝트로 '스마트 파킹 시스템'[65]이라는 아이디어를 도출하여 주차문제를 해결하고 있다.

최근에는 도로에 태양광 패널을 적용하는 파일럿 프로젝트를 확산할 예정이다. 2014년 세계 최초로 태양광 패널이 적용된 자전거도로 '솔라 로드$^{Sola Road}$'는 국토가 좁아 풍력발전소 등 큰 규모의 발전소를 설치하기 어려운 지리적 특성을 감안하여 도출해 낸 아이디어이다. 솔라로드 10m당 연간 1가구가 사용할 수 있는 3600kWh의 전기를 생산하여 지속가능한 에너지 활용 수단으로 주목받고 있다.

이렇듯 네덜란드는 지역주민이 아이디어를 내고 시 정부의 펀딩을 받아 만드는 리빙랩 프로젝트를 다양하게 추진하고 있다.

이러한 리빙랩 프로젝트가 국내 실 사례로 등장하고 있다. 대표적인 사례가 대전의 '건너유 프로젝트'이다. 갑천 '물고기다리'의 잦은 하천범람 문제를 리빙랩 방식으로 해결했다는 점이 특징적이다. 최근 전통 한옥마을인 북

---

64) 원통에 빗물이 저장되면 자동센서를 통해 식물에 물을 주고 수증기를 증발시켜 건물 온도를 낮춤
65) 동 시스템은 길가에 차량이 10분 이상 주차돼 있으면 IoT가 장착된 태양광 센서가 이를 인식해 해당 차량에 경고한 뒤 주차관리원에게 알려주는 시스템임

촌에서는 IoT로 지역 문제를 해결하려는 '북촌 리빙랩 프로젝트'가 진행되고 있다.

핀란드의 폴리시랩[66)]

유럽에서는 사회 문제를 비롯한 국가 문제 해결의 대안으로 폴리시랩(정책실험실)이 등장하고 있다. 이들의 공통점은 정부와 민간 영역의 전문가들이 함께 다양한 사회 혁신 방법론을 활용하여 정책을 실험하고 혁신해나가고 있다는 점이다.

핀란드는 기존의 정책결정 및 실행과정의 근본적인 변화가 필요함을 인지하고 '꼬케일룬 빠이까'라는 플랫폼을 구축하여 운영하고 있다. 해당 플랫폼을 통해 국민들을 직접 만나 의제 방향을 정하고, 실험의 성공과 실패를 기반으로 더 큰 정책결정을 하는 방향으로 추진하고 있다. 정부는 이러

---

66) 이원재(2018.5.15.), '실험하는 국가'가 필요하다. https://goo.gl/oQZFF4

한 의사결정 방식이 정부가 비용을 절감하면서 국민과의 신뢰도를 높이는 방법이라고 보고 있다.

대표적인 폴리시랩 사례로는 '기본소득 실험'이 있으며, 시민단체나 지방정부 차원의 실험이 아닌 중앙정부 차원의 정책 실험을 진행했다는 점이 특징적이다. 프로젝트의 규모, 보편성 등의 요인이 국가 단위의 폴리시랩과 지자체 단위의 리빙랩의 차이점일 것이다.

그 외에 창의성이 발휘되기 위해서는 다양한 현실 문제를 발굴 및 해결을 위해 거대 단일 조직이 아니라, 다양한 롱테일 Longtail 기업들의 참여가 필요하다. 오픈 플랫폼의 빅데이터를 오픈소스 인공지능을 활용하여 스타트업과 중견기업과 대기업들이 생태계를 형성한다. 이로써 스마트시티, 스마트 모빌리티, 스마트 헬스케어, 스마트 환경 등을 실제로 구현하는 것이다.

이 단계에서는 개방과 공유의 복합 생태계 전략이 중요하다. 스마트폰의 거대 앱 스토어 플랫폼과 숱한 응용 앱의 생태계와 같은 거대 플랫폼과 다양한 롱테일 기업들이 이루는 울창한 숲의 형성이 이 단계의 모습이다. 이때, 분야별 다단계 플랫폼 구조화를 통해 효율화를 높여야 하며, 아날로그화 기술의 보급과 지속발전 가능한 체계화를 구축해야 한다.

롱테일 기업의 참여와 함께 스마트화 단계의 가장 첨예한 문제는 현실과 가상의 융합 과정에서 발생하는 기존 오프라인 기업과 공유경제 기업의 충돌이다. 카풀 기업과 택시 업계의 갈등이 대표적인 사례로 꼽을 수 있다. 소비자의 이익을 최우선으로 창조적 파괴를 하되, 이해관계자의 조정이 전제되어야 한다. 소비자 입장에서 문제를 판단하자는 방향이 4차 산업혁명 선도 국가들의 공통된 입장이다. 차량공유 서비스가 불법인가 합법인지의 문제는 소비자의 후생 관점에서 판단하는 것이 바람직할 것이다.

이렇듯 오프라인 산업의 50% 이상이 창조적 파괴에 직면하는 4차 산업혁명의 성공 여부는 현실과 가상의 융합 과정의 갈등 조정 능력에 달려 있다. 이에 갈등 문제의 해결 대안으로, 핀란드의 폴리시랩과 네덜란드의 리빙랩의 혼용을 제안한다. 국가 차원의 제도 문제(클라우드 활용 문제, 개인정보보호문제 등)는 핀란드의 폴리시랩을 통해 해결해나가도록 하며, 지역사회 내의 세부적 문제 해결 및 다양한 서비스 창출은 네덜란드의 리빙랩을 통해 추진할 것을 제안하는 바이다.

스마트시티 추진을 위한 제도개혁의 방향

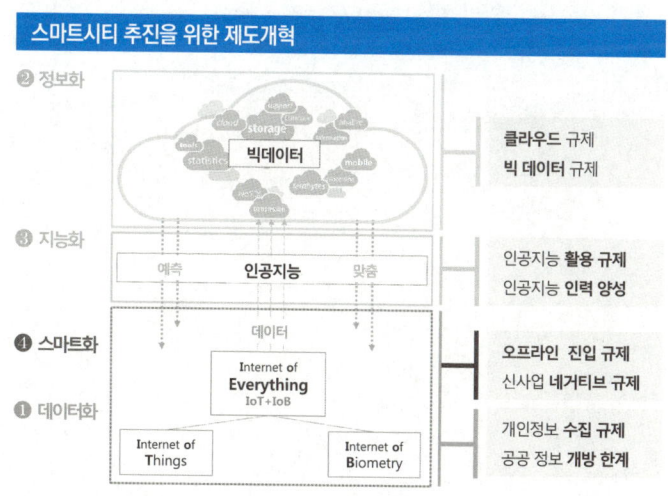

스마트시티가 구현되기 위해서는 앞 절에서 언급한 것처럼 현실과 가상이 4단계 프로세스를 통하여 융합하여야 하며, 이 가운데 국가의 역할은 단계별로 제도적 문제를 해결하는 것이다.

데이터 단계에서는 개인정보 수집과 공공정보의 개방, 정보화 단계에서는 클라우드 규제와 빅 데이터 구축, 지능화 단계에서는 인공지능 활용 인력의 양성, 그리고 스마트화 단계에서는 진입규제와 신산업의 네거티브 규제가 핵심 과제이며, 4차 산업혁명으로 가는 King-Pin이다.

6장

도시가 스마트해지는 방법

모든 위대한 예술은 메트로폴리스에서 태어났다.
All great art is born of the metropolis.
에즈라 파운드(Ezra Pound),
미국 시인, 비평가

스마트시티 플래그십 프로젝트

앞서 스마트시티 사회모델을 살펴보았다.
사회 모델의 7가지 요소는 생산,
이동, 소비, 환경, 제도, 교육, 안전, 그리고 전체를 관장하는
거버넌스로 구성되어 있다. 각 요소에 맞추어 스마트시티에서
적용될 수 있는 플래그십 프로젝트를 본 장에서 설명하고자 한다.

각각의 플래그십 프로젝트들은 사회적 영역은 다르나 스마트화되는 트랜스폼 과정은 동일하다. 설명한 바와 같이 현실세계를 데이터화하고, 개별적 데이터를 클라우드에서 빅데이터화 하는 정보화를 거쳐 인공지능을 통하여 예측과 맞춤의 가치를 제공하는 지능화, 그리고 이를 현실화시키는 스마트화 과정을 거치게 된다. 데이터화 과정에서는 IoT, IoB, LBS, SNS 와 같은 기술들이 다양하게 활용된다. 그러나 기본적으로 공간과 인간의 요소와 관계를 수집한다는 점에서는 동일하다. 스마트 공장은 개별 장비와 개별 제품의 데이터를 수집하고, 근로자의 인체정보를 수집하여 상호 관계를 나타내는 위치정보와 결합하면 된다. 조금 더 나아가 사물인터넷의 표준, LoRa와 같은 통신표준 등을 이해하면 데이터화는 어디서나 어렵지 않게 구현된다. 2단계인 정보화는 과거에는 많은 복잡한 기술들이 요구되었으나 이제는 IT를 몰라도 정보화를 할 수 있는 클라우드 서비스 사업자들

이 대거 등장했다. 전기의 원리를 모르고 전기를 쓰듯이 IT의 원리를 몰라도 IT 사업을 할 수 있다는 것이다. 클라우드를 활용하는 방법만 알면 된다. 3단계 지능화는 일견 어려워 보이는 인공지능이 사실은 엑셀과 비슷한 수준으로 쉬워지고 있다. 구글 AutoML 등과 같은 인공지능 자동화 서비스들이 다양하게 등장하고 있고, 이제 프로그램을 몰라도 인공지능을 활용할 수 있는 길이 열리고 있다. 가장 중요한 것은 스마트화이다. 스마트화에는 6대 아날로그 트랜스폼 기술들이 다양하게 활용되어야 한다. 이 중 가장 중요한 것은 인간의 욕망을 디자인하는 CPS 디자인이다.

스마트 빌딩

4차 산업혁명 실증화의 시작은 스마트시티다. 방대한 스마트시티 프로젝트의 시작은 도시공간의 정보화부터 시작한다. 손에 와 닿는 한국의 4차 산업혁명은 시민들의 스마트폰에서 구현되는 스마트시티부터 시작해야 할 것이다. 스마트시티의 기본인 공간정보는 실외정보와 실내정보로 대별된다.

우선 실외정보 확보 방안을 보자. 한국은 지리정보시스템인 GIS^{Geographical Information System} 구축에서 전 세계적 선구자였다. 막대한 예산을 투입해 전 국토를 3차원으로 정보화하는 '브이월드^{V-World} 프로젝트'를 지난 2012년에 발표하고 무료 개방하고 있으나, 구글 어스 등에 밀려 활용은 대단히 미흡하다. 무거운 사용자 인터페이스가 불편의 주된 요인이다. 그래도 높은 해상도의 3차원 공간 정보 활용의 가치는 아직도 충분히 존재한다. 여기에 드론 등을 활용해 신규 공간정보를 추가 보완하면 스마트시티의 첫 단추를 끼울 수 있다.

다음으로 실내정보의 확보 방안을 강구해보자. 실내정보 확보는 레이저 스캔과 같은 고가의 기술을 통해 획득해왔다. 정밀한 스마트공장의 유지보수를 위해서는 이와 같은 고비용 기술이 필요하다. 그러나 실내 내비게이션을 위한 실내 공간정보는 4차 산업혁명의 스마트폰 기반의 공간정보 획득 기술로도 충분하다. 이미 디지털 설계정보인 BIM^{Building Information Management}이 구비된 건물은 실내 3차원 공간의 정보 제공이 용이하다.

BIM이 없는 빌딩은 스마트폰과 드론 등을 활용한 공간인식 기술로 저비용으로 3차원 실내 공간정보를 확보할 수 있다.

이제 확보한 공간정보에 각종 기능 정보와 활동 정보를 겹치면 스마트시티의 시공간 융합이 이뤄진다. 예를 들어, 빌딩의 입주 기업과 주요 사업 등을 스마트폰 애플리케이션으로 실시간 인지할 수 있게 된다. 증강현실 AR 기술은 이러한 다양한 정보융합 활용의 촉매가 될 것이다. 차량과 사람의 이동과 각종 환경 변화 등 동적 활동 정보가 융합하면 버추얼 싱가포르와 같은 디지털트윈의 가상도시가 구현될 수 있다.

이제 과거에 기술 부족으로 한계에 부딪혔던 실내 공간정보 활용 산업을 재가동해보자. 우선 실내 내비게이션은 현재 실외에 국한된 내비게이션의 활용도를 극적으로 향상할 것이다. 실내 내비게이션은 코엑스와 같은 복잡한 쇼핑몰에서 스마트폰 내비게이터로 내가 찾는 상점이 어디에 있는지 검색해 원하는 목표지점을 국적과 장애 여부 관계없이 바로 찾아갈 수 있게 해 준다.

실내 내비게이션은 화재·지진·정전 등의 재난에 대한 가장 효율적인 대응책이다. 비상구의 위치를 몰라 피신을 못하고 소방관들이 건물 내부를 몰라 진입 방법에 혼란을 겪는 일이 사라지게 된다. KAIST 연구진이 이미 실내 내비게이션에 대해 세계 최고 기술을 보유하고 있다. 대한민국이 실내외를 통합한 내비게이션의 최초 실용화 국가가 되는 도전을 해보자.

도시 전체의 실내외 3차원 공간정보와 건물 내 기업의 기능 정보가 통합되면 가상현실 VR의 브이커머스 V-commerce의 길이 열리게 된다. 실제 오프라인에서 방문하지 않고도 VR에서 방문해 쇼핑하는 가상 경험을 할 수 있게 된다. 현실과 가상이 융합하는 4차 산업혁명의 모습이다. 관광객들이 한국을 사전에 경험해볼 수 있는 획기적인 대안이 될 수 있다.

  도시 재생은 모든 도시 진화의 필연적인 과정이다. 지하 시설물을 비롯해 도시의 3차원 설계정보가 있으면 시뮬레이션을 통해 도시 재생 비용이 획기적으로 절감될 수 있다.

  스마트시티는 도시민과 도시의 시공간 상호작용의 확장이다. 도시공간에 다녀간 다른 시간대의 사람들과 상호작용의 길이 열린다. 예를 들어 '어서와 한국은 처음이지'의 박물관에서 네팔의 친구가 남긴 메시지를 보고 회신할 수 있게 된다. 그 시작은 바로 공간정보다.

스마트 공장

한국 주력 제조업의 경쟁력이 급속히 저하되고 있다. 조선, 철강 등 주력 제조업의 수출 감소로 지역의 실업률이 기록을 갱신하고 있다. 국내 전체 제조업의 절반이 넘는 전국 103개 산업단지들이 노후화되고 있다. 특히 산업의 견인차였던 국가 산단의 68%가 노후화되어 각종 사고가 빈발하고 있다. 이제 지역 산업의 혁신을 위하여 신산업 육성과 더불어 노후 산업단지의 4차 산업화가 절실한 상황이다.

GE는 브릴리언트 팩토리라는 스마트 공장 프로젝트를 통하여 설비 정지는 15%, 인건비를 14%, 재고를 30% 그리고 생산 리드 타임을 60% 감소시키고, 정시 공급률을 58% 향상시켰다. 지멘스는 암베르크 공장의 스마트 공장화로 에너지 소모를 30% 줄이고 불량률을 1/40로 감소시켰다. 이러한 혁신에 뒤쳐지면 한국의 제조업 강국 위치는 더 이상 지속될 수 없을 것이다.

불과 몇 년 전, 우리는 알파고의 인공지능 쇼크와 다보스 포럼 발 4차 산업혁명 바람에 휘말렸다. 숱한 강연이 이어지고 정책 발표가 등장했다. 그런데 막상 현장의 변화는 초라한 실정이다. 예를 들어 알파고 1년이 된 현재 시점에도 인공지능을 활용하는 공장은 찾아보기 힘든 것이 현실이다. 필자가 만난 숱한 기업가들 중에 인공지능을 활용해 보았다는 기업가가 없다는 것은 한국의 불편한 진실이다.

인공지능 사용은 결코 어렵지 않다. 기업의 품질, 영업 데이터, 생산 데이터 등 기존 데이터를 공개된 인공지능 플랫폼인 구글 텐서 플로우에 적용하는 것은 고급 엑셀 활용 수준이라 해도 과언이 아니다. 인공지능 정책은 한국형 인공지능 개발보다 개방된 글로벌 인공지능 플랫폼을 활용하는 것이 우선이 되어야 한다.

인공지능은 데이터가 있는 모든 분야에서 성과를 발휘한다. 특히 노후 산단의 고질적 문제인 각종 사고의 예측과 예방에 인공지능은 획기적인 대안이 될 수 있다. 전 세계 30개 국가의 250개 이상의 기업들이 참여하여 발전시키고 있는 산업인터넷 플랫폼인 PREDIX는 각종 오작동에 대한 분석과 대처에 대한 모듈 카탈로그를 제공하고 있다. 개별 기업이 별도로 개발할 필요가 없이 이미 축적된 선행 지식을 활용할 수 있는 것이다. 우리가 별도로 개발할 필요 없이 스마트폰의 앱을 다운 받아 사용하는 것과 같다. 삼성SDS와 포스코ICT, LG CNS도 클라우드 기반의 스마트 공장 서비스를 시작하고 있다. 공장들이 보유한 각종 데이터를 인공지능 활용을 통하여 새로운 가치를 창출하자.

산업단지 공단은 이제 하드웨어 중심의 산업단지 관리에서 스마트 혁신을 뒷받침하는 데이터 중심의 산업단지 관리로 전환되어야 한다. 그리고 그 중심에 클라우드 서비스가 있어야 한다. 개별 공장의 각자도생의 시대에서 공장들의 지식을 융합하여 더 나은 가치를 제공하는 것이 산업단지의 핵심 역할이 되어야 한다는 것은 영국의 테크시티 사례에서 벤치마킹할 수 있을 것이다.

인공지능과 클라우드에 이어 사물인터넷이 혁신을 뒷받침해야 한다. 사물인터넷의 주파수 규제가 풀리고 센서들이 표준화되어 비용이 급속도로 하락하고 있다. 장비의 원격 관리가 가능해지면서 유지 및 보수비용이 감소하게 되고 궁극적으로는 고장나기 전의 사전 서비스도 가능해진다. 이제 산업단지의 모든 공장의 모든 장비는 사물인터넷을 통하여 연결되어야 할 것이다.

2014년 산업부와 국토부가 발표한 노후산단 리모델링 종합계획은 이제 오프라인의 하드웨어 차원을 넘어 4차 산업혁명과 연계로 실제적인 효과를 거둘 수 있을 것이다. 산업관리 공단은 이제 인공지능, 사물인터넷, 클라우드를 중심으로 하는 4차 산업혁명 서비스 센터로 변모해야 한다. 현실과 가상이 융합하는 4차 산업혁명의 물결은 노후산단에도 밀어닥쳐야 한다.

스마트 모빌리티

도시는 사람과 차량과 물류의 이동공간이다. 도시민의 행복은 교통 혼잡 감소에 비례한다는 것이 통계적으로 입증된 바 있다. 최적의 도시교통의 중요성은 아무리 강조해도 지나치지 않을 것이다.

이러한 교통 시스템의 설계를 위해 현재의 사람과 차량의 이동정보를 확보할 필요가 있다. 확보된 데이터를 바탕으로 최적화된 시스템 설계를 구현하는 것이 도시의 스마트 교통이라 할 수 있다. 데이터 수집은 CCTV, 내비게이터, 스마트폰 정보를 통하여 입수되고, 법률적으로 개인정보 문제를 해결한 익명화된 데이터를 개방해야 한다. 개방데이터를 활용하여 최적화로 가는 수많은 대안은 대중소기업이 담당할 영역이다.

구체적으로 문제를 보면, 버스와 택시와 같은 공공 이동수단의 이동 경로와 이들의 공차율, 승차율을 시간대별로 분석한 데이터가 있다면 버스회사와 택시회사들은 좀 더 나은 운행관리를 할 수 있게 된다. 개인 이동수단으로 자가용을 사용하는 비중은 라스트마일과 퍼스트마일을 해결할 대안이 있다면 줄어든다는 것이 입증된 바 있다. 카카오택시와 같이 온디맨드 베이스의 라스트마일 서비스가 하나의 대안이며, 공유킥보드와 같은 라스트마일 공유 이동수단이 또 다른 대안이 될 수 있다.

이러한 데이터의 수집에 따라 자기조직화 하는 교통체계를 수립할 수 있게 된다. 교통신호를 가상교통망에서 최적화한 후 실제 교통에 적용할 수 있다. 새로운 도로의 건설과 유연차량 제도도 데이터 분석을 통해 최적화가 가능하다. 도시간선 버스망과 광역버스망의 설계도 마찬가지이다. 결론적으로, 차량과 CCTV와 비식별화 된 개인의 이동경로 정보를 스마트 교통 플랫폼에 공유하고, 이를 통한 새로운 비즈니스 모델 창출을 도시의 중점 과제 중 하나로 제안하고자 한다.

도시가 스마트해지는 방법

스마트 금융

비트코인과 같은 암호화폐에서 비롯된 블록체인 기술은 '신뢰'가 필요한 모든 분야로 확산되고 있다. 4차 산업혁명의 쌍 두 마차는 초융합의 인공지능과 초신뢰의 블록체인이다. 블록체인 활용을 위한 국가 전략을 살펴보자.

블록체인 기술은 암호화 기술, 분산원장 기술과 합의 기술이라는 세 가지 기존 기술의 조합으로 구성되어 '신뢰'를 제공하는 역할을 담당하고 있다. 그런데 불확실한 상황에서 합의를 도출해야 한다는 '비잔틴 장군의 문제' 해결을 위해 엄청난 컴퓨팅 자원이 요구된다. 암호화폐라는 형태의 보상이 통제 기관이 없는 '퍼블릭 블록체인Public blockchain'에 도입된 이유다. 그런데 문제의 본질은 통제 기관이 아니라 '신뢰'다. 통제 조직이 있는 '프라이빗 블록체인Private blockchain'에서는 복잡한 합의 문제가 제거된다. 한국이 프라이빗 블록체인 활용에 적극 나서야 하는 이유다. 암호화와 분산원장이라는 블록체인 기술을 당장 활용하여 사회적 가치를 창출할 수 있는 사례들을 살펴보자. 기술이 아니라 신뢰가 필요한 사회 문제 해결이라는 관점에서 논의가 시작되어야 한다. 우선 주식, 증권, 바우처 등의 사회 문제 해결에 도전해 보자.

#1. 암호주식은 스타트업의 자금조달과 기업의 주식관리 효율화 문제를 해결할 것이다. 블록체인 기반의 스마트 주식은 주권의 발행과 관리가 간단하다. 블록체인의 스마트 계약 기능을 활용하면 기업 의사결정의 법적 문제가 해결된다. 블록체인 투표로 온라인 주주총회 개최가 일상화되어 기업 경영의 투명성이 증대된다. 기업의 주권관리가 증권예탁원과 주주와 기

업 간에 분산원장 기술에 의하여 동시에 투명하게 관리된다. 현재 금지된 ICO^{Initial Coin Offering}를 크라우드 펀딩 제도를 원용한 통제된 암호주식 펀딩 private ICO으로 재도입하자. 관리기관 참여하의 온라인 주주총회와 블록체인 배당을 법적으로 허용하고 K-OTC 상장 요건에 반영하면 한국은 다시 글로벌 벤처 메카로 재등장할 수 있을 것이다.

#2. 암호 바우처는 국가 정책자금 운영을 스마트화하고 민간 상품권의 투명화를 이룩할 수 있을 것이다. 지역별, 산업별 바우처로 국가 균형 발전 문제 해결에 기여할 수 있다. 암호 바우처는 기존의 바우처(상품권)을 블록체인화하여 법정화폐와 1:1 교환 가능한 구조로 만든 것이다. 정책자금의 경우 사용자와 관리기관의 공유된 분산원장으로 모든 거래를 추적하여 최적화된 관리를 제공할 수 있다. 20조의 국가 연구개발비와 146조의 복지예산을 암호 바우처화하면 현재의 과도한 행정 비용을 줄이고, 거래 기록의 빅데이터 분석으로 최적화하고, 도덕적 해이의 차단이 가능해진다. 한편 민간 상품권도 분산원장 관리로 효율과 투명성이 증대된다. 통신, 항공, 카드 등의 마일리지 운영도 개혁이 가능하다. 암호 바우처는 공공부문에서만 5조 이상의 비용 절감이 가능할 것으로 추정된다.

#3. 암호자산은 자산의 투명화와 유동화 문제를 해결할 것이다. 모든 자산 거래는 투명하게 거래 기록이 유지되고 스마트 계약으로 국가 자원의 활용이 촉진될 수 있다. 자산의 블록체인화로 가상 국가 건설이 촉진되고 스마트 도시가 구현된다. 부동산, 자동차 등은 물론 의무기록과 학적부 등도 암호자산화로 투명성과 불가역성이 부여된다. 암호자산은 실물자산과 일치가 보장되면서 유동화가 촉진된다. 사회가 최적화된다.

스마트 워크

 도시 자체가 직면하고 있는 여러 가지 도시 문제의 근본적인 해결책은 업무의 시공간 확대이다. 주거 부족, 사무실 부족 및 비싼 임대료 문제, 교통혼잡 등의 도시 문제는 공간과 시간의 확대로 해결할 수 있다. 원격근무와 원격회의로 공간의 확대를 실현하고, 유연근무제를 통해 시간을 확대할 수 있다. 이를 가능하게 하려면 클라우드 활용과 정보의 공유가 전제조건이다. 업무의 시공간 확대를 통해 주거비용과 사무실의 비용 부담이 감소하고, 교통정체가 해소될 것이며, 개인의 입장에서는 워라밸을 보장할 수 있다.

 혁신도시는 이러한 도시 문제를 해결하고, 국토의 균형적 발전을 실현하기 위해 2003년부터 추진·이행되었으나 연결성 저하로 인해 한계에 부딪혔다. 지역경제 활성화를 위한 국토의 균형발전을 목표로 공공기관의 지방 이전 및 클러스터 구축(1단계), 혁신지원시설 설치와 산학연 협력 네트워크 구축·연계(2단계), 인근 지역과 네트워크 확대와 혁신도시의 국제화 실현(3단계)을 목표로 추진 중이다.

 공공기관의 물리적 이전은 이루어졌지만, 네트워크 연계가 활발하지 않아 협력이 어렵거나, 여전히 수도권에 의존하고 있는 경향이 뚜렷한 것으로 분석되었다.[67] 네트워크 구축이 미비한 채 정부 주도의 인위적 분리와 이전은 혁신도시 추진으로 업무 간, 기관 간, 지역 간 연결과 협력이 어려워 혁신

---
67) 한국조세재정연구원(2015), 공공기관 지방이전 효과성 분석

클러스터로서 기능에 한계가 있다.

　각지에 설립된 스마트워크센터에서 클라우드 개방 없는 PC 대여·사용 수준의 업무 처리로는 진정한 워크 스마트는 어렵다. 진정한 스마트워크는 시·공간의 제약 없이 PC뿐만 아니라 모바일 기반의 업무 처리가 언제, 어디서나 쉽게 가능해야 한다. 스마트워크는 업무 프로세스의 효율성을 개선하고, 조직과 개인의 몰입 성과를 높이고, 직원들의 워라밸을 추구하며, 창의 활동을 위한 신성장동력 발굴을 위한 가장 효과적인 방식이라 할 수 있다. 스마트워크의 업무 효율성 및 생산성 강화 등의 목표뿐만 아니라 궁극적 목표는 일과 삶의 균형인 스마트 워라밸 달성이다.

　이러한 스마트워크의 필요성에도 불구하고, 스마트워크 이용이 저조하여 조직과 개인의 역량 감소할 수 있다. 혁신도시 구축 과정에서 출장으로 인한 업무 단절, 경력 단절 등의 문제를 해결하기 위해 추진된 것이 스마트워크 제도다. 근무 제도를 개선하여 유연근무제와 원격근무제를 도입했고, 스마트워크센터를 오픈하여 사무 공간, 영상회의실 활용할 수 있도록 추진되었다.

　그러나 여전히 스마트워크에 대한 비밀주의 우선의 조직적 문화와 제도가 제대로 정착되지 못하여 혁신도시에서는 공공기관의 핵심 인력의 이탈로 이어지고, 개인별 업무 역량과 효율성이 저하되고 있다. 혁신도시뿐만 아니라 정부와 기업들은 여전히 종이 회의를 진행하거나 국정감사의 종잇값 비용으로만 40억이 드는 등 아날로그 국감에서 벗어나고 있지 못하고 있는 것이 현실이다.

　최근 들어 스마트워크와 스마트워크센터에 대한 인지도는 높아지고 있으나 정작 기관 및 기업들은 스마트워크 운영을 통한 수익향상과 업무 효율성, 보안과 관리에 대한 부담 때문에 실제 도입율은 10%도 채 되지 않다.[68] 반면, 일본은 다양한 보안 시스템과 보안 솔루션이 뒷받침된 스마트워크를 의무화하면서 동시에 클라우드 활성화와 망 분리를 추진하여 '일하는 방식 개혁'을 지원하고 있어 스마트워크가 확대될 것으로 기대된다. 블록체인 기술이 융합된 스마트워크로 보안과 신뢰의 문제를 해결할 수 있다.

클라우드 사용 규제와 엄격한 관리·감독, 지나친 데이터 보안주의는 스마트워크 활용을 저하한다. 효율적인 스마트워크 환경 구축의 선제조건은 클라우드 도입임에도 불구하고, 공공기관의 클라우드 활용이 저조하여 스마트워크가 이루어지기에는 어렵다. 클라우드 활용과 발전의 가장 큰 걸림돌은 공공기관이 반드시 따라야 할 내용으로 28종에 대한 국정원의 보안이슈(CC 인증)에 있다. 1년 이상, 1억 원 이상의 시간과 비용을 들여야 CC 인증 획득이 가능하기 때문에 매우 비효율적이다.

또한, 행정안전부는 현재 G-클라우드(정부), 자체 클라우드, 민간 클라우드 활용을 권고하고 있음에도 불구하고, 여전히 정보등급제(가이드라인)에 의하면 클라우드 우선 활용 범위가 협소하고, 정보 등급 판단 기준이 모호하여 규제로 작용하고 있다. 제어 수준이나 보안 문제 등을 이유로 퍼블릭 클라우드 활용에서도 중요도가 낮은 데이터 위주로 제한하여 사용 중이다. 공공기관에서는 구글, 네이버, 드랍박스 등과 같은 민간 클라우드 사용이 불가하여 클라우드 확산은 더딘 편이다. 스마트워크 활성화를 위해 데이터 보안과 개방의 적절한 균형을 맞춰 3단계 데이터 분류를 통해 비밀 데이터를 제외하고는 90%의 수준까지 클라우드에 공유해야 한다.

---

68) 주성호(2017.02.09.), 근로자 70% "스마트워크 안다"…도입률은 10% 수준

성공적으로 정착된 네덜란드의 스마트워크 시스템은 한국의 스마트워크 한계점을 해결하는데 벤치마킹 사례가 될 수 있다. 네덜란드는 스마트워크의 선구자로 불리며, 암스테르담 주변에만 99개, 네덜란드 전역에 천여 개의 스마트워크 센터를 구축하여 운영 중이다. 암스테르담, 알메르의 스마트워크 센터에 퍼블릭 클라우드와 프라이빗 클라우드가 통합된 하이브리드형 시스코(CISCO)의 클라우드가 도입되어 활용되고 있다.

도시의 가치 확대를 위한 선제적 프로젝트로서 스마트워크를 실현하기 위해 4단계 프로세스를 거쳐야 한다. 스마트워크를 구현하기 위한 4단계는 데이터화, 정보화, 지능화, 스마트화의 과정을 거쳐 구현될 수 있다.

(데이터화) 업무와 인력에 대한 데이터, 교통 및 산업의 데이터 등의 민간, 공공의 레거시 데이터를 수집하여 데이터화해야 한다. IoT와 LBS 기반으로 출퇴근, 교통 데이터, 스마트워크센터 등의 공간 데이터를 수집하고, 산업별·기업별 레거시 데이터를 수집한다. 그리고 업무 형태, 근무시간, 노동 생산성 등의 인적 데이터를 IoB와 SNS를 통해 수집한다.

(정보화) 클라우드 기반의 스마트워크 플랫폼에서 스마트워크의 빅데이터화한다. 업무나 인력 데이터는 근로자들의 근무 시간, 생산성, 능률 등을 분석하기 위한 스마트워크의 빅데이터화한다. 업무 등 일거리에 대한 데이터 수집을 통해 스마트워크를 활성화할 수 있는 영역을 분석하고, 기업·산업의 측면으로 확대 분석을 하여 스마트워크를 도입할 수 있는 분야를 파악한다.

(지능화) 수집된 데이터를 바탕으로 인공지능의 예측과 맞춤을 통해 최적화된 스마트워크 체계 및 서비스를 마련한다. 향후 스마트 워크는 반복되는 직무는 인공지능과 로봇으로 대체되면서 인공지능 아바타 툴을 이용하여 업무를 처리하는 단계로 발전할 것이다. 인공지능을 활용하여 스마트워

도시가 스마트해지는 방법

크가 최적화될 수 있는 툴이나 서비스를 분석한다. 지능화 단계에서는 스마트워크가 최적화될 수 있도록 인공지능 활용 역량을 갖춘 인재 양성이 우선되어야 한다.

 (스마트화) 개방협력 툴(드롭박스, 에버노트, 구글 드라이브 등) 활용을 통한 스마트 워크 활성화 및 스마트 워라밸을 달성할 수 있다. 현재 상용화된 무료 협력 툴뿐만 아니라 다양한 스마트워크 툴 개발 및 활용을 허용하여 스마트워크를 확대해야 한다. 여러 사람과 작업하는 온라인 회의나 프로젝트에 참여해야 하거나 같은 시간대에 5개의 온라인 회의와 프로젝트에 참석해야 하는 경우 온, 오프라인에서 나 대신 참여할 인공지능 원격로봇으로 스마트워크가 가능해질 것이다. 이러한 스마트워크가 확대된다면 진정한 스마트 워라밸을 달성할 수 있다.

 스마트화 단계가 가능하려면 민간 클라우드 활용을 촉진하여 공공기관, 민간 영역에서 '쉬운' 스마트워크가 이루어질 수 있도록 해야 한다. 이때 민간 클라우드 활용을 저해하는 규제 개혁이 선행되어야 한다.

232

스마트 창업

사회서비스 부문은 수요와 공급이 원활하게 이루어지는 시장영역과 달리 시장실패의 가능성이 큰 영역이므로 정부의 적정 개입이 필요한 부문이다. 정부 등 공공부문이 직접 사회적 서비스를 담당하면 비효율성으로 인한 고비용 구조가 발생하게 된다. 영리기업들이 담당하면 시장 실패가 야기된다. 사회적 기업들은 저비용 고효율의 사회적 서비스를 통하여 사회적 일자리를 창출하게 되어, 한국의 복지와 일자리를 동시에 해결하는 대안으로 매우 유력하다. 한국의 사회적 일자리는 13% 수준으로 핀란드 28%, 영국 27%, 뉴질랜드 23%에 비하여 현격히 낮다. 다시 말해서 10% 이상의 새로운 일자리 창출이 사회적 영역에서 가능하다는 의미다.

사회적 기업들의 활동 영역은 노인 복지, 취약계층 지원, 일자리 재교육 등 다양한 분야가 있다. 이러한 사회적 기업에 거대한 변화의 물결이 다가오고 있다. 바로 공공 데이터 개방이다. 개방된 공공 데이터를 활용한 사회적 기업들이 대거 등장하고 있다. 범죄 분포도 제공, 환경 정보 제공, 환자 서비스 평가, 교통사고 정보 제공, 구직 정보 등 수많은 매쉬업$^{mash-up}$ 기업들이 등장하고 있다. 과거 정부가 공공 데이터를 독점하고 있을 때에 비하여 획기적으로 효율성이 향상되고 있다. 예를 들어 미국의 사회적 매쉬업 기업인 GreatSchools가 민간 수요자(학부모)의 입장에서 수집 및 가공하여 제공하는 정보는 미국 내 모든 주의 학교에 대한 평가 정보로, 각 주의 교육부가 직접 시행하기에는 어려울 뿐더러 매우 비효율적이다.

그러나 매쉬업 사회적 기업들에 대하여 국가가 직접 서비스하는 비용의 일부라도 지원해야 지속가능할 것이다. 여기에서 사회적 기업에 대한 평가와 보상의 문제가 대두되게 된다. 이들은 정부 공공데이터의 취합, 전달이 아니라 소비자의 입장에서 공공데이터의 사회적 가치를 높이기 위한 공공 데이터의 가공 사업이 가능할 것이다. 즉 사회적 가치를 위하여 공공데이터의 가공, 부가가치 창출을 담당하는 공공데이터형 사회적 기업의 육성이 필요하다. 2016년 일본은 익명가공 정보 제공 사업을 시작한 바 있다.

공공보조금을 통해 사회적서비스를 지원하는 방식 중에서 최근 큰 관심을 받고 있는 것은 서비스 구매계약이다. 한국에서 많은 사회서비스는 경쟁계약방식보다는 협상계약이나 협력계약의 방식에 의해 민간에 위탁되어 왔다. 서비스의 성격상 경쟁계약이 적절하지 않다고 해서 경쟁을 무시해서는 안 된다. 또 다른 대안으로 바우처 등의 소비자 보조금 방식이 다수의 사회적 기업의 경쟁 체제하에 운영이 가능하다.

공공 데이터를 활용한 사회적 기업들은 급증하는 복지 수요에 대처하면서 일자리 창출을 할 수 있는 가장 유력한 대안으로 사회적 매쉬업 기업을 제언한다. 공공 데이터 매쉬업 Mash-up은 공익과 사익의 빈 공간을 메워준다. 정부는 공공을 지향하나, 본질적으로 비효율적이다. 정부가 가진 정보와 인프라를 개방하고 민간이 이를 활용하여 각종 서비스를 제공하는 매쉬업은 2009년 미국의 개방 정부2.0 선언이후 급속도로 확대되고 있다. 한국에서도 버스와 지하철 매쉬업, 범죄 정보 매쉬업, 부동산 정보 매쉬업, 학교 정보 제공 매쉬업, 환경오염 정보 매쉬업 등 수 많은 매쉬업 소셜벤처 Social venture들이 등장하고 있다. 이러한 매쉬업 기업의 대부분은 공공 영역의 사회적 가치를 만들고 있다. 그러나 수익 구조는 취약하다. 이를 보완하는 사회적 보상 구조가 지속가능한 사회를 만들기 위한 과제일 것이다.

이러한 소셜벤처 활성화를 위해 자금 지원이 필요하다. 대기업들은 기업 브랜드를 올리기 위한 사회기여^{CSR}활동을 하고 있다. 대기업의 사회적 기여지수^{CSR Index}에 소셜벤처 투자를 포함시켜주는 것만으로도 소셜벤처 투자는 급물살을 탈 것이다. 공공 데이터 매쉬업 소셜벤처는 일자리 창출과 사회가치 창출의 새로운 희망으로 부상할 것이다.

스마트 안전(CCTV)

도시의 안전은 아무리 강조해도 지나치지 않다. 안전을 위한 데이터 제공을 위하여 스마트시티는 구조정보와 동적 정보를 제공할 필요가 있다. 구조정보는 안전에 관련된 정보를 지도 위에 맵핑하여 시민들에게 안전 환경의 판단을 도와주는 것이다. 예를 들어, 성범죄 인들의 위치 정보들을 지도에 맵핑하면 자녀들의 안전에 도움을 줄 수 있을 것이다. 이런 다양한 안전정보 제공을 위해 정부와 지자체는 공공정보의 개방을 통한 소셜벤처의 매쉬업 창업을 활성화할 필요가 있다. 매쉬업 서비스를 제공하는 스타트업의 가장 큰 문제는 공공의 가치는 창출하나 기업의 수익구조가 부재하다는 것이다. 이에 따라 공공 가치창출을 계량화하여 그 일부를 소셜베네핏의 형태로 지원하는 선순환 구조가 필요하다.

다음으로 안전에 관한 동적정보를 CCTV를 중심으로 구현해보자. 알리바바가 주도하는 항저우의 브레인시티 프로젝트에서는 시민들의 얼굴이 등록되고 CCTV를 통해 도시의 안전을 뒷받침하고 있다. 더 나아가 스마트 글래스를 활용하여 경찰이 우범자를 색출하는 기술도 선보이고 있다. 한국에서는 기술적으로 가능하더라도 개인정보의 보호 범위 내에서 도시의 안전을 뒷받침해야 한다는 추가적인 제약 사항이 있다. 이러한 점을 고려하여 도시의 CCTV를 통하여 시민과 차량과 상거래의 데이터는 확보하되, 얼굴 등 개인정보는 삭제하는 접근이 필요하다. 삭제된 활동정보를 바탕으로 안전을 넘어 소상공인의 영업전략, 교통 신호 체계의 최적화, 도시

기반 시설의 확충 등의 활용이 가능하다.

그러나 도시 안전의 필요성이 있을 때는 CCTV 전체가 연결된 하나의 데이터 플랫폼에서 범죄 예상인을 인공지능을 통해 활동 추적하는 것이 가능해야 한다. 여기에는 전자발찌 등 성범죄자의 이동경로도 마찬가지다. 추가로, 안전을 뒷받침하는 경찰 등의 활동상황도 시민들과 공유될 수 있을 것이다. 개인정보의 안전한 활용이 4차 산업혁명의 핵심 화두이며, CCTV를 이용한 인공지능 기반 도시안전 시스템은 스마트시티의 대표적인 피부에 와 닿는 안전 시스템이 될 것이다. 여기에는 3차원 CCTV 데이터의 상호연결 기능, 이미지 인식 및 트래킹 기능, 오브젝트 디텍션과 클러스터링 기능 등의 기술적 뒷받침이 요구된다.

이제 대구시는 시민 안전을 최우선으로 하는 도시가 되어 거주민과 관광객 모두에게 안전제일을 목표로 달성할 것을 제안한다.

스마트 교육

 4차 산업혁명에서 일자리와 교육의 문제를 살펴보자. 우리가 흔히 일 Work이라고 하는 행위는 재미와 의미라는 요소로서 다음과 같은 세 가지로 분류할 수 있다. 우선 의미가 있는 업Mission이다. 조직에 소속된 업이 직업이다. 업은 소명이라는 의미를 내포하고 있다. 창조성이 뒷받침되어야 하는 일이다. 다음은 재미가 있는 놀이Play다. 놀이는 현재의 나를 위한 즐거움을 제공한다. 감성이 뒷받침해야 하는 일이다. 이제는 재미있는 놀이가 일이 되고 있는 현상을 프로화라 한다. 그런데 재미도 의미도 없는 일이 있다. 바로 노동Labor이다. 고통과 지루함이 속성으로 되어 있는 반복되는 삽질이다.

 이러한 삽질을 인공지능과 로봇으로 대체하자는 것이 바로 4차 산업혁명이 갖는 의미다. 한스 모라벡은 "인간에게 쉬운 일은 로봇에게 쉽고, 로봇에게 쉬운 일은 인간에게 어렵다."라고 했다. 그렇기 때문에 4차 산업혁명 시대는 인간과 로봇이 협력을 통해 함께 일하는 사회가 될 것이다. 반복되는 노동은 로봇이, 창조적 일은 인간이 나눠 공존하는 것이다. 로봇에게 고통스런 노동을 넘겨주고, 사람은 의미와 재미가 있는 업과 놀이에 집중하자는 것이다. 사라지는 것은 일이 아니라 노동이 되도록 우리가 만들어 가자는 것이다. 지속적인 교육을 통하여 일자리는 사라지지 않고 진화하게 된다.

 4차 산업혁명에서 교육은 투 트랙Two Track으로 구성되어야 할 것이다.

하나는 창조성으로 세상을 바꿀 인재 교육이고, 다른 하나는 빠른 속도로 변화하는 일자리의 변화에 대응할 수 있는 일자리 안전망으로 지속적 평생 교육 시스템이다.

우선 4차 산업혁명의 본질에서 미래 인재상은 명확해진다. 창조성과 감성을 바탕으로 협력하는 인간상이다. 이를 '협력하는 괴짜'라 명명하고자 한다. 인간의 창조성이 더욱 강조되고 중요해질 것인데, 창조성은 약한 연결, 느슨한 관계를 통해 발현된다. 1973년 마크 그라노비티는 〈느슨한 관계의 힘〉이라는 논문에서 느슨한 관계가 우리 삶에서 매우 중요한 역할을 한다고 지적했다. 즉, 그저 아는 정도의 사람들의 영향으로, 그런 사람들은 우리가 새로운 직장을 구할 때 대부분의 경우 많은 도움을 준다는 것이다. 집단지능이 연결되어 창조성을 만들고, 연결된 집단지능들이 협력하는 괴짜 교육과 더욱 쉽게 연결하는 기술을 통해 융합되면 모라벡의 패러독스를 극복할 수 있을 것이다.

협력하는 괴짜는 사회와 교육이 융합한 팀 프로젝트 교육을 통하여 육성된다는 것이 현재의 일관된 결론이다. 기존의 가르치는 교육을 스스로 배우는 학습으로 방향 전환을 하자는 것이다 Less teaching, more learning 그래서 기존의 지식 교육은 온라인으로 이동시킨 소위 MOOC로 대체하고 역진행 교육 Flip learning 으로 온라인 교육의 집중도 문제 보완하게 된다. 웨슬리 베이커(2000)가 제창한 역진행 수업은 '강단 위의 현인 Sage on the stage' 대신 '객석의 안내자 Guide on the side'라는 문구와 함께 많이 인용되기 시작했다. Adaptive Learning은 인공지능 기반의 맞춤형 교육 도구로 개별 학생들에게 피드백을 제공하고, 성적(성과)을 기반으로 향후 학습경로를 제공한다. 교수는 학생과의 면담을 기반으로 해당 학생의 교과목을 조정할 수 있다. 이러한 자율적 학습을 기업가정신을 기반으로 행동을 옮기는 액티브 러닝이 협력하는 괴짜들을 키워 미래 사회에 대비할 수 있을 것이다.

　한편 급변하는 산업 환경은 기존의 일자리의 수명을 단축시켜 간다. 지속적 재교육인 평생 교육이 필요한 이유다. 평생 교육은 우선 가벼운 교육이 되어야 한다. 교육에 사회가 융합하는 것이 아니라 사회에 교육이 융합해야 한다. 이를 위한 대안이 바로 에듀테크라는 4차 산업혁명의 거대한 기술 변화다. 미국의 경우, 2015년 에듀테크 스타트업에 투자된 금액은 18억 5천만 달러에 달한다. 게임과 IT와 사교육이 융합하는 에듀테크는 4차 산업혁명의 핵심 인프라인 동시에 대한민국의 미래 전략이 되어야 할 것이다.

스마트 행정

스마트시티의 성장 가능성을 저해하는 낮은 제도 경쟁력[69]의 원인은 지나친 절차 중심의 행정과 세부 분야별로 나누어져 규모만 거대해진 공공기관의 소통창구이다. 오랜 시간 제도경쟁력에 대한 연구가 있었지만, ICT 기술력 세계 최고를 자랑하는 우리나라의 능력을 종이에 도장 찍는 시스템에 투입하고 있다. 지난 2017년 5월에 있었던 대선에서 약 1,100만 명의 유권자가 참여한 투표에 무장 경찰 포함 8만 4414명의 경찰력이 투입되었으며, 사용된 투표용지 등 막대한 비용과 시간이 투입되었다.

전자정부의 대표주자로 뽑히는 에스토니아는 ID카드로 본인확인 절차를 일원화하여 세금·은행·교육·투표·비즈니스 등록 등 X-로드와 연동한 서비스를 2015년 기준 1,723개 서비스로 제공하고 있다.[70] 이를 바탕으로 한 전자투표는 에스토니아 국내총생산(GDP)의 2%에 해당하는 비용을 절약할 수 있었으며 간소화된 시스템으로 시민에게 편리함을 제공해 준 것이 가장 큰 성공비결이다.

이에 우리나라도 행정 분야에서 필요한 두 가지 전환, 정보와 실물의 일치와 신뢰성 부여를 위한 두 가지 플래그십 프로젝트를 제안한다.

---

[69] 대한민국 제도경쟁력 58위, WEF(2017). The Global Competitiveness Report 2017-2018
[70] EMERiCs(2017), 에스토니아의 전자 정부 구축 성과

정보와 실물의 일치

'본인확인-서비스제공'의 2단계 행정 프로세스로 기존의 행정 창구를 정비하여 행정 서비스 이용자들에게 효율을 제공한다. 기존 행정 창구는 이용자가 받고자 하는 공공서비스마다 분리된 서류를 작성하고 본인 확인을 위한 서로 다른 기준을 필요로 하며 전체 절차에 번거로운 형식주의가 만연해 있다. 여권 발급의 경우를 살펴보면 병역의무 제공의 여부에 따라 요구하는 제출 서류가 다르며 법정대리인의 동의서가 필요한 경우에는 대리인의 인감증명서가 필요하다는 등 때에 따라 다양한 서류절차를 요구하고 있다.

따라서 이를 한 번에 해결할 수 있도록 거래 정보와 과거 정보 등 다양한 정보를 투명하고 안전하게 담을 수 있는 블록체인을 통해 본인 확인 절차를 효율적으로 단축하고 신뢰성 있는 행정 서비스를 제공할 것을 제안한다.

지난 3월 관세청에서 「4차 산업혁명과 Smart Customs」[71]를 발표하면서 블록체인 활용을 통한 정보망 구축과 실시간 정보공유를 통한 서류조작, 무역 금융사기, 밀수 등의 발생을 예방할 계획을 발표했다. 이에 지역 주민센터, 구청 등의 행정서비스 제공 기관에서도 블록체인을 적극 활용하고 신뢰성에 대한 컨센서스를 거친다면 행정의 효율이 극대화 될 것으로 기대된다. 필요한 경우에는 IoB 기술을 통해 신뢰도를 높일 수 있다.

행정지도 맞춤형 서비스

블록체인으로 확인된 개인에게는 필요한 서비스를 원스톱으로 제공할 수 있는 행정지도를 통해 맞춤형 서비스를 제공해야 한다. 실시간으로 맞춤형 서비스를 제공하기 위해서는 24시간 접근 가능한 온라인 창구가 필

---

71) 관세청 보도자료 (2018.3.7.) 관세청, 부산세관에서 올해 첫 전국세관장회의 개최

수적이며 오프라인의 공공기관은 행정 서비스의 결과물만을 확인할 수 있는 역할을 수행할 것이다.

　전자투표 생활화를 위한 블록체인 기반 융합민주제를 통해 도시 지역 내, 지역 간 갈등을 해소하여 삶의 질을 높이고 지방분권의 효율적이고 투명한 스마트시티 의사결정체계를 제안한다. 스마트시티 사회모델을 운영하기 위해서는 전체를 아우를 수 있는 의사결정체계가 요구되며 전자투표의 생활화는 이를 해결할 수 있는 핵심 실천방안이 될 수 있다.

　전자투표는 도시의 의사결정에 시민의 참여를 높이면서도 비용을 절감하고 시간 절약할 수 있다는 장점이 있다. 그러나 활용이 제한적일 수 있으며 의견교환 및 토론이 불가하여 결의의 질적 저하가 발생할 수 있으므로 보완할 수 있는 수단의 논의가 요구된다. 따라서 블록체인을 통해 시민 개개인의 자유로운 의견개진을 보장하고 시민이 참여하고 전문가와 함께 하는 직접과 숙의의 융합민주제로 소셜 이노베이션이 가능한 미래 사회 거버넌스 대안을 제안한다.

스마트 환경·에너지

　도시의 물, 공기, 소음 등 환경과 에너지는 삶의 행복의 핵심 요소이다. 도시의 스마트화는 이러한 환경과 에너지 데이터의 수집과 이를 플랫폼화하고 최적화하는 스마트 트랜스폼으로 구현가능하게 된다.
　우선 에너지는 소비의 차원에서 접근할 필요가 있다. 도시의 에너지 소비를 줄이는 노력은 각 가정의 에너지 사용량의 가시화에 있다. 각 가정과 각 빌딩마다 에너지를 시간대별로 어느 디바이스가 소모하고 있는가를 파악할 수 있게 되면 최적의 에너지 운영 및 소비의 최적화가 가능해진다. 과거에는 개별 디바이스의 에너지 측정기기를 부착했으나 실제 확산이 쉽지 않았다. 이제 인공지능을 활용한 에너지 측정기술로 계량기에 부착하여 건물과 건물 내 디바이스의 시간대별 에너지 소모를 제공하는 기술이 등장했다. 계량기와 더불어 디바이스별 계량기가 부착되면 에너지 소비가 줄어들 것이다.
　에너지 소비의 문제는 비용 편익의 관점에서 동기부여 되도록 해야 한다. 각종 단열재 등 에너지 절전 기술들이 각 가계에 어떠한 비용 및 편익을 가져오는가가 확인된다면 에너지 절약이 촉진될 것이다.
　또한 에너지 절약에 그치지 않고 도시가 에너지 생산에 참여해야 한다. 태양광은 급속도로 비용이 절감되고 있다. 공급 관점의 태양광은 안정성, 항상성 등의 많은 문제를 안고 있으나, 가정과 건물 단위의 에너지 소비를 줄이는 태양광은 이러한 문제가 극소화된다. 이제 구글 지도는 건물에 따른 태양광 설치의 비용대비 효과를 알려주는 인공지능 서비스를 제공하고 있다. 도시 전체의 태양광 설치를 통한 에너지 절감의 비용 대비 편익도 산출 가능하다. 가정마다 금융 상품에 따라 돈을 버는 태양광 설치를 할 수도 있을 것이다.

다음으로 환경 문제는 데이터 수집이 관건이다. 수질, 소음, 미세먼지, 녹스 등의 계측기 센서들이 도시 곳곳에서 안정적으로 가동되어야 한다. 이들 센서의 특징은 데이터의 빈도가 대단히 낮다는 것이며, 이를 위한 LPWAN 기술이 확산되고 있다. 환경 IoT의 핵심은 비용 대비 편익의 분석이다. 저비용의 환경 IoT 센서를 통한 데이터 수집 시스템과 이를 활용한 환경 개선 효과에 대한 지속가능한 분석이 이루어져야 한다. 이러한 데이터는 공공데이터 개방을 통해 시민들의 스마트폰 속에서 지도 데이터와 더불어 실시간 환경정보의 제공으로 이어져야 한다. 진정한 스마트시티는 스마트폰 속에 존재한다.

스마트 의료

4차 산업혁명은 인공지능에 의한 자기조직화 혁명이다. 인공지능에 의하여 최적화된 예측과 맞춤은 의료 서비스의 새로운 차원을 열어 가고 있다. 디지털 헬스케어의 시작이 연결 의료 Connected healthcare라면, 마무리는 지능 의료 Smart healthcare라고 할 수 있다. 따라서 디지털 헬스케어를 '데이터로 연결된 지능기반의 건강관리'로 정의하면서 논의를 시작한다.

4차 산업혁명의 자기조직화 과정은 인간이 1) 오감으로 인지한 데이터를 2) 대뇌 피질에 저장하고 3) 전두엽에서 해석하여 4) 행동하는 것과 같은 4단계로 구성된다. 즉 1) 오감에 해당하는 사물인터넷 IoT과 생체인터넷 IoB이 데이터를 수집하여 2) 대뇌피질에 해당하는 클라우드에 빅 데이터를 구축하고 3) 전두엽에 해당하는 인공지능의 예측과 맞춤의 결과를 4) 각종 아날로그화 기술로 현실화하는 과정이 인공지능 기반 디지털 헬스케어의 과정이다.

예를 들어, 재미 교포인 제임스 박이 설립한 유니콘 기업인 핏빗 Fitbit은 1) 웨어러블 기기에서 맥박, 운동량 등의 데이터를 수집하여 2) 클라우드에 빅 데이터를 구축하고 3) 인공지능이 분석하여 최적의 건강관리를 예측하여 4) 개인별 맞춤 서비스를 제공한다. 이제 인공지능이 기여할 다양한 미래 스마트 헬스케어를 검토해 보기로 하자.

우선 영상 인식에서 인공지능은 이미 인간의 한계를 뛰어넘었다. 피부 영상 진단의 경우 인공지능은 인간의 한계를 10% 정도 앞서는 90% 이상의 정확도를 구현했다. 유방암 검사의 경우에는 20% 이상의 정확도를 보여준다고 한다(medium.com). 인공지능은 생체신호 분석에서도 탁월한 실적을 보여주고 있다. 심전도 신호를 분석하여 심장마비의 위험 진단이 도입되고 있다. 이제 영상의학 영역에서는 인공지능을 진단 보조로 활용하는 다양한 기업 서비스들이 널리 확산되고 있는 중이다.

진료 보조 영역에서 IBM왓슨과 구글의 딥 헬스는 방대한 의학 자료를 학습하여 의사들을 지원하고 있다. 그 결과, 오랜 세월을 걸쳐 육성하던 전문의 교육이 새로운 전기를 맞이하고 있다. 방대한 지식 습득을 위하여 지나치게 세분화되었던 의학교육이 인공지능을 보조기능으로 활용하면서, 다시 감성과 소통을 중심으로 하는 종합 주치의 중심으로 전환된다는 것이다. 계산기가 등장하면서 인간의 능력 평가에서 계산 능력은 배제되었다. 검색 포털이 등장하면서 도서관의 사서 기능이 전환되었다. 이제 의사의 역할 자체의 재정의가 4차 산업혁명 시대 전문가의 미래에 던지는 숙제가 아닌가 한다. 결국 개별 지식은 인공지능을 활용하고 인간은 종합 판단과 소통에 주력해야 한다는 것이다.

인공지능은 로봇을 통하여 수술 영역에 진입했다. 과거의 로봇 수술이 단순 자동화라면, 미래의 로봇 수술은 스스로 학습하는 자기조직화 과정으로 진화할 것이다. 간호 로봇은 미래 초고령화 시대에 절대적인 역할을 하게 될 것이다. 현재와 같은 요양 병원 구조는 급증하는 간호 인력 비용을 수용하는 데 한계가 있다. 결국 대화와 인체 능력의 증강 역할을 하는 간호 로봇이 방대한 간호 인력을 대체해 주어야 국가의 재정이 지속가능하게 될 것이다.

인공지능은 병원의 구매, 인사, 재무와 같은 관리에서도 스스로 최적화하는 학습형 진화를 하게 될 것이다. 병원 전체의 경험이 모여 집단지능을 형성하는 학습 조직이 된다는 의미다. 인공지능은 보험관리에서도 최적의 보험 상품 선정과 개발 그리고 보험 사기의 적발과 같은 최적화를 가능하게 할 것이다. 그리고 신약개발과 신 의료기기 개발에도 데이터 기반 개발을 가능하게 할 것이다.

인공지능을 중심으로 자기조직화 되는 미래 의료는 의료의 민주화를 가능하게 한다. 제한된 전문 인력의 한계를 넘어 아프리카에도 한국과 같은 수준의 의료 서비스가 제공될 수 있다. 4차 산업혁명의 최대 산업인 디지털 헬스케어는 인공지능 혁명으로 새로운 장을 열고 있다.

스마트 거버넌스

도시의 발전은 도시민을 위한 발전이 되어야 한다. 시민참여의 중요성은 아무리 강조해도 지나치지 않다. 그러나 수백만의 시민들이 모두 참여하는 직접민주주의는 현실적으로 구현될 수 없다. 그렇다고 지방의회와 지방자치단체에 대해 만족하지도 못하다는 것이 불편한 현실이다. 이 문제를 극복하기 위해 스마트 거버넌스를 제안하고자 한다.

스마트 거버넌스는 스마트폰에 들어온 민주주의라 할 수 있다. 주요 정책 대안에 대해 오프라인에서의 시민참여는 한계가 존재하나, 온라인 시민참여는 충분히 가능하다. 그러나 직접 비밀 투표라는 기본 원칙을 지키는 온라인 참여는 지금까지 쉽지 않았다. 블록체인 기술을 활용하여 스마트폰 민주주의가 등장한 이유이다. 미국, 스페인 등 이미 많은 국가에서 블록체인 기반의 선거까지 이루어지고 있다. 그렇다면 이러한 시민참여를 몇 단계에 걸쳐 진행하는 로드맵을 제시하고자 한다.

1단계는 여론조사이다. 실시간 무비용 공정한 여론조사는 블록체인 스마트폰 민주주의로 가능하게 되었다. 비용 한계로 인한 참여인력의 제한도 극복 가능한 것이다. 여론조사에 따르는 추가적인 실시간 여론조사도 가능하게 된다. 이를 위해, 성별, 직업, 나이 등 개인정보화 된 시민 데이터베이스를 시가 운영하되, 여론조사의 타겟에 따른 구성조건을 고려하여 익명화된 스마트폰 접근성을 제공하는 것이 관건이다. 실명화 데이터베이스와 비식별화 데이터의 연동시스템이 개발과제이다. 이를 통해 그 혜택은 공공기관뿐 아니라 민간 기업들 역시 고객 분석과 마케팅의 비용을 최적화할 수 있게 된다. 대구가 기업들의 최적의 테스트배드가 되면 저절로 기업들이 대구로 몰려들 것이다. 규제 샌드박스와 더불어 마케팅 인프라 제공이 기업유치의 관건이다.

2단계로 여론조사를 넘어 정책결정을 할 수 있게 된다. 핀란드와 스위스의 경우는 이러한 정책결정 투표를 매우 유연하게 진행하고 있다. 한번으로 투표가 끝나는 것이 아니라 생각이 바뀔 때 마다 시간을 두고 다시 투표할 수 있도록 한다. 정책결정의 리퀴드화Liquid이다. 이 과정을 더욱 발전시키면 숙의 민주주의로 발전하게 된다. 참여도를 올리기 위해 정책시장과 같은 요소를 도입할 필요도 있다. 궁극적으로 민주주의는 직접 숙의 민주주의로 진화해야 하며, 블록체인 정책시장이 그 대안 중 하나가 될 것이다.

3단계는 정책에 이어 투명도를 올리는 것이다. 우리가 선발한 시의회와 선출직 공무원의 활동을 공유하게 되면 지방정부의 투명성이 강화될 것이다. 정책 사안별로 의원들의 대응을 누적데이터화 하고, 이를 개방하면 다음 선거에도 적절한 참고자료가 될 것이다. 이 과정에서 문제가 있다면 주민소환을 시행할 수 있을 것이다. 지방자치의 확대에 최대 걸림돌은 지방정부의 폐쇄적 운영이며, 특정 고등학교 출신의 내부 서클이 바로 그것이다. 스마트 거버넌스는 지방분권 확대의 가장 큰 걸림돌을 제거할 수 있을 것이다.

마지막으로 블록체인 거버넌스 기반 투표를 통한 선출을 할 수 있다. 우선 기초단체부터 시행가능하다. 그 이전 아파트 단위의 자치활동부터 가능하다. 투표에 따르는 비용이 제로에 수렴하면 시행의 걸림돌은 사라져간다. 스마트 거버넌스는 이 모든 일들이 스마트폰에서 이루어진다. 시민참여를 위한 리빙랩도 스마트 거버넌스를 통해 대부분의 데이터 수집이 별도의 투자 없이 획득 가능해진다. 리빙랩이 문제도출에 목적이 있다면 폴리시랩은 대안 검증에 목적이 있다. 일련의 문제도출과 대안검증은 스마트폰을 통해 이룩하고, 참여하는 사람들에게 지역화폐 등의 인센티브를 제공하면 시민들의 참여와 도시의 발전이 지속가능하게 될 것이다.

스마트 상가

　인공지능, 사물인터넷, 클라우드, 빅데이터, 디지털 트윈, 트랜스폼 기술 등의 신기술은 산업 패러다임을 변화시키고 있다. 과거 건설·정유·금융업 등 제조, 시설 및 인력 중심의 기업에서 구글, 아마존, 페이스북 등 데이터에 기반 한 기업으로 변화되고 있으며, 이들 기업은 현재 글로벌 시가총액 최상위권에 있다.
　상가는 동일 또는 연관 제품을 집중적으로 판매하는 형태로 과거 활발하게 운영되었다. 그러나 시설 노후화와 시대 조류에 뒤처진 전근대적 운영으로 침체상태에 있다. 상가 상인들은 주로 중장년층으로 사회변화에 비교적 둔감하고, 신기술 습득의 어려움으로 기존 방식을 고수하고 있다. 노후환경 및 전근대적 방식은 영세운영, 감에 의한 수요예측, 재고관리 및 파악, 기술발전과의 단절을 초래한다. 전근대적 운영은 매출의 감소와 인력의 유출로 폐점의 위험이 높다.
　4차 산업혁명 기술이 다양한 문제를 포함하는 도시에 적용되는 '스마트시티' 구축사업이 국가적으로 추진되고 있다. 세계적으로 스마트시티가 확산하는 추세이나 4차 산업혁명의 요소가 모두 융복합되어 운영되는 완전한 스마트시티 사례는 없다. 국내에서도 스마트시티 도입을 위해 다양한 노력을 기울이고 있으나, 법·제도의 문제, 데이터 활용의 규제 등으로 도입에 많은 어려움을 겪고 있다.
　상가의 디지털 전환인 '스마트 상가'를 도입하여 전근대적 운영에 신기술을 도입으로, 미래 스마트시티의 핵심 테스트베드 역할을 수행할 수 있다. 스마트 상가는 설비, 기계 등에 IoT 센서를 부착하여 다양한 데이터를 실시간으로 수집하고 상가 내 모든 상황을 분석하고 예측할 수 있다. 민간 기업 주도로 데이터 활용성이 공공기관 대비 자유로워 데이터 기반의 기술을 광범위하게 활용 및 향후 스마트시티 구축에 대비하여 검증할 수 있다.

스마트상가 9 Pillar 모델

4차 산업혁명 기술을 활용하여 기존의 상가가 가진 문제를 효율화하고, 새로운 성장 동력을 구축하는 방안으로, 상가의 스마트화 모델 구축을 통해 한국 상가들의 4차 산업혁명 시대 스마트 모델을 도출할 수 있다. 상가 정보의 디지털 전환을 통해 데이터를 기반으로 하는 오프라인 상가와 온라인 상가가 연결되는 초연결의 스마트 상가 시스템을 기획하는 것으로, 1) 역량 플랫폼 2) 상점 플랫폼 3) 마케팅 플랫폼을 통해 스마트 상가 플랫폼을 구축할 수 있다.

① 역량 플랫폼

개별 상점의 역량 강화는 상가의 지속가능한 발전을 위해 필수적이며, 나아가 4차 산업혁명의 H.A.S.$^{HW+AI+SW}$ 창업의 중심 생태계로 진화하는 계기가 될 수 있다.

- (메이커 스페이스) 모든 공구는 데이터와 융합되어 서비스와 통합되는 구조로 진화하고 있으며, 새로운 융합의 장으로서 메이커 스페이스가 필수
- (교육) 상점 주인과 종업원들은 공구상가에 대한 경험은 많으나, 인공지능과 IoT와 같은 새로운 첨단기술에 대한 경험이 부족하므로, 이에 대한 교육 필요
- (창업) 새로운 혁신을 통한 신기술이 없으면 기존의 공구 사업은 진부화되므로, 모든 상점이 혁신을 통한 새로운 핵심역량 확보 필요

② 전문 상가 플랫폼

O2O 상가는 상점의 가장 기본적인 정보를 온라인화하는 것으로, 온라인을 통해 시장과 연결을 쉽게 하고, 거래 및 물류 시스템을 구축하는 것이다.

- (상점) 상점이 취급하는 품목, 활동기록, 구성원의 역량 등의 기존 정보와 광명 상가의 실제 공간정보 등의 데이터로 가상 상점의 홈페이지 구축
- (거래) 현재는 현금, 카드 등을 사용하여 거래를 하나, 물류 등과 연결되기 위해 블록체인 기반의 바우처 활용 추진
- (물류) 개별 상점이 창고를 운영하는 것에서 통합물류센터를 통해 모든 상점의 재고를 하나로 통합하여 관리하는 스마트 물류 시스템 구축

③ 마케팅 플랫폼

상점들에 가장 먼저 추진되어야 할 것은 영업의 지속성을 위한 마케팅 플랫폼이다.

- (매칭) 인공지능을 통해 상점과 고객을 매칭하는 매칭 시스템
- (유통) O2O 유통 플랫폼의 활용으로 상가와 시장을 연결하는 시스템
- (평판) 상점과 고객 간 신뢰 구축을 위한 시스템

위와 같은 9가지 분야를 주요 요소로 하여 현실을 가상화하고 가상의 데이터를 다시 현실로 최적화하는 4Step 모델을 통해 스마트 상가를 구현할 수 있다. 특히 다양한 문제들을 도시가 포괄하고 있다는 점에서 '스마트시티'의 구축이 중요한 화두가 되며, 한국 고유의 스마트시티 모델을 구축하기 위해 테스트베드로써 '스마트 타운' 개념의 '스마트 상가' 구현이 필요하다. 스마트 상가 구축으로 마련된 모델을 기반으로 한국의 상가 혁신의 기반을 제공하고, 이들 간 기술 기반 연결을 통해 생태계를 구축하여 지속

가능한 성장동력 구축이 가능하다. 또한, 민관협력 비즈니스 모델로 산업 전 분야에 확산하고 궁극적으로 국내 기존 산업의 4차 산업혁명 대응은 물론 스마트시티 구현에 필요한 기본 모델 구축이 필요하다. 스마트 상가 모델을 기반으로 오프라인 상가를 글로벌 상가로 확대하고, 궁극적으로 상가가 지속해서 발전하는 자기조직화 생태계 구현이 이루어질 수 있을 것이다.

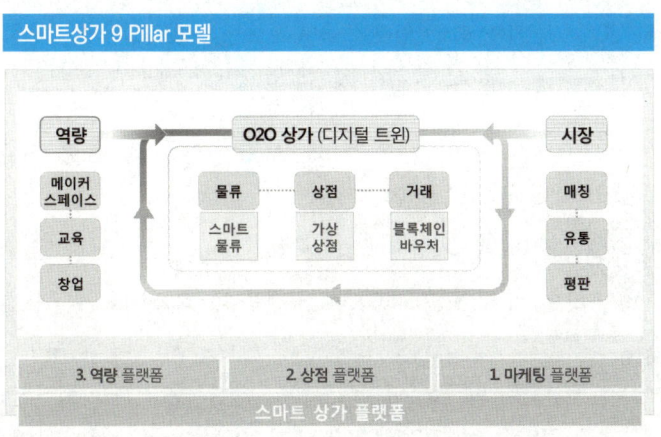

참고문헌

국내 자료

KB금융지주경영연구소(2017), "똑똑한 도시, 스마트시티(Smart City)", KB지식 비타민 17-87호, 2017.11.20.

KCERN(2015), "플랫폼 생태계와 창업"

KCERN(2016), "인공지능과 4차 산업혁명"

KCERN(2017), "산업혁신과 산업플랫폼"

KCERN(2017), "4차 산업혁명의 일자리 진화"

KCERN(2017), "대한민국의 4차 산업혁명"

KCERN(2018), "공유 플랫폼 경제로 가는 길"

KISA(2015), "스마트시티 도시별 추진 현황", Power Review

KISTEP(2018.1), "세계 선도형 스마트시티 연구개발사업", 2016년도 예비타 당성조사 보고서

NIA(2013.12.), "해외 Smart City 열풍과 시사점", IT&Future Strategy 제11호

NIA(2016), "스마트시티 발전전망과 한국의 경쟁력", IT&Future Strategy 제6호

NIA(2018), 스마트시티 제1편 시민 주도 스마트시티의 도전과제

NIPA(2017), "국내 스마트시티 추진동향 및 시사점", ICT 융합 심층리포트 2017-02

NIPA(2013), "국내외 스마트시티 구축 동향 및 시사점", ICT Insight 2013-6.

STEPI(2016), "국내 리빙랩의 현황과 과제", STEPI Insight Vol. 184, 2016.2.15.

STEPI(2018), "스마트시티 리빙랩 사례 분석과 과제", 동향과 이슈 제47호, 2018.4.6.

4차 산업혁명위원회·관계부처합동(2018.1.29.), "스마트시티 추진전략"

국회 4차산업혁명위원회 보고서(2018), "4차 산업혁명 대응 로드맵 작성을 위한 정책연구", KCERN

과학기술정보통신부(2018.5.), "I-Korea 4.0 실현을 위한 인공지능(AI) R&D 전략", 4차산업혁명위원회 심의안건 제1호

국토연구원(2017), "국내 스마트시티 인증 지표 및 시범 인증에 관한 연구"

김규연(2017), "미국의 스마트시티 지원 정책 및 시사점", 산은조사월보 제742호, 2017.9.

대통령직속 4차산업혁명위원회(2018.7.16.), 국가 시범도시 기본구상 발표자료 및 보도자료

사공호상(2018), "4차 산업혁명을 견인하는 '디지털 트윈 공간(DTS)' 구축 전략, 국토정책 Brief, 2018.4.23.

세계와 도시(서울연구원, 2015), 국가건축정책위원회(2016) 수정

이병철(2008), "u-City 캐즘(chasm)을 넘어", SW Insight 정책리포트

이명진(2017), "복잡계와 네트워크 사회의 변화 보고서", KISDI

이민화(2011), "호모 모빌리언스"

이민화·김애선(2017), "4차 산업혁명의 기술 모델", 통신학회

이재용(2017), "스마트시티 정책 추진방향과 전략", 월간교통, 2017.2, 6-12.

이재용·사공호상(2015), "스마트도시 해외동향 및 시사점", 국토정책 Brief No. 529, 2015.8.31.

이재용·이성원(2017), "스마트시티의 지속가능성 제고를 위한 지표기반 진단방안, 국토정책 Brief, 2017.11, 1-6.

최병선(2001), "도시계획헌장을 통해본 계획사조의 변화", 대한국토·도시계획학지「국토계획」제36권 5호

한국방송통신전파진흥원(2014), "전세계 주요국의 스마트시티 추진 사례 분석", 동향과 전망 통권 제70호, 2014.01.

한국전자통신연구원(2018), "스마트시티 국내 및 국제 표준화 추진 동향"

한선희 외 3(2018), "국내 스마트시티 인증 지표 및 시범 인증에 관한 연구", 한국산학기술학회논문지 제19권 제1호, pp. 688-698, 2018.

현대경제연구원(2017), "한중일 스마트시티 추진 현황과 시사점, 2017.10.25., 17-26호

황종성(2017), "스마트시티 발전동향과 쟁점을 통해 본 국가전략 연구과제", 한국통신학회지(정보와통신), 34(8), 14-18.

국외 자료

BCN, "BARCELONA 5.0 Smart City"

Bettencourt, L. M., Lobo, J., Helbing, D., Kuhnert, C., &West, G.B. (2007). "Growth, innovation, scaling, and the pace of life in cities." Proceedings of the national academy of sciences, 104(17), 7301-7306.

Boyd Cohen(2015.10.08.), "The 3 Generations Of Smart Cities", FASTCOMPANY

David S. Evans(2008.09.), "HOW CATALYSTS IGNITE: THE ECONOMICS OF PLATFORM-BASED START-UPS"

GE(2012), Industrial Internet

IDC Government Insights(2013)

IDC(2017.12.12.), "IDC FutureScape: Worldwide Smart Cities 2018 Predictions"

ISi(2017), "Smart Cities Index Report 2017"

Mark A. Changizi & Marc Destefano (2009). Common Scaling Laws for City Highway Systems and the Mammalian Neocortex. DOI 10.1002/cplx.20288

McKinsey&Company, "How to make a city great"

McKinsey&Company, "The Internet of Things: Mapping the value beyond the Hype", 2015.6.

National League of Cities(2017), "Trends in Smart City Development"

UN, 2018 Revision of World Urbanization Prospects

Van J. Wedeen 외 7(2012). The Geometric Structure of the Brain Fiber Pathways. Science, 30 Mar 2012: Vol. 335, Issue 6076, pp. 1628-1634 DOI: 10.1126/science.1215280

온라인 자료

Frost & Sullivan 홈페이지(ww2.frost.com)

Boyd Cohen(2015.10.08.), "The 3 Generations Of Smart Cities", FASTCOMPANY

European Commission(2013.10.14), European Innovation Partnership on Smart Cities and Communities-Strategic Implementation Plan

EuropeanCommission의 Smart Cities and communities 홈페이지 (http://ec.europa.eu/eip/smartcities/index_en.htm)

Geoffre B. West의 TED(2011) 강연

InternationalElectrotechnicalCommission,http://www.iec.ch/

InternationalOrganizationforStandardization,http://www.iso.org/iso/home.html

ITUTelecommunicationStandardizationSector,http://www.itu.int/en/ITU-T/Pages/default.aspx

ITU홈페이지(http://www.itu.int/en)

SideWalk Toronto 홈페이지(https://sidewalktoronto.ca/get-involved)

미국 교통부 홈페이지(https://www.transportation.gov/smartcity/winner)

샌디에이고스마트시티홈페이지(https://www.sandiego.gov/sustainability/smart-city)

암스테르담시티홈페이지(https://amsterdamsmartcity.com)

Self-organizing Smart city 4.0